# 天は人の下に人を造る

## 「福沢諭吉神話」を超えて

杉田 聡
SUGITA Satosi

インパクト出版会

はじめに　流通する福沢諭吉神話……7

# 第一章　福沢は「天は人の上に人を造らず……」と本当に主張したか
## ――福沢は人間の平等を否定し、むしろ差別を容認・強化せんとした……11



# 第二章　「貧富を問わずに人才を作るは、前金を払うて後の苦労の種子を買うもの」
## ――貧民には最低の教育しかいらない……35



# 第三章　「明治憲法はいかにも完全無欠」

## 凡例

「明治」期等の文献を引用する場合（その引用の引用の場合を含めて）、読みやすさを第一にして、旧字は新字に、旧仮名づかいは新仮名づかいに、カタカナはひらがなに、送りがなは現代の用法に変えた。ただし、独特な含みをもつ漢字はそのまま残した。例えば「造る」「云う」（「天は人の上に人を造らず、人の下に人を造らずと云えり」）。新字と同じであっても、今日の表記と異なる場合には訂正した。例えば「受業」→「授業」、「賃銀」→「賃金」、「事うる」→「仕うる」、「親から」→「自ら」。

引用文におけるルビおよび強調の傍点は基本的に杉田のものである。ただし一部に原著者自身がつけたものもある。それをはっきりさせたい場合は、面倒でも注記する。引用では意味を分明にするために、〔　〕で内容を補った。（　）は、文脈上、動詞・助動詞等の活用形を変えて引用する場合などに用いた。漢字が続く場合は適宜「・」等を入れた。読点も適宜入れたが、原文で読点を取った方が読みやすいと判断して削除した場合もある。

引用等の際、いくつかの記号を用いた。S.（参照）、t.（例えば）、st.（その他）等は、日本語を下にしたローマ字にもとづく。「以下」をしめす場合は、i.ii. では数字なのかどうかが不分明となる可能性があるため、慣例に従い、次の頁にのみかかる場合は f. を、二頁以上にかかる場合は ff. を用いた。ただし最終頁を明らかにすべきと判断された場合には、39-45 のように記して、39ff. とはしなかった。

章題・節題に福沢の引用文を用いた。「　」でくくったが、引用はかならずしも原文のままではなく、内容を踏まえて一部書きかえたことをお断りする。

## はじめに　流通する福沢神話

日本の最高額紙幣を四半世紀以上にわたって飾ってきた福沢諭吉。「天は人の上に人を造らず、人の下に人を造らず」という印象深い言葉で人間平等観を鼓吹し、「明治維新」前に三度も訪米・訪欧してデモクラシーの何たるかを日本に伝え、慶応義塾大学を創立すると同時に万人にとっての学問・教育の重要性を説き、封建制・封建遺制を心から憎み、著名な啓蒙主義者として明治時代をリードし、権義（権利）の考えを日本に広め、自由民権運動の生みの親となり、ジャーナリストとして『時事新報』を創刊・主宰し、朝鮮の独立・中国の近代化を願い、明治憲法・教育勅語に不同意を表し、象徴天皇制の構想を打ち出し、学問・教育・言論の自由を擁護し、女性差別を告発し、等々――明治のスーパースター福沢諭吉については、数多くのことが語られてきた。

### 福沢諭吉神話

けれども、それはどれだけ福沢の実像を伝えているだろうか。なるほど一部に真実もある。慶応義塾を創立し、三度訪欧・訪米し、『時事新報』を創刊したこと等がそれである。だがむしろその著書・論説の全体を子細に読めば、他の多くは「神話」（杉田① 15f）と言わざるをえない。特に福沢の名とともに有名な「天は人の上に人を造らず……」は、福沢の思想の表現ではないことを、強調しなければならない。福沢は国民間に見られる不平等を単に是認するばかりか、固有の論理をもってその固定化・強化をはかり、むしろ事実上、「天は人の下に人を造る、人の上に人を造る」と主張したと判断できる。これを明らかにすることが、本書の課題である。だがそのためには、福沢の固有の教育論、民権論、天皇制論、対外論、経済論、女性論を検討しなければならない。

右に記した通念と関連させておおざっぱに記せば、福沢の実像は次のとおりである。

福沢は、万人にとっての学問・教育の重要性を説いたように見えたが、すぐに貧民の教育には背を向けて選別教育を主張し、子どもや国民の「教育を受ける権利」を認めることは、ついになかった。当初、人権・デモクラシーの何たるかを伝えたが、結局それを不十分な形でしか日本に定着させようとしなかった。封建制・封建遺制は、国権拡張という自らの「大本願」を実現するために再編してむしろ積極的な利用を図った。「啓蒙主義者」のごとくに論壇に登場したが、すぐに国権拡張を最重視して民権伸長論に、したがって自由民権運動に敵対し始めた。学問・言論の自由を含む精神的自由の制限を容認した。明治憲法のみならず教育勅語に積極的に賛同し、早くから明治憲法以上の絶対主義的な天皇制を鼓吹した。朝鮮の独立・中国の近代化を願うという建前の下に朝鮮の支配（主権侵害・保護国化）を図り、中国への侵略とその分割を正当化した。平等の思想を鼓吹したかに見えたが、資本家・不在地主のイデオローグとして労働者や小作人の保護に反対し、また貧民の生活条件の改善をではなく、富豪のための「除害」を意図して彼らを海外へ移住させよと主張した。男女関係についてしばしば語ったが、伝統的な性別役割を当然視し、女性のそこからの解放の可能性を否定して、むしろ女性差別を強めた、等々。

## 福沢は不平等を固定化・強化する

つまり、教育論、民権論、天皇制論、対外論、経済論、女性論のいずれにおいても福沢は人間の根本的な不平等を当然視し、それを固定化・強化しようとした。すなわち、国民を超越する天皇を頂上に置き、その下に華族を天皇の「藩屏《はんぺい》」として位置づけ、さらにその下に「中等社会」＝士族を、最下層に「下等社会」＝貧民を置いた。そしてさらにその下に朝鮮・中国人を置いている。女性はいずれにも位置づけされず、家婢として男を助け単に家政についての権利をもつだけである。

福沢の構想においては、不平等な関係（階級）へと選別・固定された国民は、それぞれの役割に応じて移民・植民へ、対外戦争へと駆り出され、また女性・子どもを含め低賃金労働者として日本経済の根底を支え、それがひいては明治日本の国権拡張に寄与するはずであった。天皇制はこれを可能にする究極的な武器であり、一方、国権拡張のためには、国民の権利（民権）は制限されなければならない。そして国民は一定の国権主義的な方針――国のためには命・財産を捨てよ――によって教育される。明治憲法体制確立後は教育勅語によってその方針が明確化されたが、福沢はこれを子どもが折々に「奉読」してその規範を内面化・身体化するよう要求する。明治憲法は国民を平等に天皇の下におかれた「臣民」としたが、教育権・公民権（参政権）において臣民間に差別が設けられる。そして女性の性は、「人種改良」を通じて国権拡張のために利用される。

これらの構想は、総体として「暗い明治」を形作り、一九四五年へと通じる。

## 福沢の脱神話化を

だが現在でさえ、右のような福沢の実像はほとんど顧みられず、福沢の立場を「典型的な市民的自由主義」（丸山眞男）と見る、歴史の偽造がくり返されている。暗黒のファシズム期を生きた日本人には、またその後の平和な日本を謳歌した日本人にも、冒頭に記したような主張を展開したスーパースターが日本にもいたと思えば自尊心は満足させられようが、偽りのヒーローをもつよりその真実の姿をかけ値なしに理解するほうが、はるかに重要である。福沢の言論活動は長いが、その一部だけを取り出して勝手な福沢像を作るのではなく、長きにわたってほぼ一貫したその姿を、等身大のままに理解することにこそ意味がある。

すでに福沢が没してから一一五年もたつ。そろそろ、はなはだしい誤解の下に「日本の顔」とされてきた福沢の真実の姿を理解すべき時期である。これは日本人にとって、アジア諸国民との和解のためにも不可欠の課題である。

第一章

# 福沢は「天は人の上に人を造らず……」と本当に主張したか

――福沢は人間の平等を否定し、むしろ差別を容認・強化せんとした福沢は、『学問のすゝめ』や『福翁自伝』（以下『すすめ』、『自伝』）等の著者として有名だが、その思想全体が詳細に検討されたことは、実はそう多くなかった。むしろその片言隻句をつまみ食いのように取りあげて、一面のみを恣意的に強調した研究が圧倒的に多い。著名な丸山眞男の研究でさえ同様である（この点は以下で折にふれて記す）。

## 「世の中に無知文盲の民ほど憐れむべく、また憎むべきものはあらず」――『すすめ』にさえ不平等・差別の視線がある

「天は人の上に人を造らず、人の下に人を造らずと云えり」――日本人はほとんど例外なしに、福沢をこの一句にむすびつけて（ただし「云えり」は忘れられている）理解している。この一句によって福沢は、「明治」の初期に、人々の根源的な平等を主張した、と。だがこれほど真実とほど遠い誤解はない。これは典型的な「福沢神話」である。

確かに『すすめ』の冒頭にはそのように書いてある。そして当時の少なくない人たちも、今日の私たちと同じように理解した。中には、平等へ向けた「民権」運動へとまい進した思想家もいる。だが総じて、本人の意図とひき起こされた効果は別物である。福沢はこの命題で、単に封建的身分（士農工商）の撤廃という「明治」体制の基本方針を、前置きとして語ったにすぎないように思われるが（後述）、いまだ一般にその方針が十分に行きわたらない時期に、人々にそれを実感させたのは事実であろう。だが「天は人の上に……」という言葉からイメージされる人間平等観を、福沢は決して鼓吹

していない。

この命題の直後には、学問をすれば賢人・貴人になるが、しなければ愚人・貧人・下人になるという現実と、「学問のすすめ」へ向けた若干脅迫的とも言える言辞がつづられており、したがって「天は人の上に……」はこの現実を指摘し、「学問のすすめ」を提示するための導入として掲げられたにすぎないように見える。もしこの命題がそれ自体重要な近代原則として尊重されるべきであると福沢が考えていたのなら、そもそも「……と云えり」（＝と言われている）と伝聞態で記すのではなく断定的に記すはずだし、またこの命題自体が——各人の学問の努力を強調するのに論理的に先立って——現実の社会・経済関係を変革するための原理として位置づけられるはずであるが、福沢はそういうことはしていないのである。

それどころか、「学問のすすめ」を展開しつつ福沢は、「およそ世の中に無知文盲の民ほど憐れむべくまた憎むべきものはあらず」（③33）と、民衆の「無知文盲」さをあげつらっている。本来なら、平等の権利が主張される前提として各自の平等な尊厳性が確認されるべきだが（これこそが「法の下の平等」原則の前提である）、福沢はそうした手続きをすべて飛ばしてこの種の差別的言辞にいたる。晩年には「人々《にんにん》（＝各人）自《みず》からその身の尊きを知りて」云々と語ることもあり（⑥408, ルビは福沢）、また弟子たちが「独立自尊」を福沢の思想の表現と見たが（㉑354f.）、福沢が、慶応義塾は「社会中等以上の種族とともに国家の背骨たらんことを期する」（⑭183）と述べたことからも分かるように、福沢本人も弟子も結局、後述する「ミッヅル・カラッス」＝中等社会のことしか念頭に置いていない。

## 「自国の独立……その他は、他日なすところあらん」
## ——「啓蒙」期にはすでに国権主義が芽生えている

### 文明の課題は棚上げされる

福沢は「天は人の上に……」という命題を提示した直後で、これを説明して「貴賤上下の差別なく」[1]（③29）云々と記しているが、福沢が本当にこの命題を確たる原則として信奉するのなら、これを起点にして人民の平等な権利が語られるべきであった。だが福沢の視点は、人民の権利（当時のより一般的な言葉では民権）よりは国権に向く。だからすぐ後で、基本的な権利について論じつつも、「一身独立して一国独立する」という命題を介して、結局福沢は、「国のためには財を失うのみならず、一命をも投げ打ちて惜しむに足らず」という「報国の大義」を主張するのである（③44）。

徳川幕藩体制の束縛を離れ、人民が「自由自在」に生きられるようになったというのに、こうして福沢は人民の権利を「国の独立」のために明け渡せと主張する。それは、福沢の主著と言われる『文明論之概略』（以下『概略』）においても明瞭である。『概略』は全十章よりなるが、第一～九章では文明とは「知徳の進歩」であり（④41）、一国独立などは「文明論の中において瑣々《ささ》たる一箇条」（④183）であって「文明の本旨にはあらず」（④209）と、確かに見なしていた。ところが福沢は最終の第十章にいたると、「国の独立は目的なり、今のわが文明はこの目的に達するの術なり」、「まず事の初歩として自国の独立を謀り、その他〔＝一身の独立〕は……他日なすところあらん」（同前）と立場を一転させ、第一〜九章を壮大な前置きと化して、そこで論じた文明の課題を棚上げしてしまうのである。

## 「古習の惑溺」の復活

それに対応して福沢は、それまで「古習の惑溺《わくでき》」と批判したはずの儒教倫理（五倫、特に君臣の義）（④32,S.43）をさえ、「人間品行の中において貴ぶべき個条にて……概してこれを擯斥《ひんせき》〔＝排斥〕するの理なし」、と合理化し始める（④211f.）。したがって、批判の対象であった「権力の偏重」（④171）つまり「上下の名分」をも、再評価することになる（④205）。その際福沢は、「外国交際」を念頭において、君臣の義は「本国の義」となり上下の名分は「内外の名分」となると記すが（同前）、福沢の生涯の論理を見れば、君臣の義は〈帝臣の義〉（帝室・臣民の義）となり、上下の名分は〈帝室・華族・士族・貧民の名分〉、〈地主・小作人の名分〉、〈資本主・職工の名分〉、〈男女の名分〉、〈文明人・野蛮人の名分〉となるであろう（第四、六、七章）。またこれに関連して、権力の偏重を柔順に受け入れる日本人民の無気力が、むしろ望ましい性情とみなされるようになるであろう。

それだけではない。『概略』自体ではまだ暗示的もしくは消極的にとどまった諸々の論点が、「自国独立」達成をめざした「古習の惑溺」の再評価とともに、議論の前面に出るようになる。「〔古来から日本に固有ゆえの〕物の貴きにあらず、〔文明を進めるという〕その働きの貴きなり」（④37）とされたにとどまる「帝室」への尊崇は、日本人の天然の性情とみなされ、「愚忠」（⑳13）であると退けられた藩主への「尽忠」は、帝国臣民となるべく期待された中等社会の徳義たる「報国尽忠」へと姿を変え（しかも抽象的な「国」は後に具体的な「帝室」という形を与えられる）教育の対象としてひとまず念頭に置かれていたはずの「貧民」は、教育から排除すべき存在とされ、そして私徳に関係するゆえ一国の独立には役たたずとされていた宗教（④191）は、貧民統制のための経世の要具と見なされることになるであろう。

「一身独立」論の棚上げは、「他日」を帰したあくまで一時的なものと福沢は強調していたが（④209）、棚上げは一時的どころか生涯にわたる基本姿勢となり、その姿勢は、右のように新たに意義づけられた「古習の惑溺」への固執を通じて、はるかに鮮明なものになる。

注

（1）福沢は社会事象について語る際、「上下・貴賤の別なく」（t.⑩206＝130）、「上下・貴賤・老若・男女の差別なく」（t.⑧582）といった表現を用いることがある。福沢は、現実において貴賤視があることを認めるのみならず、自ら人を貴賤視する。それなしには、こうした表現はできない。

## 「我輩畢生の目的は、ただ国権皇張の一点」——すべては国権拡張に従属する

福沢の議論はなぜこれほど変わるのか。それに答えるのは比較的容易である。福沢は経世家[1]であっても思想家ではない、ということにつきる。思想家は、刻々と変わる社会の現状やそれに対する利害から身を引き離して、現実を解釈しつつ、その基底を分析し、それを通じてまとまった世界像を

つくるものだが（S. 安川① 14）、福沢は、刻々と変わる政治的・経済的その他の情勢に応じて、刻々と断片的な文章を書いてそれを公表したにすぎない。そうであれば重要なのはその時点時点での処方箋の価値であって、論理の一貫性でも大局的な見方でもない（したがって、以下で時に福沢の「思想」と記したとしても、それは福沢によって考えられたこと *the thoughts* に対して便宜的に与えた名にすぎない）。

## 大本願としての「国権拡張」

とはいえ経世家といえども、いわば戦略部分において一定の原則はありうる。福沢にも確かにそれはある。福沢が「最後最上の大目的」（④ 212）もしくは「大本願」（⑦ 248）と述べた事がそれである。『概略』ではそれは「自国の独立」（④ 209）であるとされるが、後に福沢はそれをもっぱら「国権拡張」（ないし国権皇張）と表現する。「内国にありて民権を主張するは、外国に対して国権を張らんがためなり」（④ 603）、と。あるいは『時事小言』（これは中期福沢の保守主義を明確に示した重要な著作である）について、「本編立論の主義は、もっぱら武備を盛んにして国権を皇張するの一点にあり」（⑤ 183）と論じ、また他では、「我輩畢生《ひっせい》〔＝生涯〕の目的はただ国権皇張の一点……内の政権が誰の手に落つるも……専制に似たるも……国権を皇張するの力を得れば、もってこれに満足すべし……」（⑧ 124）、と記している。

国の独立と国権拡張の内包は異なる。だが、後述するように福沢は「独立」の程度を各時期の欧米の現実に置くゆえに、両者は事実上同じ事態を指すことになる。たとえ外国によって主権を奪われなかったとしても、まして国土を併呑されなかったとしても、外国から不平等条約を押しつけられていれば、あるいは――「三国干渉」に見るように――外国の干渉に屈しなければならないとすれば、それは福沢にとっては「独立」ではない。だから福沢にとって、たゆみない国権拡張を通じてのみ「国の独立」は達成できる。言いかえれば、「国の独立」はたゆみない国権拡張の努力そのものである。

だがそれは、国権拡張の要求が際限なく広がることを意味する。領土を併呑されないのはもちろんだが、主権を奪われず、不平等条約を押しつけられず、干渉を受けず、そればかりか積極的に艦隊を海外に出して弱小国を威嚇し、列強とも伍して「国威を輝か（し）」、さらには列強を「圧制し」（⑧66＝14f.,S.⑧436＝93）等々と、要求はたえまなく広がる。[2] そしてこうした要求を満たすために福沢は、軍備増強を追求し、したがって富国強兵とともに「強兵富国」（S.⑨352,⑯266）を主張するようになるであろう。また国権拡張を実現するために、単に軍備増強だけではなく外戦にふみだすことを重要視するであろう。外戦は、直接に国権拡張を可能にすると同時に、国権拡張の必要条件たる「官民調和」（次項）を実現するためにも、決定的に役立つと判断されるからである。

### 民権の軽視

だが、国権拡張が「大本願」となれば、福沢において「民権伸長」は軽視されざるをえない。「内国にありて民権を主張するは、外国に対して国権を張らんがためなり」（④603）という先の主張は、その方向をよく示していた。「民権」の意味も多様だが、もしそれが言論・出版の自由等の各種自由、権を意味するとすれば、その一定の制限によってこそ（人権の制限が容認されれば、それは「天賦人権」

ではない）官民の調和が可能となり、それを通じて国権拡張が実現すると福沢は見なす（⑮592, ⑮644-5）。一方で、国内の軋轢《あつれき》の熱――特に八〇年代の「自由民権運動」によってもたらされた熱――をそらすためにも、国会開設（これは人民全体に対する参政権の保障を意味しない）に限定した民権の伸長だけは確保する必要があるが、そしてそれのみで十分であると福沢は考える。すなわち、「民権の伸長はただ国会開設の一挙にして足るべし」（⑤98）、と。そればかりか国会開設は、強い政権の樹立を通じて国権拡張を謀るためのものでもある。

**官民調和論――政府追随の論理**

経世家・福沢の一貫した立場は「国権拡張」だと述べた。一方、上記のように、その実現のために福沢は「官民調和」を非常に重視する。これは、国権拡張と並んで福沢の基本的立場を表現する重要な概念である。

福沢は民間にあって「民」の論理に徹したと思われているが、それは福沢が単に明治政府に加わらなかったというだけのことで、七〇年代末～八〇年に、井上馨、伊藤博文ら政府要人と接触して以降、福沢と明治政府との関係は非常に強かった。八二年に『時事新報』を発刊して以来、福沢は同紙を舞台にして、その筆頭出資者、社主、(3) 論説主幹として活躍するが、そもそもこの新聞自体、伊藤らの打診を受けて発刊を計画した政府系新聞の構想に由来する。政府部内の対立（いわゆる「明治十四年の政変」）によって結局この話は立ち消えになったため、福沢は独力で新聞を出すことになった。だがそれにもかかわらず、その論調の基礎は、「国権皇張」（⑧10, S. ⑩8）をのぞけば常に官民調和だったのである。

官民調和とは「官民相互に敬して、おのおのその本分を尽くす」ことである（⑪414）。だがそれは、官民調和の消極的な側面にすぎない。積極的には、単に各々の分をつくすだけではなく、当然ながら「相互に和（する）」（⑪413）ことが不可欠である。だが福沢は互いに分を守れば直ちに相互に和する結果になると見ているようである。では、政府・人民の「分」とは何か。福沢は『すすめ』で「政府は人民の名代となりて法を施し、人民は必ずこの法を守るべしと、固く約束したるものなり」と記しているが（③40）、もしそうだとすれば——この発想は、後に国会開設を通じて人民の一部が立法に参与するようになったとはいえ、生涯にわたって変わらない——、結局、人民は自らの分を守って政府に従うことになるであろう（政府によってある種の権利が保障されようとも、それはただの「民権」に堕し、基本的な人権とは峻別された実定法上の権利に留まるであろう）。

右に引いた官民調和論で福沢は、「政治の他はすべて人民のことなれば、政府はこれに干渉し妨げをなすべからず」と記していた（⑪414,S.⑫456-65）[4]。一見これは、人民に十分な自由の余地を与えたもののように思われるが、伝統的な各種の自由権は、それが言論であれ学問であれ出版であれ何であれ、政治に関わると見なされることで制限されるのである。だから結局人民は、政治的には、己の分を守って政府に和すことが求められることになる。『すすめ』においても（③32）、後の『通俗民権論』においても（④575）、結局福沢にとって人民の分とは請願権以上のものではなかった。

こうして福沢は官民調和の重要性を論じ、「あたかも全国を一家の如くに調和して、その全力を一政府に集め、まず政権を強大にして……」（⑤253）と書くことになる。ところで政権をかく強大にして目指されるのは「国権皇張の路に進むの一事」であるが（同前）、今後福沢は折にふれて官民調和の重要性を説き、そのために各種権利の行使を自己抑制する道を選び、かつそれを人民に要求するであろう。要するに、官民調和論はおのずと政府への従属、よくても政府への追随（⑮144）の論理になる。[5]

ところで福沢の官民調和論は、支配契約（統治契約）説[6]と適合的である（第二章）。先の議論に見られるように、福沢には「政府」と「民」とが形式的には対等な存在として現れている。だが両者は権利において対等ではない。『すすめ』は権利宣言的な内容を含むが、そこでは――例えば米独立宣言の場合と異なり――政府（政治権力の担い手）の成立根拠・存在理由を一切問うことなく、いきなり政府と民とが対置させられており（③39）、そうなれば、両者にはそれぞれの固定的な役割・権限に従った関係しかありえず、つねに政府は人民を支配し人民は政府に従うことにならざるをえない。

注

（1）福沢は経世家を、「政客輩」（政治屋）politician と区別して政治家 statesman と説明しているが（⑯436）、本書では「経世家」はそうした意味ではない。むしろ、「江戸時代、経世済民の具体策を説いた在野の知識人」（広辞苑「経世家」）の意である（もっとも第六章で論ずるように、福沢は「経世」は説いても「済民」＝民の救済はほとんど論じないが）。その意味で経世家は、時々の具体策を説くからこそ、一貫した原則に欠ける傾向があるのは当然であろう。

（2）当時、国権拡張論は他でも見られた。日本が欧米から不平等条約を押しつけられていた以上、それはある意味で当然である。その場合「国権拡張」はまず国権回復（福沢では「国の独立」）を意味したが、福沢はここから一挙に対外進出の意味での国権拡張論に飛躍する。これは当時の民権派主流からすればかなり強硬な主張である。

（3）当時新聞社は、弾圧を避けるために実権のない社主を形式的に立てていたが（馬場10）、ここで問題なのは実質的な社主である。福沢の晩年には息子が形式的な社主となったが、その息子に、実質的な社主・福沢はこまごまとした注意を与えている（⑳399f.）。

（4）出典を二つあげたが、後者は丸山眞男が福沢を「典型的な市民的自由主義」者（丸山④122）と見なす有力な材料とした論説「安寧策」からのものである。ここで福沢が論じたのは要するに「夜警国家」（これは人民の生命と財産の保護はあるていど行う）論であって、人民の人権（一般には生命・財産以外の）に対する妨害を妨害することを政府の任務と主張したのではない。それは、ここで民間の独立の事業としてあげられた事例から明らかである。教育や勧業のみか衛生まで福沢はあげるが（⑫459-64）、ここには、少なくとも自由権（身体・精神の自由）に対する妨害を排そうとする姿勢はほとんど見られない。

（5）「官民調和」論は他面では、政府のうちへ人民（一般には在野にある維新の功臣等）を取り立てよという主張になる。だが福沢は、民権拡張を含む人民の要求を取り入れよとは、ふつうは言わない。ましてや、選挙権・被選挙権を人民により広く認めよとは、決して主張することはない。

（6）支配（統治）契約とは、既存の権力者（王）と人民との間になされたと想定される契約である（トロイマン67）。それは、人民が主体的に相互の合意を通じて権力を作る「社会契約」とは本質的に異なる。

## 「天は人の上に人を造らず、人の下に人を造らず」
### ——典型的な福沢諭吉神話

以上、世間の理解とははなはだしく異なる実際の福沢の思想を、大雑把にまとめた。詳細は次章以下で論ずるが、それを通じて本書で明らかにしたいのは、何よりも、「天は人の上に……」という福沢の名とともに有名な定式が、福沢の思想全体からするとほとんど意味を持たない命題である（それればかりか福沢の真の思想は、終章で論ずるように、逆に「天は人の下に人を造る、天は人の上に人を造る」である）、ということである。ひとまずその点を、ここで平等に視点を置いて論じておきたい。

なぜこの種のことにこだわるかと言えば、それは福沢の著書・論説には、その生涯を通してみたとき、人間間の本質的な平等を論ずるどころか、むしろ不平等を容認するばかりか、それを固定化し強固にしようとする言説が、あまりにも多く散見されるからである。とすれば、初期「啓蒙期」のこの定式さえ、実のところ福沢にとって己の思想とは結びつかないただの借り物、もしくは議論に先立つ、いわばただの枕詞《まくらことば》にすぎないのではないか、という疑問を抱かざるをえない。前記のように、この命題は「……と云えり」という伝聞態で記されている。一般に自らが依拠する確たる原理を、伝聞態で記すとは考えにくく、それだけでこれは借り物であることは明らかであるように思われるが（安川③250ff.）、さらに以下で、この「天は人の上に……」が福沢にとって原理としての意味をもつかどうかを、福沢の議論に即して検証しておきたい。

## 「四民平等令」の確認

前記のように、この命題の直後で福沢は人を現実の有り様において「賢人」と「愚人」に分け、その差──「雲と泥との相違」(③29)──の由来は、学ぶか否かにあると論じている。そして福沢は、雲のごとき前者を「貴人」「身分重き人」「富人」と、一方、泥のごとき後者を「下人」「身分軽き人」「貧人」等と、呼んでいる(③29f.)。ここでは確かに、有り様において人間間に新しい上下関係が生じていると福沢は見なしている。だがこれは、従来の士農工商とは(相当に重なる部分があるとはいえ)かならずしも一致しない。貴人とは「医者、学者、政府の役人、または大なる商売をする町人、あまたの奉公人を召し使う大百姓」であり、一方愚人とは「手足を用うる力役」(貴人についての右の説明からするとふつうの町人、ふつうの百姓をも含む)だからである(③29)。とすれば、あらたな貴賤が生じる前提として四民の対等がまず語られなければならない。こうした議論は現代ならば全く不要であろうが、時あたかも「四民平等令」が出されて数年の話である。とすれば、まず四民の対等を明示してからでなければ、福沢がなぜ学問を奨励するのかは当時の人々に理解されなかったであろう。

つまり、福沢は学問のあるなしによって人間を明らかに二種に区別・差別しており、そうした新しい区別・差別を語るための前提として、まず四民の制度が廃止された事実を「天は人の上に……と云えり」という命題で記してみせたのではないか。つまりそれは、単に明治政府による四民平等令を要約した命題にすぎないように、私には思われる。

## 問われるべき人権における平等

だがこれだけの考察では不十分である。そもそもこの命題が表現している（ように見える）「平等」とはいったい何か。その多義的な意味を確認しつつ、この命題の意味を検討しなければならない。最初に論ずべき事柄がある。福沢は平等について「通義」（権利）と「有様」を対置させて論じているが（③38）、むしろ対比されるべきは、理念あるいは原則と有り様（現実）である。福沢のように権利と有様の対比を語ることは不可能ではないが、そうした場合、はるかに重要な、多様な権利の意味が不分明になる。それを明確化するために、以下、福沢が言う権利と有様の対比を、理念と現実の対比として論じなければならない。

さて理念について語れば、上記のようにそもそも人格の尊厳が認められ、それを通じて「法の下の平等」原則が立てられなければならない。だがそうした姿勢は福沢には一切ない。それどころか人格の尊厳をむしろ貧民については否認するのが福沢であった。また、「娼妓」と呼ばれる女性が奴隷的境涯で生きざるをえない状況を福沢はむしろ積極的に合理化せんとするが（第七章）、彼女らには人格の尊厳も認められなければ、その限りで平等原則も適用されない。だからこそ福沢は、人格の尊厳の規定も平等の一般原則の規定もない明治憲法を、手放しで礼賛することができたのである（第二章）。

ところで今日、一般に平等の権利は（結果の平等ではなく）機会の平等と考えられている。平等権の考え方の一つとしてこれに問題はないが（後述）、何より重要なのは権利における平等である。つまり、人間が人間であることによって保障されうる基本的な権利つまり人権の、享受における平等がそれである。それをフランスの「人と市民の権利宣言」(一七八九年)は、「人は自由かつ(諸)権利droitsにおいて平等なものとして出生し、かつ生きる」(同第一条)と表現した。

## 生命・財産・名誉における平等

福沢にとって権利(人権)は、生命・財産・名誉である(③38, st.)。この三者の権利性は、少なくとも初期「啓蒙期」においては、一応認められているように思われる。だがこれらも、「有様」における現実の不平等を変えるための是正的な原則とはみなされていない。理念(原則)においてそれらの権利性を認めるのであれば、それらがまっとうに行使できるようにして初めて、その権利の、したがってその権利における平等の擁護者と言うことができるが、福沢はその権利の行使をむしろ拒む。また生涯を通して見たとき、福沢自身はむしろこれらの侵害者として現れる(福沢がいかなる意味・表現において侵害者となるのかは、それぞれについて述べる)。

財産における不平等は現実(有様)において顕著だが、もとより福沢にはそれを是正しようという志向はない。『すすめ』において福沢は、「教育(学ぶ)→富」という図式を前提して教育の重要性を論じたが、後には貧民に対しては教育(学び)を制限し、それればかりかこれに呼応するようにして、右の図式そのものを、教育家による勧学の方便であると見なして(もちろん事態はそう単純ではない)否定するようになる(第二章)。しかも福沢は、貧民(中でも職工＝労働者)にとって非常に劣悪な労働条件を固定化するのに手を貸す(第六章)。そのようにして、福沢は財産における不平等をむしろ当然視し、それを強めようとする。財産(言いかえれば生存・生活手段)における平等とは、社会的・

経済的条件の改善を図る態度が伴わないかぎり、圧倒的多数の貧民にとっては飢えて死ぬ自由にすぎない。福沢はスミス的な自由放任主義に立つが、スミスは労働によって財産形成を可能とすることの重要性を示唆している（池上74）。だが福沢は自由放任主義を重視するのみで、貧民が財産を形成できずに極貧にあえぐような労働条件を、当然視するのである。

だから、生命における権利も同様にむなしいものとなる。ロックが財産（所有）propertyを問題にしたとき、少なくともホッブズ的な「生命の維持」のためには、具体的な生活・生存手段が不可欠であるという視点があったはずである。だからロックはホッブズが言う生命に加えて所有を問題にしたのである。だがロックは、人民の所有への権利を事実上否定することで、生命への権利の不平等を是認した（ロック109）。福沢もまた同様である。財産権（財産の権利）の平等が「権理において」（＝理念において）いかに抽象的に主張されようとも、それを是正的な原理として、当権利の行使を「有様（＝現実）において」十分に保障する方途が伴わないかぎり、生命権（生命の権利）の平等は、いかに声高に叫んでも空虚である。それどころか福沢は、いくらかでも人間的な生存を可能にせんと明治政府が企てた労働立法（労働者保護立法）を、むしろ阻止しようとした。その限り、福沢は圧倒的多数の人民（貧民）にとって生命権に対する侵害者として現れる。

名誉（栄誉）についても同様である。福沢は、生命・財産・名誉の中で最も重要なのは名誉であるとくり返し主張したが（第三章）、福沢にとって何より守られるべきは、「官尊民卑」――福沢が「不平等の最も甚だしきもの」と問題視するのは官民間のそれである（⑫603）――にさらされた「民」（ただし福沢本人を含む特権的人民）の名誉であって、むしろ福沢は他の人民の固有の名誉をしばしば平然と毀損するし（福沢がいかに平民・貧民を罵倒したかは後述する）、あるいは毀損可能にする制度・対策（例えば劣悪な労働条件、劣悪な教育）の維持あるいは導入を声高に主張する。中国人・朝鮮人を含むアジア人の名誉は、多様な差別的言辞を通じて気楽に蹂躙《じゅうりん》する（第六章）。また、やむをえない事情から、あるいは時にだまされて身を売らざるをえなくなった女性に対する露骨なまでの名誉棄損には、思わず息をのむものがある（第七章）。

## 自由権・教育権・参政権等の平等

他の種類の人権（権利）はどうか。先に見たように、福沢は身体の自由・精神の自由を人権とはみなさない。生命や財産への侵害（すなわち殺人・窃盗等）は警察組織が守るが、自由（身体の自由・精神の自由）への侵害を警察は守らないし守る必要はない。前述した福沢の支配契約説的な図式からすれば、福沢が自由をそのように理解していたことは間違いなかろう（本来名誉をも警察は守らないが、にもかかわらず「官尊民卑」を非常に嫌う福沢はそれを権利のうちにすべりこませたのである）。

それでも身体・精神の自由における平等を、福沢はあるていど認めていたと思われるが、一方その行使には強い制限が、つまり権利行使に伴う基本的な制約（他者の人権の侵害可能性）以上の制限が課せられ、したがって福沢の権利論において、そもそも身体・精神の自由がまっとうに保障されているとはとうてい言えない。それは『すすめ』においてのみならず、生涯を通して基本的に変わらない。福沢はくり返し自由民権の運動家に侮蔑的な言辞を投げかけているが、福沢のそれのように単なる机上で組み立てた論理は往々にして空虚である。一定の運動において心身を労し、実際に権力に抗した経験を通じて得た信念に基づかなければ、いかに人権を論じようと、その概念に血肉は与えられないのである。後述する「保安条例」の際にかいま見せたように、福沢が容認する自由は結局制限的なものでしかありえなかった。「貧知者」（第二章）による、あるいはその利益に沿う人民による自由権行使の制限を、むしろ福沢は積極的に容認する。なお、身体・精神の自由が十全に保障されないとき、先に論じた生命の権利さえ十分に保障されえないであろう。

外見的な平等さえ認められないという点では、教育権、なかでも教育を受ける権利[1]などは最たるものである。特にそれは貧民に認められない。教育における平等を主張するためには、無償の公教育の可能性が説かれなければならないが、福沢は『すすめ』においてそれを論じない。それどころか直前の『西洋事情外編』（それは原典は不明だが翻訳ということになっている）では、有償の教育が当然視されていた（①454）。中期以降、その姿勢は一貫している（第二章）。また福沢において、女性は女性であることによって、教育権が基本的に認められない。家事・育児を天職とする（と福沢は認識する）女性に認められるのは、貧民に対するのと同様の初歩的な下等教育であって、それ以上ではない。教育権が認められたとしても、それは一部の特権者にとってであるにすぎない。つまりここでは福沢は人間平等観の顕著な敵対者である。

参政権もまた同様である。福沢はこれを女性に認めないのみか、男性であろうと一定の財産をもたない多くの者には認めない。それは、福沢にとって女性は「愚」だからであり、より正確に言えば、「上流」の者と、女性を含めた「下流」の者との間には、「その心の働きの及ぶところに、広きと狭きとの差別［が］ある」からである（④583f.）。財産がない者はそれ自体において排斥されるのが世の常だからであり（④587）、しかも彼らは、「知徳の働きを発揚するの方便を欠く」（同前）からである。こうして、女性も貧なる民権家も排除される。

しかも福沢は「帝室の藩屏」として特権層＝「華族」の存在を許容し（第四章）、彼らが政治的権利をも特権的に共有して、新華族[2]・学者・多額納税者らとともに「貴族院」と呼ばれる上院を形成する明治の体制を基本的に問題にすることはない。それどころか、むしろ貴族院の衆議院に対する固有の価値、すなわち「衆議院の急激を緩和するの媒《なかだち》」（⑫335, S.⑯475f.）を強調することを忘れない[3]。華族は皇族および旧藩主層からなるが、皇族の特権性＝例外性を福沢はくり返し強調する。「帝室に関する場合は別として」（⑫601）、「帝室を除き奉る」（⑫606）、「皇族はもとより別の御事にして」（⑳370）、等（「帝室」は福沢では一般に天皇個人を指すが、前二者では天皇を含む皇族を差しているようである）。また、旧藩主層の資産問題を論ずる（t.⑨567ff.）ことで、福沢はやはりその特権性を明確に認める。このとき、福沢のどこに本質的な平等観があると言えるのだろうか。

離婚・再婚の権利は、寡婦だけに認められているが[4]（⑥276f.）、ここでも不平等ははなはだしい。

### 機会の平等

以上、権利（人権）における平等いかんを問題化したが、最初にふれた機会の平等をも論ずる必要がある。これは一般には教育を受ける権利を通じて実現されると考えられている。だから福沢が仮にこれを『すすめ』においてあるていど容認していたとしても（ただしすでに中等社会への期待が前面に出ているため、それも部分的に揺らいでいる）、上記のように、結局福沢は教育を受ける平等を認めない立場に立つ。それどころか、逆に不平等をあえて合理化するようになる（第二章）。とすれば、仮に福沢に一定の「平等観」があったとしても、それには、最終的に機会の平等も含まれていないことになる。職業選択の自由も、性別役割分業観を通じて女性には事実上拒否される。男性の場合も、圧倒的多数の人民が貧民にならざるをえない不平等な状況を福沢は合理化し、結局、平等原則（理念における平等）を通じてそうした「有様」を変革せんとする姿勢は見せないのである。(5)

## 「天は人の下に人を造る、人の上に人を造る」

こうして、福沢にとって「天は人の上に人を造らず……」は、ただの議論の前提にすぎないと結論せざるをえない（その限り「……と云えり」という伝聞態にはたしかに意味があったと判断できる）。仮にそうではなかったとしても、福沢においてこの命題は、どの時点においても確たる位置を占めているとは思われない。(6) 本来理念（原則）は、「有様」を問題化しそれを改善するための指導・是正原理としての意味をもつ。だが福沢は平等を指導・是正原理とすることはない。なるほど『すすめ』では、一定の学問の提供を通じて有り様の改善を図っていると言えないこともない。だが、「貧→無知」（貧は遺伝的に無能である）へと基本認識を転換させることで、福沢は生涯を通してその姿勢を徹底する。すなわち福沢は、人民間の不平等を固定化・強化すべく、「天は人の下に人を造る、人の上に人を造る」とさえ主張していたと言わなければならない（S. 安川④ 329）。そのことを、本書全体が明らかにする。

## 注

（1）教育を受ける自由と教育を受ける権利は分けて考える必要がある。前者は単に学びたいことを妨害を受けずに学ぶ自由を意味するが、後者は政府に対する公教育整備の要求を含んでいる。そうした「社会権」の発想は歴史上自由権に遅れて登場するが、教育を受ける権利（教育権）だけはかなり早い時期から主張されていた（第二章）。

（2）福沢は「新華族」には批判的であり、彼らに与えられる爵位などは「飼い犬の首輪に異ならず」と記していた（t.⑥366）。だが、爵位に意味を認める場合もある（⑤381-5, ⑩278）。そもそも福沢の爵位に対する姿勢は当初から二面的である。新華族を揶揄《やゆ》しながらもほぼ一貫して当人を「……伯」等と爵位をつけて、あるいは単に「伯」等と爵位だけで記してきたし（t.⑬60f., ⑫49ff.）、それどころか、晩年にはついに爵位に価値があると積極的に主張し始める（⑮447f., ⑮448ff., ⑯569ff.）。歴史学者・宮地正人は爵位に関連して、福沢は「人と人との間に差別を設けることに絶対反対との立場」と記すが（宮地192）、それは福沢の当初からの二面性と晩年の変節を無視した主張である。そもそも福沢が反対するのは、特権者たる自分（総じて士族）に対する差別的な取扱いにすぎない。福沢自身がどれだけ一般の人民を差別してきたかは、以下で明らかとなろう。

（3）なるほど貴族院は、初期において福沢の期待以上の良識を見せたようだが（⑬13f., ⑬605ff.）、むしろ後には、政府追随で動く衆議院に対して、貴族院が政府批判の側にまわることもあった。それは人民の声を無にする動きであるという評価も可能だが、福沢はそうした議論は行わない。福沢は貴族院の特権性を批判するような議論を行っているが（⑯475ff.）、その内実は、自らの大軍拡増税の主張を貴族院議員・谷干城《たてき》によって一貫して否定され続けた（小林和195-203）ことに対する意趣返しであったと判断できる。宮地正人は、福沢は「国家歳計審議・決議に関する衆議院の優位性を、断固として主張している」と記すが（宮地192）、そうではなく、福沢は予算について口を出したいのなら、「華族」（ぼかしているが前記のように実際は「新華族」である谷干城のこと）は政府から賜与された財産・爵位を還付して衆院議員になるべきだと論じたにすぎない。「衆議院の優位性」（ただし審議権のそれ）は明治憲法の規定（第六五条）から当然のことであって、福沢はこの規定に関わる議論などは行っていない。

（4）実母に関する経験に由来するのか、福沢は寡婦に思いやりを見せることがある（⑥284f.）。だが寡婦以外の再婚は認めない。福沢にとっては偕老同穴《かいろうどうけつ》、つまり夫婦が離婚せずに一生つれそうことが、古来からの最上の倫理であって、「自由愛情《フリーラヴ》」（ルビは福沢）は「人外の動物」の所行である（⑥239）。時にこれを福沢は、「乱合乱離」「当世社会の大悪事」「寛容せざる罪《ママ》」（⑪64）などと記している。福沢は離婚を非常に嫌ったが、自由恋愛が否定されかつ偕老同穴が当然視された社会では、離婚が、少なくとも離婚願望が、増えるのは当たり前である。特に個人の「独立自尊」が尊重される社会なら、当然そうならざるを得ない。

（5）平等原則を下にして有り様（現実）における不平等を是正せんとする「平等化の論理」を立てたのはルソーである。ロック等に見られる所有における不平等合理化論を批判し（ルソー①96-9）、市民すべてが「身体とあらゆる力を……一般意志〔＝総意〕の最高の指揮の下に置く」ことで有り様における不平等が解消され、平等が実現するという論理を、ルソーは提示した（ルソー②31）。福沢が「天は人の上に……」によって平等観を提示したとみなすためには、最低でもルソーのような確たる論理の構築が不可欠だが、そうした論理は福沢のうちに見出せない。なお、兆民がルソーの『社会契約論』を抄訳・注解した『民約訳解』がこの言及の三ヶ月前に出ているが、福沢はルソーを危険視した（⑧664）。

（6）『すすめ』には、平等についての説明（③29）を敷衍した箇所がある（③37f.）。けれどもそこにおいてさえ、基本認識において特に違いは見られない。

第二章

# 「貧富を問わずに人才を作るは、前金を払うて後の苦労の種子を買うもの」

## ——貧民には最低の教育しかいらない

福沢にとって社会活動の出発点の一つは、慶応義塾を創設・運営したことである。要するに福沢は、ひとまず「教育者」として立ち現われている（ひとまずというのは、福沢の言動はあまりに教育者らしからぬところがあるからである。学校を設立・運営したからといって教育者になれるのではない）。だから教育についての問いは、福沢論の一環として不可欠である。

福沢の生涯にわたる著書・論説を通してみると、一言で言って、福沢は「中等社会」の子どもには関心をもち、彼らには教育を受けさせる意味がある、もしくはそれは不可欠であると考えるが、一方、「下等社会」（貧民）の子どもには教育は不要であると、少なくとも中等家庭の子どもに与えるのと同じ教育は不要である、それどころか与えてはならない、と考える。世間に流布した福沢像かられば、にわかに信じがたいかもしれない。「啓蒙期」の『すすめ』（七二〜六年）だけを読んでいるかぎりはそうであろうが、これは明らかな事実である。

## 「銭あり才あるものは上等の学校に入るべし」
## ——福沢は選別教育の必要を強調する

いや、『すすめ』においてさえ、貧民に教育は不要だという姿勢がほのみえている。

『すすめ』全体の図式は簡単である。これを再度確認する。学問（教育）を通じて人は「賢人」になる。賢人になれば、頭を使う「むずかしき仕事」をする「身分重き人」「貴人」になり、それによっておのずと「富人」なる。一方学ばなければ（教育を受けなければ）人は「愚人」になる。愚人になれば手足を用いる「やすき仕事」につく「身分軽き人」になり、おのずと「貧人」「下人」になる（③30）。――だから福沢は学問を「すすめ」るのだが、はたして誰に対してすすめているのか。福沢が主に念頭においているのは中等社会の人士であって、それ以下の「下等社会」・貧民は配慮外に置かれているように見える。

なるほど福沢は『すすめ』では、「人たる者は貴賤上下の区別なく、皆ことごとく〔学問を〕たしなむべき」と記している（③30）。おそらくこの時福沢は「強（脅）迫教育」[1]を考えていたのであろう。『すすめ』公表の数年後に、「およそ人の子たる者はだれかれの差別なく、必ず教育の門に入らざるをえず。……教育は全国一般にあまねくすべきものなり」、と福沢は記す（④465）。だがそれでいて貧民に対する教育は不可能とする発想が、めだたない論考・演説等にはっきりと記されるようになる。福沢は『すすめ』や『概略』（七五年）を出した時期に、「いわゆる水飲み百姓、人力車引き……の学問を進めて気力を待つは、杉苗を植えて〔帆船の〕帆柱を求むるがごとし」（⑲531）と記していたし、何年か後には、「馬鹿と片輪に宗教、ちょうどよき取り合わせならん」（⑳232）などとも語るようになる。つまり、中等社会と異なり下等社会（貧民）の教化・啓蒙は結局不可能である、彼らの気力を待つには、学問ではなく宗教の利用が重要である、と判断するようになる。

『すすめ』では高等教育へのすすめを論じているだけに（『すすめ』は全一七編からなり当初それぞれ別個に公表されたが、少なくとも初編は慶応義塾および中津学校のために書かれた）、望むにせよ望まぬにせよとうていそれに応じられない貧民に対して、福沢は信頼感を抱いていない。それどころか、前章にも引いた「世の中に無知文盲の民ほど憐れむべく、また憎むべきものはあらず」（③33）、あるいは、「己が無知をもって貧究に陥り、飢寒に迫るときは、己が身を罪せずして妄《みだ》りに傍らの富める人を怨み……かかる愚民を支配するには……ただ威をもって脅すのみ」（同前）といった表現は、貧民を学問（教育）の対象からはずそうとする、後の福沢をほうふつとさせる。とするなら、後に「一国独立」が文明の目的であって、「一身独立」（各人におけるそれは当初文明の中身を形成すると考えられた）はその手段にすぎないと見なさたとたんに、彼らの存在は括弧に入れられてしまう、あるいはそうでなかったとしても、彼らは選別教育の対象とされてしまうのではないか。そして実際その道を福沢は歩むのである。

すでに『すすめ』において選別教育が構想されていた可能性がある。直後の著書で福沢は、貧家の子には多くを望めないと記していたが（④351）、その後、選別教育を明瞭に主張するようになる。「国中の学校も二種に分かれざるをえず。すなわち一は普通の人民の日用のことを教うる場所にして、一は学者〔＝少し高度な勉学をする者〕の種を育つる場所なり」（④527）、と。ここで福沢は「才不才」つまり能力に応じた選別教育の必要を論じているが、他方、「銭あり才あるものは……最初よりこれ〔＝今の小学校〕に入らずして、上等の学校に入るべし」（同前）と、貧富の差をも明瞭に考慮の対象と見なしている。

八〇年代、福沢はそれまでの発想を受けて、ひとまず強迫教育の、したがって多かれ少なかれ全国一律教育の賛同者であった。その時期には、「今日の教育法において、全国一般の子弟を教育するはもとより緊要にして、決して怠るべからざるはむろん」云々と（⑧59）、あるいは「我輩はもとより脅迫《ママ》法を賛成する者にして、全国の男女生まれて何歳にいたれば……学に就かざるをえずと、強いてこれに迫るは……はなはだ緊要」(⑤379)とも、記していた。

けれども八〇年代後半になると、福沢ははっきりと強迫教育に反対と主張し始める(⑪200)。その際、財政上の問題および遺伝上の問題(後述)が理由としてあげられるが(同前)、むしろこの転換は、おそらく八〇年代後半の経済的・社会的変動に関係がある。つまり、資本の原始的蓄積が進展し、また、産業革命を通じて家内制手工業の工場制工業への大規模な再編が進んで「職工」(労働者)が増加して、「貧知者」の力が増すと同時に、彼らが——福沢はそう認識する(第二章)——、八〇年代後半の「大同団結運動」を含む自由民権運動においても大きな力を発揮したからである。

注

(1)強(脅)迫教育とは、児童の就学を義務と見なしそれを強制する考え方・制度を指す。その限りでこれを「義務教育」と記してもよいが、こう記すと、子どもの「教育を受ける権利」を前提し、その就学を保護者の義務とする現代の義務教育の考え方・制度と混同されるおそれがあるため、本書では福沢の言葉をそのまま用いる。なお、強(脅)迫教育と言う場合、子を就学させない親に対して罰金を課すものを含むことがある(植木① 103)。

## 「最も恐るべきは貧にして知ある者」——福沢は貧知者を生まない教育を模索する

ところで、『すすめ』最終編の公表(七六年)後、福沢は教育と貧富に関する従来の主張を自ら否定し始める。『すすめ』では、前記のように、学問→貴人・富人／無学（学ばず）→貧人・下人と主張していたが、全編完結後には、「人の栄枯盛衰の果《むくい》あるは、その勉不勉と知愚とによる」と世間で言われるが、むしろ実情を見ると全くそうではなく、「決して一概に貧賤は懶惰《らんだ》（＝怠惰）の結果にして勉強は富貴の原因なり、と言うべからず」（⑲599-601）と書く。類似の物言いは、同時期の他の論考にも見られる（④437）。八〇年代半ばにも、貧民の言い分の形をとりつつ、「貧乏すなわち無知の原因なり」（ここでの図式は「貧人→学ばず→無知」）と記されている（⑩82）。

### 貧乏ゆえの無知

つまり、すでに『すすめ』においてさえ、福沢は貧民に対する教育の可能性を信じているように見えなかったが、その傾向は、『すすめ』の基本図式（学ばず→愚人・貧人）を棄てて、このようにその逆の図式（貧人→学ばず）を取ることで、決定的に強められた。実際、この数年後（八七年）には、「学ばず→貧人」（これはかつて福沢自身が提出した図式である）を、世間知らずの「例の教育家の道理」と批判しつつ、貧民に教育を強いても実際は行われないと見なし、それゆえ前記のように強迫教育法に対して明確に反対を表明したのである。「脅迫《ママ》教育の法、賛成すべからざるなり」、と（⑪200）。

だがこれは、近代的な教育の理念（後述する教育権＝教育を受ける権利の発想に基づく教育理念）による反対ではない。そうではなく、通学を強いても授業料が払えず（小学校が無償になったのは福沢没後である）、また子どもを労働力として確保する必要がある以上、貧民は事実において子どもを学校にやれないという厳しい現実（⑫460）に基づく反対にすぎない。福沢は、「この輩〔＝貧民〕に教育を強いんとするがごときは、実際には行わるべからざることにして」、と記している（④437,465）。だがこの事実における判断は、ただちに価値における判断に転化するであろう（あるいは前者のうちにすでに後者が伴っていたと言うべきかもしれない）。つまり、福沢は貧民を学校に通わせるべきではないと、判断し始めるのである。

二年後（八九年）にそれは明瞭になる。「学び→貴賤・貧富」という『すすめ』の基本図式は、教育家が勧学の方便として論じた「事物の因果を転倒したる」空論であり、「知によりて富を得たるの例は平均して稀」であるとみなし、だがそれにもかかわらずそうした教育家の道理に従うなら「貧にして知ある者」を生むだけである、貧富を問わずに人才を作ろうとするのは、「前金を払うて後の苦労の種子を買うものに異ならず」、それは経世の不得策である、とまで主張するようになる（⑫63,66）。

福沢にとって、この「貧にして知ある者」（貧知者）は、最も恐れるべき相手である。福沢は、すでに十年も前に出された『民情一新』において、「官民ともに狼狽してともに方向に迷う」（⑤40）西洋諸国、特にイギリスでおきている変化を語っていた。それはいわゆるチャーチストおよび社会主義者の運動である。要するに福沢は、貧民が「貧賤の権理説」を持ち出して「富貴の権柄とその私有とを犯（す）」（⑤9）ようになることを恐れ、強迫教育を、少なくとも貧民に対するそれを、不要とする考えを強めたのである。先の八七年の引用（四〇頁）で強迫教育に反対したのは、そうした発想が福沢の脳裏にあったからである。

そしてそれをだめ押しするかのように、さらにその二年後（九一年）の「貧富論」で、「貧民は無知なるが故に貧なるにあらずして、貧なるが故に無知なりと言うも、妨げ〔＝さしさわり〕なき場合少なから（ず）」と、これまでの論点を再確認するばかりか、「今の社会組織」においては貧はほとんど永遠に貧にとどまる、と主張するにいたる（⑬69f.）。八〇年代の末以降、福沢の教育論は「貧にして知ある者」を生まないための教育をいかに作るか、という課題に収斂する。

## 「教育の過度を防ぐは、財産の安寧を維持するの一法」
### ――貧知者が生まれぬよう授業料を高くせよ

さて、貧民への強迫教育を不要とみなす福沢は、その考えを多様な仕方で表明する。

一、強迫教育不要論を、言葉を変えつつ主張するのが最もふつうである。右に見た「貧富論」では、「教育の過度を防ぐ」必要が主張されていた。ここで教育の過度を防ぐとは、「人の貧富と教育の高低とを平均して――要するに小学校についてなら全国一律の強迫教育によって（杉田注）――貧者の教育を高尚にすぐることなからしむる」（⑬100）ことだと福沢は論じている。そして福沢はここで教育の過度を防ぐ必要を説く背景にふれ、そう説くのは、「他年一日〔＝いつか〕、富豪輩を攻撃するの禍根を醸《きょ》す〔＝生み出す〕者は、かならずこの種の子弟ならざるをえ（ぬ）」（同前）からであると、あからさまに語っている。

二、だが、「貧者の教育を高尚にすぐることなからしむる」と語りつつ、福沢は具体的に何を問題にするのか。すでに官立（＝国立）・公立の学校が運営されていたが、その授業料は比較的安く、したがって貧民でさえそこに通えることが問題である、と福沢は理解する。前記のように、いまや「貧知者」を生まないことが、『すすめ』を書いて全人民にとっての教育の意義を説いたはずの福沢の大目的となったである。したがって福沢は、官立・公立学校の安価な授業料に反対を表明する。「我輩の悦ばざるものは、かの官立・公立の学校……の費用の莫大なる割合に、授業の価〔＝授業料〕はいたって低廉にして、貧家の子弟といえどもこれに入ること容易なるの一事なり」（⑪467）、と。

それればかりではない。単に安価な授業料に反対するのみか、福沢は官立・公立学校に対して高額な授業料の徴収を求める場合もある。「官員・教員の俸給等、一切の校費を計算してこれを学生の数に割りつけ、授業料としてこれに課すべし。すなわち、貧生・富生を淘汰するの妙法にして、〔こうなれば〕学につく者はただ富豪の子弟のみならん」（⑪472）と。七二年に学制が敷かれたが、小学校への入学率は非常に低いまま推移していた。前記のように、子どもが労働力であったという事実も大きいが、同時に授業料を払える親が少なかったからである。ただでさえ多くの国民が過度の負担に苦しんでいたというのに、「教育者」福沢は、校費をも全額受益者に課して貧民排除を狙うのである。

## 「もっぱら富豪の子弟を教うるの門を開かしむるこそ知者の事」
### ――貧知者が生まれぬよう官立学校を廃せよ

三、だが、それでは結局中途半端であると福沢は考える。むしろ福沢は、授業料の安い「官立学校」を廃止し、それをすべて「私立学校」へと改編させるべきだと主張する。

その理由を明示して、福沢はこう記す。公共のものたるべき公費を用いて学校を設け、「一個人の私《わたくし》のために利を謀《はか》るがごときは、理財の数《すう》〔＝道理〕において許されざるところ」、と（⑪ 494,S. ⑪ 310）。教育は私の利益を謀る営みであると福沢は言うが、教育（を受けること）を人間としての権利と見なす発想が見られないのは、いかにも物悲しいではないか。しかもはっきりと貧民を名指しつつ、「天下公共は人の私《わたくし》を助くるの義務あらざれば……貧家の子を教うるに公共の資本をもってすべからざるの理由もまた明白」（⑪ 309-11）、とあからさまに記す場合もある。貧民であろうと教育において格差を設けてはならないと主張したフランス革命期のコンドルセと、何とかけ離れた非情な主張であろうか。残念だが、これが日本の顔・福沢諭吉の偽らざる姿である。

あるいは自説を強めるために、福沢は財政問題を前面に出すこともある。教育との関連で「方今〔＝昨今〕財政困難」（⑪ 472）と福沢は記すが、もしここで教育に金を出せない政府の苦境を論じ、だがそれでも財政確保のための各種方策を論ずるのならまだしも尊敬に値する。だがそうではなく、その後は人民に負担を強いることを当然視しながら、最終的に「高尚なる教育は全く官の手を離し、官公立の諸学校を全廃して人民〔＝民間〕の自由に任し、富んで志ある者がその子弟をして高尚なる学につかしめ……」（同前）と記して、貧知者の排除をもくろむのである。福沢が民間にあって慶応義塾を創設して「教育」にあたった事実は、人民の教育を推し進めるよりはむしろその逆の方向に働いたことが、ここで明らかである。独自の教育論・国家論（支配契約説・夜警国家論）とあいまって、教育を政府の任務として考える可能性を自ら捨て――「学校教育のごとき……一国政治の本色にあらず」（⑫ 459）――、そればかりか福沢は、民間の営みとしても特権者の教育をしか、ついに考えなかったのである。

もちろん明治政府の要人がいかに福沢と深い関係にあろうと、彼らがこの種の提案に簡単にのるはずがない。それが（いかに時代的な制約があろうと）ひとまず公的な使命を担う政府の任務である。とすれば福沢は次善の策を練るしかない。それゆえ福沢は、官公立学校の私学化を主張する先の文の後に、「あるいはその諸学校を今のままにせんと〔する〕ならば」と一定の妥協をしたうえで、前項の二で引いた最後の文を書き記す。教員の俸給等の経費を授業料として課すべし、と。そしてこれは「貧生……を淘汰するの妙法にして、学につく〔＝教育を受ける〕者はただ富豪の子弟のみならん」（⑪472）と、妙案ぶりを誇ってみせる。福沢にとって教育とは特権者のものであり、特権者の安寧のためのものである。そうした根本理解から、貧知者を生み出す教育など福沢には断じて認められないのである。

四、以上の二、三の主張が合体すると、少なくとも中学以上はすべて私学にした上で（小学校の場合も高等および尋常小学校はそうすべきだと記される）、学校は受益者に高額の授業料を課せ、という主張になる。「政府が学校教育の《ママ》〔＝から〕手を引き、大学教育のこと――ここでは大学に限定して論じられている（杉田注）――はあげてこれを民間の私に任じ、その課程を高くし、その授業料を多くし、もっぱら富豪の子弟を教うるの門を開かしむるこそ知者のこと」云々（⑪492-5）、と。

## 貧民子女の最低教育

以上は、福沢についての一般的なイメージ（「学問のすすめ」を行った教育者、「天は人の上に人を造らず……」という平等観の提唱者）からすると、にわかに信じられないと感ずる読者が多いであろう。だがこれが、福沢の実像である。

では貧民の子には教育は不要と福沢は見なすのか。そうではない。「無教育の弊悪を救治する」（⑪301）もしくは「社会の悪事予防」（⑪491）という観点から、一定の教育は不可欠であると見る。だがそれは、最低・最下等の教育であればよいと主張するのである。「高尚なる教育はただ富人の所望に任せてこれを買わしめ、貧人は貧人相応に廉価の教育を得せしむるこそ」（⑪470）云々と、福沢は論じている。あるいは、「学問教育も一種の商売品にして、その品格に上下の等差あるべきは誠に当然の数〔＝道理〕」（⑪309）、と（ここには教育＝商品という福沢の発想が明瞭に見られる）。この点はその後もくり返される。「教育の過度を防ぐは〔中等社会・富豪の〕財産の安寧を維持するの一法」であって、その過度を防ぐとは、「人の貧富と教育の高低とを平均して、貧者の教育を高尚にすぎることなからしむの意味なり」（⑬100, S.⑫375）。

だがそれはどのような教育なのだろう。福沢は、貧民は最下等学校に通い、「僅かに字を書き、平易なる文を読み、ソロバンの初歩と地理の大略とを知るのみにて事たるべし[1]」（⑪491, S.⑪301, ⑫376）、と記している。本来文明的な教育には、単に書を読み字を書くのみならず「記憶の能力……推理の能力……想像の働き……この諸能力がおのおのその固有の働きをたくましゅう（する）〔＝盛んにする〕」ことが重要だと言うのに（⑫221）、要するに貧民には読み書きソロバンという最低限の教育さえ授ければよいと、福沢は主張するのである。こうして福沢の教育論は、近代的特質をいかんなく失う。例えばコンドルセは、「いかなる階層の市民に対しても教育を拒むことになってはならない」（コンドルセ13）と主張し、公教育の整備を政府の義務として要求したが、一方福沢は貧民には主体的な国民となるための教育を拒み、[2] その限りにおいて社会的平等を否定する。その私立学校論（＝公教育否定論）と並んで、福沢が提起する教育はまるでフランスの旧体制期《アンシャン・レジーム》のそれのようである。

なお、貧民の多さからすれば、「最下等」教育にかかる経費が莫大となることは、十分に予想される。だから、官立・公立学校の私学への改編を求める福沢でも、最下等学校までその対象にせよと要求することはできない。したがって「最下等」教育に対して公的な助成を認めるのだが（S.⑬188, ここでは最上等の場合もと記される）、前記のように公共の公費を「私のため」に投下することに福沢は反対であり、したがって「公共助成の教育は、最もその程度を低くして最もその費用を少なくし、教育中の最下等にとどまるべき」と、貧民に対する教育に、むき出しの、酷薄な差別を持ちこむのである（⑪490,S.④526ff.）。

注

（1）一面ではこれは、初級労働者に対する最低限教育を必要とする、総資本の側の要求に応えることに通ずる。

（2）こう書いたからといって福沢の教育論が、中等社会に対しては「主体的な国民」を作るものとなっているわけではない。後述するように、国民は結局帝室ために命を捨てることが求められている。

## 「年齢の制限は児童を遊惰に導いて悪風に染めしむる」
## ——子どもの遊びの権利も福沢の眼中にはない

福沢は前記のように九一年の「貧富論」で「教育の過度」を批判したが、その姿勢はその後に（またしても）変化する。日清戦争前の時期は、一面では資本主義のさらなる発展のために、他面では（特に重要なのはこちらである）帝室を中心とした教育勅語体制づくりのために、言いかえれば徴兵制軍隊の一翼を担うべき貧民に教育勅語を通じて「報国心」を植えつけるために、福沢はむしろ全国的な教育の必要を痛感するようになり（後述）、「教育の過度」を恐れる必要はないと主張し始めるのである（⑥323f.）。また八〇年代末には、「教育の過度」を問題にして政府が教育に支出する経費の大きさを何度もあげつらっていたのに、日清戦争を通じて人心の収攬＝国民統合が進んだ時期には、おそらく帝国臣民の形成を確たるものにするために、「教育に金を費やすの一事は、公私に論なく大いに賛成するところにして、あえて多きを厭わざるものなり」（⑮356）、と記すようになる（後者の余裕は、日清戦争後に経済の活況を通じて明治政府の財政規模が膨らんだ（⑮673）こととも関係があるのであろう）。

けれども、後に明治政府が貧民の子どもに対する教育上の配慮を見せると（第六章）、福沢は再び「教育の過度」賛成論を撤回するにいたる。戦後、にわかに企業熱が高まり生産（特に紡績業の）が飛躍的に増加したが（隅谷①67）、それに比例するかのように労働争議・同盟罷業《ストライキ》も増えている。争議はそれまでは年に数えるほどであったが、九六年に二〇件、九七年には七六件と一挙に増加した（原田151)。そのため明治政府は九七年に労働立法を企てたが、それを機に福沢は再び貧民に対する教育に反対を表明したのである。つまり、政府は職工（労働者）の労働時間を減らすのみならず、児童労働を制限せんとしたが、後者には、子どもの身体の保護と同時に「教育の時機を誤らざらしめ（る）」という配慮が働いており（第六章）、それを通じて貧民の子どもの就学率が高まれば、低賃金労働者の確保が難しくなり、かつ「貧知者」が生まれる危険性があると、福沢は恐れたのであろう[1]。福沢は、貧民は日々の生活に差し支えて子どもを養うことができず、だから子どもを「工場に入れて一銭二銭の賃金にても稼がしめ、もって生計を助けんとする」のであるから、「この種の児童はたとい工場に行かざるも、とうてい就学の見込みはあるべからず[2]」（⑯124）と、教育者としての立場をかなぐり捨てる。

しかも福沢は、教育者としての失格ぶりを示す言葉をすぐに連ねてさえいる。すなわち、「年齢の制限は……その種の児童を遊惰に導いて悪風に染めしむるの結果あるべきのみ」、と（同前）。大人に使われる「遊惰」を子どもに使うのも奇妙だが、ともあれそのような言葉で遊びを評価する点において、福沢は異常である。子どもにとって、遊びは決定的に重要な要素である。ルソーをひもとくまでもなく、子どもは遊びを通じて社会の成り立ちを知り、遊びを通じて各種の規範を学び、そして遊びを通じて成長する。学校での勉学（もっとも貧民の子には最低の読み書きソロバンをのぞき福沢はこれを事実上拒否するが）以外は工場で働けという言い分は、福沢には子どもを論ずる資格がないということを示している。

この引用に見られる結論は実は無条件のものではなく、ある条件がつけられていた。直前に福沢は、

「もしも公費を投じてこの種の児童を養い、また教育を授くるの工夫あらんには格別なれども、しからざる以上は……」、と記していた（同前）。だが福沢には、この条件を実現する意思はない。要するにこれは、実業家に顔を向けた、教育者らしからぬみじめな結論の合理化の言辞にすぎない。

注

（1）この時期に福沢は、「教育進歩」によって不平の種が増えること（⑮623）、教育進歩のために「壮年血気の輩」が「貧富平均論」などに組すること、ひいては社会党・共産党などが誕生すること（⑮624）を問題にしていた。なお、この後の論説では「西洋諸国の流儀においては……工場……に幼者の使用を禁ずるがごとき、法律上にもまたこの精神を認むべし」と記したが（⑯541）、例によって福沢はその議論を発展させることなく、すぐに話題を他に転じてしまうのである。

（2）「べからず」は一見禁止の意味にとれるが、可能を表すことも多々ある。以下、同じ。

## 「断じて政事に関するを得せしめず」
### ――文部省からの独立にも限度がある

「文部省は竹橋にあり、文部卿は三田〔＝慶応義塾の所在地〕にあり」という俗説が明治期にあったというが、以上が、「文部卿」福沢の教育論の流れである。初期の「学問のすすめ」から後退し、結局その後の福沢の構想において、「無教育の弊悪を救治する」（⑪301）もしくは「社会の悪事予防」（⑪491）という観点を別にすれば、貧民は基本的に教育から排除されたことが分かる。ここではっきりさせたいのは、福沢にとってそもそも教育（を受けること）はなんら権利とみなされていないという点である。これは、『すすめ』においてのみならず、福沢の生涯において変わらない。

## 「教育を受ける権利」は福沢とは無縁

福沢にとって基本的な権利（人権）は、生命・財産・名誉であった（第一章）。ここには、人権の核として重要な「身体および精神の自由」のみか、「教育を受ける権利」も含まれない。「社会権」的な発想を期待するのはまだ困難だとしても、教育権（教育を受ける権利）の発想は、歴史的に見て労働権や生存権（これら三者が社会権を構成すると考えられる）とは別個に独自に発展してきた。フランス革命期のコンドルセにおいてはもちろん（コンドルセ 11）、福沢が『民情一新』で伝えたチャーチズム運動においても、多かれ少なかれ教育権の思想が認められる（堀尾① 187）。日本でも初期の加藤弘之にそれが見られるし（加藤弘 365f.）、植木枝盛でははるかに明瞭である[1]（植木① 103）。けれども「文部卿」福沢は、そうした思想とは無縁である。

なるほど福沢は『すすめ』で、学問を通じて「身も独立し、家も独立し……」と語り（③ 30）、また「一身独立して一国独立する」という有名な定式も提示しており、この「一身独立する」が知恵および財における独立を意味するとすれば（③ 43）、教育を受ける自由は、「生命・財産・名誉」のうちの「財産」を獲得する手段として位置づけられる可能性もある。だが、それは何ら明示されないし、ましてや教育は権利とはみなされていない。

そればかりか、国権拡張を目的とする福沢は国家（政府）による教育への介入を擁護し、教育（＝

教育を受けること）は臣民としての義務に変質せざるをえない。そして教育内容はおのずと「教育勅語」的なものに偏する（第四章）。つまり儒教主義を重視し、忠と孝を教育原則の中核に置くことになる。なぜなら国権拡張へと人心を収攬する国権主義的モラルが求められる以上、日本には儒教以上にふさわしい教えはないからである（仏教は苦しみから逃れるための教えであり、神道には特別な教義はない）。確かに儒教には「外国交際」「国権拡張」の観点がない。だから福沢は朱子学的な「修身・斉家・治国・平天下」に両者を加える必要を論ずる（⑨275）。もっともそれにより独自な徳教を説くのではなく、結局「報国心」（愛国心）の形成と、「報国尽忠」――ひいては「報国致死」（杉田注）――を重要徳目とする（⑨281ff.）点において、やはり儒教主義に収斂することになる。あるいは近代的装いをもたせ、例えば「独立の忠」とでも呼ぶべきモラルを創造するしかないが、そこにいかに無理があるかはそう題した論説（⑥406ff.）を見ても明らかだろう。忠とは帝室に対して臣民としての本分を尽くすことだが、「独立の忠」とは、臣民が、他によらずに、「本心の指示するところに従うて自ら……自動して……」忠にいたるの謂《い》いに他ならない（⑥407）。それは、いわば〈自由な絶対的従属〉と同様の形容矛盾であろう（S. 安川⑤222）。

さらに、国権拡張のためには内の安寧の確保や殖産の進展が不可欠となるが、その観点からはむしろ人民の選別が行われ（「貧知者」を生まないために選別教育が主張され、労働者の子女はほとんど教育機会さえ奪われる）、ひいては、教育を受ける自由は全くの空文と化すであろう。

## 権力を批判する自由の放棄——政府による教育への介入の容認

天皇制論（第四章）、女性論（第七章）等とともに、福沢の教育論も誤読されてきた。山住正己は「教育を受けるのは何よりも自らのためのもの《ママ》であるという彼〔＝福沢〕の一貫した主張は注目にあたいする」（山住編308）と書いているが、これは以上のように間違っている。福沢において「教育」は国権拡張のための便宜にすぎない。福沢にとっては、国権拡張のために人民の報国心が必要ならそれを組織することが教育の最大の使命となるし、殖産・興業が必要ならその発展のために、職工となる貧民の教育は、最低のものをのぞき不要なのである。それなのに、名だたる教育学者が福沢の片言隻句を取り出して前記のような誤読をして何ら疑わないというのは、いったいどういうことなのか。

福沢のいわゆる「教育の政府からの独立」（学問の自由）論も、ひどい誤読にさらされてきた。福沢は、八〇年代に広範にひろがった自由民権運動が、慶応義塾内にも影響を持ち始めた事実にいらだちを見せていた（⑳268-71,S.⑫475）。明治政府も、学校なかでも私学が運動の温床になっている可能性を問題視したようである（⑤367,⑧470f.）。少なくともそうした認識が一つの動機となって、福沢は八三年に『学問の独立』（以下『独立』）を著すが、そこで福沢は、慶応義塾（より広くは一般の学校）における学生・生徒に、「政治の思想」をもつことは必要だとしても、政治には断じて関与すべからず、[2]と主張した（⑤388）。のみならず福沢は、制度的にそれを可能にするよう、「学問のこと」と「学事の管理」とを完全に分けるよう提案する（⑤378）。だがこれは、「学問をもって政事の針路に干渉せず」、すなわち学問・教育の政事への完全無関与の提案である。学問の独立のためという意図を含んでいるのであろうが、福沢は「政を施すにもやすく……双方の便利これより大なるものなかるべし」

と、あたかも政治家の歓心を買うかのように記している（同前）。

「学問のこと」に関わるのが「学事会」である。これを福沢は西欧のアカデミー(3)から着想を得たと思われるが（同前）、政治と学問を分離する効用については、徳川時代の儒者その他を例として説明する。かく分離することで「かえって時として大いに政権をたすけたるは、決して偶然にあらざるなり」、と（⑤373）。要するに福沢は、学問への介入を拒否しつつ、しかし一方では政治の動き（明治政府のそれにせよ、在野の政治家＝運動家のそれにせよ）に対する批判を一切慎めと論ずるのである。

そもそも学問の自由は、伝統的な自由権の一つと捉えれば、政治権力の介入からの自由を意味する。けれども学問の自由が成り立つためには、政治権力を含めた万般の事象を研究し批判する自由もまた保障されるのでなければならない。「万般の事象」のうち最も強力でありそれに関する研究・批判が脅かされて来たのは、何よりも政治的および宗教的権力である。宗教的権力は日本ではヨーロッパほどの弊害をもたらしたとは言えないとしても（ただしその後の「明治」の歴史においては宗教と政治が強度に癒着させられたために、それまでとはおのずと事情は異なる）、それだけに政治権力に対する批判の自由が、確固として保障されなければならない。ところが福沢の「学問の独立」論（学問・教育の自由論）は、政治権力の介入からの自由は要求しても、政治権力を批判する自由は完全に放棄するのである。そこから結果するのは、政治権力による介入の事実上の容認であり、したがって政治権力による人権の制限等に対して学問が担うべき批判的任務からの撤退である。

しかも、たとえ政治権力の介入からの自由がかなりの程度において認められたとしても、最終的には政府・文部省からの独立にも限度があることを、福沢はいとも簡単に認める。『独立』が出された八三年末に改正徴兵令が出され、それによって私学学生から「徴兵猶予の特典」が奪われたことを踏まえた、政府に対する抗議および懐柔策の意味を含んでいるとはいえ、翌八四年には、学校に官立・私立の区別はないと強調するばかりか、私学に特典を与えるのに不安があるなら、「文部卿より学者を派出して、私学生徒の〔優劣を確認するための〕試験に立ち合うも可なり、あるいは直《じき》にその手にて試験するも可なり」、などと記すにいたる(⑨391f.)。だがこうなると、福沢の言う「学問の独立」(学問・教育の自由)の内実はほとんど失われる[4]。

## 帝室依存の帰結――学問・教育の自由は失われる

前記のように福沢は、官立学校をすべて私立にせよと論じていた。そして、その経費は帝室費でまかなえと主張する(⑤377f.,S.⑤284)。だがそれによって再び「学問・教育の自由」(政治権力に対する批判の自由)は失われるであろう。特に帝室が強度に政治的な役割を発揮するようになればなるほど、そうである。確かに『帝室論』に見るように、帝室は「政治社外」に置かれるべきと観念されている(⑤261,st.)。だがそれは、帝室が完全に政治と分離された存在になることを意味するのではなく(その点で『独立』で論じられた学問の「政治社外」性とは全く異なる)、随時、特に福沢の目指す国権拡張のために独自の政治に関わり、超政治的な影響力を行使することが帝室に期待されているのである(第四章)。とすれば、福沢の構想下では、「学問・教育の自由」(政治権力に対する批判の自由)は、その中核的な部分においてますます失われざるをえない。

実際、明治憲法制定以降はもちろんそれ以前においてさえ、帝室は、福沢が言う「政治社外」の存在としてその超政治的な機能を強力に発揮したが（例えば『独立』の前年に出された「軍人勅諭」はそれを制度的に可能にした）、特に明治憲法制定後は帝室の有する絶対的権力を通じて、現実に「学問・教育の自由」が失われるであろう。それを如実に示したのが、帝室と強く結びつけられた神道を「祭天」という古俗に還元しかねない、久米邦武の歴史学研究に対する介入事件[5]——いわゆる「久米邦武筆禍事件」——である（帝室の神聖性を演出するために再構成された神道を単なる古俗に還元されたのでは、「政治社外」の帝室に期待される超政治的な機能は発揮されえない）。

この事態は福沢の「学問・教育の自由」論のみじめな敗北である。だが福沢はむしろこれを当然視する。なぜなら、これによってこそ自らの「大本願」たる国権拡張が図られるからである。福沢の「学問・教育の自由」論は、その後、八〇年代末にごく断片的に語られるが（⑪495, ⑫113）、九〇年代にはほとんど論じられない。晩年、文部省による教科書検定にふれ、「〔文部省が〕真実有害を認むるものに限りてこれを排斥し……」（⑮644）と、また修身科について、「順境にありて功を奏したる偉人の伝を加えんことを望む」という文部大臣の方針に賛意を表すばかりか（⑮262）、修身教科書編纂に関して江戸期の経書（儒教教典）の例をあげ、「〔幕府は〕国の治安に妨げありと認めたるものの他は、一切……自由に付したり」（⑯608）と記して、結局教科書の検定・編纂を容認するのである（S. 安川①315f., 安川⑤34f.）。

注

（1）コンドルセは国民教育を「公権力の義務」と見なすことで、加藤は「教化・撫育等……政府でせいぜい力を用うべき」と論ずることで、いずれも対比的に教育を国民の権利と見なしている。植木は、「国家より……言うときは、必ずこの〔=小学の〕教育は授けざるべから（ず）」と記す。

(2) ただし両者の境界はあいまいになる。福沢は「みだりに政治を談じ、または政談の新聞紙等を読みて世間に蝶々するは、我輩も好まざるところ」（⑤371）と記すが、政治的討論や社会的主張は「政治の思想」をもつのに不可欠ではないのか。

(3) コンドルセによる「国立学術院 Institut National」（コンドルセ 70ff.）の提案が反動的だと誤解されたことから分かるように、各種の王立「アカデミー」は旧体制《アンシャン・レジーム》下にもあった。福沢の言うそれは、公権力からの自由が十全に確保されない点で、旧体制下のそれに近いように思われる。

(4) にもかかわらず堀尾輝久が、貧民に対する教育反対の意味で公共の資金を教育に使うなと論じた福沢の論説（⑪299ff.）を取り上げて、これは「教育の中立性の古典的な思想に連〔な〕る」（堀尾①407）などと記しているのは驚きである。堀尾は他でも、あまり福沢を読まずに福沢について美辞麗句を連ねている（堀尾②38）。

(5) 福沢は、神官は日本の歴史の語り部になれと主張する（⑧80ff., ⑮433f.）。その際、福沢は神話は省略せよと記すが（⑧82）、これを受けて宮地正人は、「〔福沢が〕記紀神話・建国神話を全く無視していることも看過できない」（宮地194）と主張する。だが、福沢が無視したのは「かの神変不思議なる神代の奇話」（⑧82）にすぎず、神武天皇の建国、その後の応神・仁徳天皇等の事跡に関わる神話を福沢は無視していない。それどころか福沢は、日本の「歴史」は神武天皇以来始まると明確に語っている（⑮172, ⑲266f.）。初期「啓蒙期」においてさえそうである（④149, ⑳85, ⑳143f.）。神功《じんぐう》皇后・竹内宿祢《すくね》の「朝鮮征伐」などは、福沢にとって他の何にもまして語られるべき歴史である（⑧82, ⑮434, ⑩182, ⑩185f.=126f.）。にもかかわらず宮地は、福沢は「国家神道と記紀神話による天皇支配正統化原理には決して服従せず」と記す（宮地193）。だが、神武建国・帝室の神武以来の万世一系という作りごと自体が、国家神道の中核ではないのか。

## 「学問のすゝめ」の放棄
## ——士族の遺伝子を残すためには選別教育こそ必要

先に、福沢がいかに貧民の教育を阻止せんとしたかについて論じた。一方で福沢は、「中等社会《ミッズル・カラッス》」——日本においては（⑯573）その実質は「士族」であると「啓蒙期」からくり返し記される（t.⑳65, ⑳162f., ④237f.）——および富豪の教育には全力をあげようとする。彼らこそが国権拡張を可能にする主要な階級であり、「国家の背骨」（⑭183）だからである。そして彼らが背骨たりうると福沢が判断するのは、福沢が強く信じた遺伝絶対論の帰結である。各階級における遺伝的特質によって、知徳の進歩は中等社会にのみ期待され、一方「下等社会」（貧民）のそれは否定されるのである。「人間社会の知徳は一世にしてにわかに始造すべからざるや、明らかなり」（⑧58）、と福沢は記す。それを通じて福沢の目は、おのずと選別教育に向く。

その方向性は比較的早くから見られる。『すすめ』で中等社会に対する期待を表明した以上、教育論に選別教育が入りこむのは、時間の問題である。『概略』では、「そもそも人たる者は天賦と教育とにより……その志操にだいたいの方向あるは、もとより論をまたず」という文言が見えるが（④54）、福沢は『概略』出版直後の時期のものと思われる論考では、人間の能力には「天賦遺伝の際限あり」と、「遺伝」という言葉を用いるようになり（⑳154）、またこの発想から学校制度に論及して、前述のように、「人民の貧富、生徒の才不才に応じて、国中の学校も二種に分かれざるをえず……銭ありオあるものは……上等の学校に入るべし」（④527）と、明確に選別的な制度を主張していた。

そして八〇年代になると、「才不才」は血統による遺伝に基づくという主張がはっきりと、かつくり返し提示されるようになる。教育の分野では人の能力は平等一様だと見なされるが、もともと人には能力差がある、だが世の教育家がその公言をはばかるため（「教育家」とはかっての自分のことである。福沢は「国権拡張」という大本願のためには、自説の否定さえもはやはばかる気はない地点に達していた）一般にこれが忘れられているが、「そもそも人生の天賦にかく強弱の差ある」のは決して偶然ではなく、それは「父母先祖の血統に由来する……」と、中期思想を体系的に論じた『時事小言』において強調されている（⑤5224f.）。そこでは「ガルトン」――フランシス・ゴールトン(1)（1822～1911）、「優生学」の創始者――のいささかあやしげな所説を持ち出して以上が詳論され（⑤225-31）、この論拠を下に、国権拡張のための方略として「国民の気力を養う」必要が説かれる。そしてそのために、「外教(2)（＝キリスト教）のまん延」を防ぐことと同時に、「獣類にすれば豚のごときもの」（＝衣食を給するのみ）と福沢が見なした百姓・町人ではなく、士族の「気力を維持・保護する」ことの重要性が主張されるのである（⑤209,221）。福沢は、士族の気力維持のために士族の「血統」を保存せんと欲し（⑤224）、もしいまこれを消滅させてしまえば、それは「あたかも国を豚にするものにして、国権維持の一事につきその影響の大なること、論をまたずして明らかなり」（⑤221）と、主張する。

さて、『時事小言』を通じてかく国権拡張に向けた戦術が定まり、遺伝絶対論はその後も執拗に説かれる。「先天遺伝の有力なるは決して欺《あざむ》くべからず、また争うべからず」（⑧57f.）と論じて、後の朝鮮論・中国論を思わせる、民族差別的な例に福沢は言及する。すなわち、「北海道の土人の子を養いてこれに文を学ばしめ……辛苦教導するも……わが慶応義塾上等の教員たるべからざるや、明らかなり」（⑧58)、と。その上で福沢は、教育におのずから区別がなければならないと主張し（これは本来矛盾である。なぜなら、遺伝が絶対的なものなら教育において特別な配慮をしなくても、おのずと必然的な帰結が生ずるはずであるから)、「その区別とは……良家の子を選ぶ、すなわちこれなり。……その子弟は先祖遺伝の能力を承《う》けて、おのずから他に異なるところのものなきを得ず」（⑧59f.）と、遺伝を理由とした明確な選別教育を主張するのである。

こうして選別教育を通じて「人は人の下に人を造る」。だがそれを福沢は遺伝絶対論で合理化し、その意味で「天は人の下に人を造る」と主張するようになるであろう（終章）。

注

（1）ゴールトンは、貧民は遺伝的に劣悪な素質をもっており、彼らが「早く滅び去り、優秀な素質をもつ人々がより多くの子孫を残すことによって……人間社会の進化＝進歩が確保される」と主張する。だから、救貧法などの社会福祉政策は行わず、貧民が早く消え去るのに任せる方がよい、と（市井88）。福沢の立場は、後者の点でもゴールトンに近い（第六章）。

（2）安藤昌益は衣食を給する人たちを「真人」であり「転《天》子」であると見なしたが（安藤①165, ②57）、一方福沢のこの偏見に満ちた見方を、いったい何と形容すべきなのであろう。福沢は晩年になっても、「貧小の百姓等は……相変わらず元の百姓にして、知恵も分別もなく粗衣粗食、むなしく農業の疾苦中に死生するのみ」と記す（⑥432)。

## 「報国致死はわが社中の精神」
## ――慶応義塾の建学の精神

さて、福沢では士族の教育が重視されるが、国権拡張に向けた士族の役割は、単に「知」的場面にとどまるのではない。高い知の能力が国権拡張につながるためには、士族のうちに「国」の観念が明瞭に存し、かつそれに殉ずる心情すなわち「報国心」がなければならない。だからこそ、それを作るべく福沢は初期「啓蒙期」から「報国の大義」を語ろうとしたのであろうが（このため七六年に完結した『すすめ』においてさえ民権伸長への配慮はおざなりになる）、この傾向は、十分な自覚の下にではなかったとしても、すでに慶応義塾の建学の精神として把握されており、後にそれが自覚的に語られるようになる。

八〇年代、つまり福沢が『時事新報』を発行して各種新聞と競い始めた時期に、福沢の国権拡張にまい進する論調について、『すすめ』などの「啓蒙期」のそれと違っていると揶揄《やゆ》されたことがある。それに対して福沢は、当時から自らの大本願は国権拡張だったと居直っている（⑨101）。なるほど中期以降の議論の骨格は、『概略』第十章で「自国の独立」を文明の目的と見なしたことに由来するが、確かに『すすめ』でも「報国の大義」がしばしば前面に出ていた。それを確認するかのように、『時事新報』発行後比較的早い時期に、福沢は慶応義塾自体が「報国致死」を建学の理念にしていると記していた。

慶応義塾の元教員の言として、「堂々たる日本国人にして報国の大義を忘れ……んより、むしろ同国人の刃に死せんのみ。我輩がともにこの義塾を創立して、ともに苦学するその目的は……わが国権を皇張するの一点にあるのみ」という言葉を紹介した後、福沢は「報国致死はわが社中の精神にして、今日我輩がもっぱら国権の議論を主唱するも」云々と記していた（⑧64）。この論説は「報国」の意義を敷衍して「致死」にまで及んでいるが、慶応義塾が、創設時の教育方針を明らかにした『すすめ』に見られるように「報国の大義」を重視した塾であれば、それは当然と言えよう。

## 「報国致死」と「尽忠報国」

ところで、なるほど福沢や福沢の教えを受けた慶応義塾の一部の教員・学生は、「報国の大義」を身につけていよう。だが、士族といえども一枚岩ではない。「報国の大義」を身につけ、それに生きられる人は、決して多くはなかろう。福沢は『通俗国権論』において、「一国の権利を張らんとするにも……最大一の緊要事は、全国人民の脳中に国の思想を抱かしむるにあり」（④639）と記していたが、「国」の観念を脳中に作るのは容易ではない。人民は自らが生きる狭い村落・地域ならば比較的リアルに理解できるが、「国」（＝日本）は想像によってしか把握できない抽象的な観念だからである（アンダーソン17）。国の観念にしてそうであれば、ましてや「報国心」まで生むのは困難である。仮に国が政治権力（政府）を通じて観念されたとしても、政府の実力者といえども「内部の精神を制して、その心を収攬する」（⑤268）力は持たないと、福沢は見る。

だから国権拡張を最大の目的と主張した『時事小言』の刊行後、福沢がほどなく『帝室論』を書いたのは、必然の成り行きであった。人民をその郷党からつれだし、人民に国の観念を抱かせ、その内面に国に殉ずる報国心を形成するのに、他の何にも増して帝室が不可欠と見たのである。「〔軍人も〕ただ帝室の尊厳と神聖なるものありて……帝室のために進退〔＝行動〕し、帝室のために生死するものなりと覚悟を定めて、はじめて戦陣に向いて一命をも致す〔＝差し出す〕べき」（⑤269）、と福沢は記している。

そのようにして帝室を媒介にしてこそ報国心の形成は容易になる。それゆえ「報国致死」の前に、「尽忠報国」――ここで尽忠の対象は帝室である――という徳義が、士族にとって強調されることになるであろう。「封建の制度は廃したれども、士人〔＝士族〕〔の〕忠誠の心は消滅すべきにあらず」（⑨287）。こう福沢は主張する。だが「外国交際」の繁多ないま、士族の「忠誠の心」は藩主にではなく、それとは異なる対象へと向かわなければならない。そのようなものは、これら論説が書かれた時期においてさえ存在しないが、国権拡張を「大本願」とする福沢は、虚構と知りつつも、そうした対象を努めて創始しなければならない。だがそれは比較的容易であった。明治維新が担ぎ出した帝室を、「愚民を籠絡《ろうらく》するの一欺《き》術」（⑤271）、「凡俗を籠絡するの方便」（⑥367）と知りつつそのまま用いるという政治的判断を、福沢は下すのである。

『帝室論』の書かれた時期に福沢は、神聖無比の帝室に「忠を尽くすは……万民熱中の至情」（⑧72）と記していた。帝室への尽忠などはせいぜい制度的な作為による見せかけであって、「至情」と表現するような本源的なものではありえないことを、福沢は知っている。だが自らの至上目的のために、その作為に固執する。その後も福沢は、「わが日本国士人のために道徳の標準となすべきものを求むるに……報国尽忠等の題目をもって最も適応のものなりと信ずる」（⑨281）と、あるいは、右の文章でいまだ不明な「報国尽忠」の対象を明示して、「諸外国に誇るべき一系万代の至尊を奉戴し、尽忠の目的は分明にしてかつて惑迷すべき岐路を見ず。……日本国民はただこの一、帝、室、に、忠を尽、く、し、て、他に顧みるところのものあるべからず」（⑨287f.）、と記している。

## 「修身要領」と帝室に対する尽忠

「尽忠報国」もまた、「報国致死」とともに慶応義塾の建学の精神に匹敵する原則であることは明らかである。九九年、福沢の発案によって、「文明日新」の時勢における「修身処世法」を学生に提案するために、主要な弟子が「修身要領」（当初は「修身綱領」と呼ばれていたが、おそらく労働運動の含みのある「綱領」を福沢が嫌ったために「要領」と訂正された）を起草したが（㉑353-6）、その文案を見て福沢が何よりこだわったのが帝室への尽忠なのである。

福沢は、弟子が作った案に対して二、三の重要な注意を加え、「およそ日本国に生々する臣民は男女老少を問わず、万世一系の帝室を奉戴してその恩徳を仰がざるものあるべからず。この一事は満天下何人も疑いを容れざるところなり」（㉑353）、という一項を序文の冒頭に掲げたという（石河③317）。福沢が、「報国」に先立って、帝室に対する「尽忠」の必要にどれだけ意を払ったか――恩徳は尽忠への報いである――が、明らかである。「尽忠報国」の必要を福沢は、上記のように、各種の著作・論説でくりかえし説き及んでいる。そしてそうした福沢の姿勢を証するかのように、「修身要領」は、一九〇〇年の「紀元節」（二月十一日）の日付けで公表された（㉑353）。

ちなみに、こうした次第である故に、「修身要領」の重要な概念とされた「独立自尊」も、一般人が想像するような意味とは全くかけ離れている。安川寿之輔が言うように、『万世一系の帝室を奉戴してその恩徳を仰』ぐような独立自尊は、内面的自由を明け渡して〔いる〕」（安川③112）。

## 「下等社会」の徳義――「馬鹿と片輪には宗教」

福沢が報国尽忠という徳義の担い手として念頭に置いているのは、あくまで「中等社会」である。だが、圧倒的多数の「群民」として現れる「下等社会」のそれは何であろうか。「〔中〕以下の群民……報国尽忠の大義、もとより怠るべからずといえども、直ちにこの一義のみをもってするも、あるいは感動の鈍きの恐れなきにあらず」（⑨291）と、「群民」（貧民）教化のむずかしさに福沢はいら立ちを隠さない。「四民平等令」によって、彼らも報国の義務を背負わされ徴兵制の軍隊に駆り出されることになったが、士族と異なり彼らには、報国尽忠に結びつくような「忠君」の伝統が欠ける。

だが方途がないのではない。「この下流の人民のためには、宗教の信心を養うこと、しごく大切なることとなるべし」（同前）と、福沢は記す。『時事小言』でも、「宗教のことは……国権の保護を目的として人民の気力に注意するときは、また大いに論ぜざるべから〔ず〕」と記していた（⑤210）。前章で論じたように、「馬鹿と片輪には宗教」路線に立って以来、下等社会の教化は宗教によって可能になると福沢は考えてきた。七〇年代後半のものと考えられる『覚え書き』には、子を棄て身売りした娘に頼る等の人民の所業にふれて、「かかる人民を教うるには、何でもかまわず、神道にても仏法にても、稲荷様も水天宮様も、悉皆《しっかい》〔＝すべて〕良なる教えなり」（⑦668,S.⑦664）といった言葉が見られるが、これはその後にくり返される宗教（利用）論の原像になっている。八〇年代後半にも福沢は、「不動を信じ、観音を……信ずるも勝手次第にして、ただこれによりて勧善防悪の方便を得れば、もって満足すべし」（⑪442）と記している。

ただし福沢は、おそらくこの路線の内実をあまり具体化できなかった。時には、在来の寺院を壊すな、その荒廃を防げ（⑫498,500ff.）、僧侶に兵役を免除せよ（⑭353ff.）と主張し、あるいは海陸軍兵卒の屯所に僧侶を招聘して法を説かせよ等の提案をするが（⑨292,S.⑭583）、中等社会の人士であることを誇って貧民と自らを切り離し、宗教を、貧民を律する経世の要具としか考えない福沢には、いかにしてそれぞれの宗教が人々の心に達するかについて、深い理解をもてるはずもなかったのである[1]（④468f., 内村77）。こうして福沢は、宗教による教化（報国心を有する帝国臣民の形成）路線の論理化に失敗したように思われる。

注

（1）福沢は幼少の頃、稲荷神社の神体たる石を棄てて代わりの石を置いておいたところ、民衆がこれを崇め始めるのを見て、「ばかめ、おれの入れておいた石におみきを上げて拝んでいるとは……」とうれしがったなどと得意げに語っている（718f.）。ひろさちやは「近代人ぶり」を鼻にかける福沢を恥ずべき人間と批判しているが（ひろ12）、民衆を見下しその宗教心をあざ笑う福沢に、宗教の何たるかが分かるはずもない。福沢が「東学《トンハク》」（第五章）を信仰する朝鮮農民の心理など理解できないのも、当然である。

## 「ただ普通の教育・知見のみ、高尚なる学育は第二のこと」
## ――女子に高等教育はいらない

### 福沢の「女子教育」論――根強い性別役割観

これまで、子どもの性別にこだわらずに福沢の教育論を論じてきた。だが、福沢は「女子教育」をどのように考えていたのか。例えば丸山眞男は「典型的な市民的自由主義」者という福沢像を作ったが、それがいかに虚像であろうと、丸山は福沢が終生「婦人隷属の打破」（丸山② 112）を図ったと信じているようである。これの検証は第七章で行うが、ここでは福沢の「女子教育」論についてのみ記しておきたい。

まず、福沢の公式的な発言を紹介する。福沢は『新女大学』で言う。「学問の教育にいたりては、女子も男子も相違あることなし」（⑥ 506）、と。だがこれは、福沢にしばしば見られる、論説の導入のための単なる枕詞にすぎない。福沢の著書・論説を全体としてみれば、福沢は明瞭に男女の教育を分けている。実際この後すぐに「極端を論ずれば兵学の外に女子に限りて無用の学なしと言うべきほどの次第なれども、その勉学の程度にいたりては、大いに注意すべきものあり」（⑥ 506f.）、と記している。

福沢には根強い性別役割観がある。性別役割観も多様だが、この文脈で言えば、福沢は女性には高尚な学問はいらないという役割観を疑わない。福沢にとってそれは身体の成り立ちから直接結果する。「女子の身体、男子に異なるものありて……学問上に男子と併行すべからざるは自然の約束……」(⑥ 507, S. ⑪ 46)、と。またこの役割観は、特に家事・育児に関する、より根強い役割観に由来する。『福翁百話』では、「結婚の上にて、婦人に限り家の内を治めまた子を養育するの職分ありて、外事に関係すること少な(き)」ゆえに、女性に奨励できるのは、「ただ普通の教育・知見のみ。高尚なる学育はまず第二のこととして、差し支えなかるべし」(⑥ 263)、と論じている。福沢はこう論じて、非対称な教育を女性におしつけて疑わない。

**性別役割観の固執――高等・大学教育においてさえ**

福沢は女性の置かれた状況を政治的・経済的・社会的等の多様な条件の下で考えることをせず、また男女の固定的な役割を当然視しているため、その視野は非常に狭い(第七章)。男女関係については、もっぱら「一夫多妻」に問題を見ており(第七章)、教育の問題――これは女性の状況を変える決定的な要因のひとつである(ウルストンクラフト 23,28)――を、軽視する。「教育一偏をもって女権を云々せんとするがごときは、とうてい無益の沙汰」、と福沢は記す(⑥ 264)。『福沢先生浮世談』(以下『浮世談』)でも、「ただ教育のないばかりが婦人社会に勢力のない原因であろうか。……本当の大原因はもっとどうも手近いところにありはしないか」と述べて、やはり日本の「一夫多妻」問題に話を移してしまうのである(⑥ 441f.)。

『浮世談』に見られる「女子教育」の軽視は、一夫多妻を論ずるための導入と見えなくもない。だが、福沢の著書・論説全体を見てみれば、福沢が、女性には男性に対するのと別の教育さえあればよいと見なし、「女子教育」を非常に軽視しているのは事実であると言わなければならない。したがって福沢の構想もいたって紋切型である。「成長すれば文字を教え、針持つ術を習わし……手紙の文句、ソロバンの一通りを授けて、日常の衣服を仕立て、家計の出納を帳簿に記して勘定のできる〔こと〕……台所の世帯万端……飯の炊きようはもちろん、料理献立、塩噌《えんそ》の始末……」(⑥506,S.⑬564f.)――これが、福沢が構想した「女子教育」の内実であって、ウルストンクラフトが批判した一八世紀イギリス、ひいてはヨーロッパ社会のそれ(ルソー③403ff.,ウルストンクラフト152ff.)と本質的な点で違いはない。

女子の高等教育に関しても姿勢は変わらない。福沢は、ひとまず近年その進歩が著しいことを喜ぶべきであると論じているが、その教育法は「ややもすれば学問の一方に傾き……日本女子のために〔=にとって〕その固有の美風をそこなうの恐れなきにあらず」などと論じ、「古来わが国の女流に最も重んずるところのものは裁縫の一事……その嗜《たしな》みなき者は、女子にして女子にあらず」とまで記す(⑬564)。この姿勢は「啓蒙期」(④319,④423,447)から変わらない。福沢が女子の高等教育をいかに軽視したかは明らかである。

驚くべきことに、女子大学についても全く同様である。「国民教育の本は家庭にありて、家庭の教育は主に母たるものの責任なり」と固定的な役割観を強調し、「されば女子の教育を盛んにして善良の母をつくるは目下の必要にして、大学設立の目的もこれに外ならず」と記している(⑮645)。これは日本女子大学校の発起人会での成瀬仁蔵[1](安川⑤185)の言葉をまとめたものだが、福沢自身がこれを、「いかにももっとも至極の説」と記して肯定しているのである。

なるほど福沢は、男子同様の教育の必要をほのめかすこともある。「ふつうの学識を得たる上は、同時に経済・法律の大意を知らしむること、最も必要なるべし」(⑥507)、と。けれども結局、目指されているのは男子とは全く違った型の教育なのである。本来、経済や法についての知識は、自らの置かれた政治的・経済的条件を客観的に認識するためにこそ求められる。福沢自身これを、女性が己の身を守るために身につけた「懐剣」にたとえている(同前)。だが結局福沢は、女性には「経済法の大略を学び、法律なども一通り人の話を聞きて合点するくらいの嗜み」(⑥490,S.④447)さえあれば十分だと見なすのである。

なお、このていどのものとはいえ、ひとまず福沢には教育ないし高等教育を女子にも与えようとする姿勢はあるとは言えよう。だがそれは、中等社会以上の家庭のことであって、貧民のそれには関心がない。第七章でふれるが、総じて女性についての配慮も、一定の資産のある中等家庭の女性に対してのみである。ちなみに慶応義塾では女子の塾はつくられず、「幼稚舎」(小学部)でも男女共学は実現されなかったという(安川③332)。

なお、福沢の女性に対する関心の低さは、「修身要領」を見ても明らかである。そこには、「[独立自尊のためには]男女ともに成人の後にも自ら学問を勉め知識を開発……するの心がけを怠るべからず」(第十二条、㉑354)と書かれている。第三条に「独立自尊の人は自労自活せざるべからず」(同前)とあるにもかかわらず、直前に書かれた『女大学評論・新女大学』を見ても分かる通り(第七章)、福沢において女性が「自労自活」することは想定されておらず、女性はあくまで、家事・育児に関わる役割を徹底させることでのみ「独立自尊」し、したがって成人後に女性に求められた学問、知識も家事・育児に関わるそれにすぎない。山住正己は、「これ〔＝第十二条〕は教育基本法第五条『男女共学』の先駆であるといってもよい」と書くが（山住 3）、歴史的に見て男女共学の意義は、女性を固定的な役割に抑圧せず、その労働権の行使を可能にすることにこそあったのである。仮に福沢に男女共学に通ずる理念があったとしても、その構想において、女性には成人前も後も初歩的な教育あるいは家事・育児に関わる教育しか与えられないのであれば、男女共学の意義はいかんなく失われる。

注

（1）平塚らいてうは、成瀬が、欧米の女子教育が職業教育に重きを置くのに対して日本では良妻賢母主義をとっていることを評価し、また、らいてうら「新しい女」の「お転婆」ぶりを問題にして「女子の美徳を害する」などと述べた点を鋭く批判したが（平塚 28f.）、それはひいては福沢に対する批判である。

第二章

# 「明治憲法はいかにも完全無欠」

## ——人権伸長は国権拡張に従属する

ここでも、「天は人の上に人を造らず、人の下に人を造らずと云えり」から議論を始める。第一章で論じたようにこれ自体は消極的な規定であるが、それがすぐ次のような積極的な形に言いかえられていた。すなわち、「貴賤上下の差別なく……衣食住の用を達し、自由自在、互いに人の妨げをなさずして、おのおの安楽にこの世を渡（る）」云々、と（③29）。「互いに人の妨げをなさずして」は、権利行使に伴う一定の制限を記したものである。これは問題ない。ここで問うべきは、「自由自在」の意味である。

## 人権は「栄誉・生命・財産」のみ
### ――自由権の軽視

「衣食住」が語られ、「安楽にこの世を渡る」と言われるとすれば、「自由自在」のうちに、人間が生きる権利を有することが、そして生きるためには一定の生活・生存手段が必要であるとすれば、その所有に対する権利を有することが、含意されているはずである。だが含意されているのは、それだけである。つまり、歴史的に獲得されてきた多様な「身体・精神の自由」は、十分に福沢の念頭には置かれない。

**身体・精神の自由は人権と見なされない**

福沢は、それら自由権を知らないのか。いや、『西洋事情初編』では米独立宣言が紹介されていたし――そこで人権は「生命、自由および幸福追求」(杉田訳)とされている(①323)――、『西洋事情二編』では、自由と通義(権利)の意味が説明され、そこでは米の独立運動において実際に問題とされた自由(出版の自由や信教の自由)が論じられていた(①487)。それればかりか後者ではブラックストーンの「英律」なるもの(①485、おそらくその主著『イギリス法註解』)が訳出されて、イギリスにおいて国民に保障された身体の自由(大まかに言って日本国憲法第三三条の「逮捕の要件」、第三五条の「捜索・押収に対する保障」、第二二条の「居住の自由」等)が詳しく説明されている(①499f.)。

したがって福沢は、自由権(身体の自由、精神の自由)を知らないのではない。そうではなく、自らの思想において、自由権を人間固有の権利として保障する必要を認めないのである。これは生涯にわたって続く福沢の立場だが、初期の「啓蒙期」においてさえ明らかである。なるほどそれらの重要性に言及されることはある。『概略』では、人の真価が発揮されない弊害を除くために人と人との交際が必要であるが、この交際を助けるために、「人民の会議……出版の自由等」が重んじられるべきであると語られている(④13)。また福沢は、世論をもって人心の所在を伺うべきである(④68)と論じた上で、「政府もし世間の実情を知らんと欲せば、出版を自由にして知者の議論を聞くにしかず」と記している(④77)。けれどもこれは単発的になされた主張の域を出ず、そこで出版の自由は、「生命・財産・名誉」という権理通義(③38)のうちに確たる位置を占めていない。

ひょっとすると、福沢の言う権理通義は「私権」に限定されており(⑪384)、自由権はそれとは別の「公権」(ただし今日言う政府の国民に対する公権ではなく、国民の政府に対する公権)もしくは「民権」に含まれるのであろうか。[2] だが福沢は公権・民権を「政権」と規定し、要するに参政権(ただしこのために性別・財産の資格がつけられる）に限定してしまうのである（⑪385）。『通俗民権論』では「民権」の発展について論じられるが、ここでは民権は（福沢が人民に知力の進歩が依然として欠けると判断し、国会開設時期尚早論に立っていたため）詮索権、あるいはせいぜい請願権にとどまる（④575）。今日、参政権と請願権とは別個のものとみなされるが、参政権が認められない段階では、民権の実態は請願権にとどまらざるをえない。『すすめ』でも同様である（③32）。

自由権は「公権」もしくは「民権」に含まれるかもしれないと記した。だが、公権ないし民権自体が、やはり福沢の思想のうちに確たる位置を占めない。それが単発的に論じられることはあっても、「民権の伸長はただ国会開設の一挙にして足るべし」（⑤98）と主張する以上、福沢において十全な自由権は認められない。それどころか、「内国にありて民権を主張するは、外国に対して国権を張らんがためなり」（④603）というのが福沢の基本的な立脚点であるとすれば、仮に公権・民権のうちに多様な自由権が含まれたとしても、それは国権拡張の手段として、国権拡張の有り様（その要求は際限がないと第一章に記した）によっては制限されるという含みを持たざるをえない。実際福沢は、日清戦争時などに国民に向かって政府の足を縛らないよう言論を慎めと勧告しさえする（後述）。

「天は人の上に……」と並んで有名な定式「一身独立して一国独立する」（③43）においても、自由権の位置はあいまいである。「一身独立する」とは、知恵および財における独立（他者への依存なきこと）の意である。ならば前者の要件として学問の自由（教育を受ける権利）が問題化されなければならないはずだが、そうした姿勢は福沢にはない。それどころか後にそれは明確に否定される（第二章）。

丸山眞男はこの定式を称して、「個人的自由と国民的独立……は全く同じ原理で貫かれ、見事なバランスを保っている」(丸山④145)と述べたが、『すすめ』を、またそれと関連して『概略』を仔細に読めば、それは的外れであることが分かる。福沢が「一身独立する」に各種の自由権をこめたという事実はない。

### 抵抗権は論じられず

当然ながら福沢には「抵抗権」の思想はない。抵抗権は、自由権が保障されてもなお強大な権力によって侵害されうる人権の最後のよりどころとして、米独立宣言にうたわれた権利である。それを福沢自身が紹介しているが[3](①323)、自由権さえ人権概念から外される以上、抵抗権はそこに含まれようもない。

抵抗権は、ひとたび国家が成立すれば、人権としての保障を得るのは困難と見なされるのが一般的であろう。[4]だがこれは、例えば八〇年代における広範な自由民権運動(それは市井の市民・農民まで含め、おびただしい人々によって成り立っていた)を見る際、重要な視点を提供する権利概念である。各地で起きた、運動家たちのやむにやまれぬ活動・闘いを福沢は見ようとしなかったが(福沢は八三~四年に日本を震撼させた民権派の各種「事件」については、若干の言及はしても(t.⑨118ff.)一度も満足に論評しなかった)[5]、正当な権利要求が暴力装置を自在に発動しうる政府によってことごとく鎮圧され、人民の人権が極度に侵害された事実を思えば、彼らの運動の歴史的な意義は、抵抗権の行使という視点によってこそ確認できるはずなのだが。

なお、福沢が「丁丑公論《ていちゅう》」で論じた「抵抗」(⑥531)は論外である。そこで福沢は、西郷隆盛を例として、幕藩体制に対する転覆の企ては「文明進歩の謀《はかりごと》」として大義があるが、明治体制に対するそれに大義はなく（⑥544）、政府は士族の不満をそらすよう民会へと誘導すべきだ（⑥552）と論じただけである。ここに見られるのは抵抗の評価でもなければ、ましてや人権保障のための抵抗権の承認では全くない（「丁丑公論」は七七年のものだが、この後に福沢は時代に遅れた『通俗民権論』を書いたものの、同時にさらに『通俗国権論』を書いてその地点からさえ後退する）。なお、『すすめ』で福沢は佐倉惣五郎を評価したが（③76f.）、それは要するに請願権の承認にすぎない。大塩平八郎による人民の命を守るための抵抗（⑧664）や、福沢にとって同時代の最大の事件たる「秩父事件」および「足尾鉱毒事件」（⑯670）における人民の抵抗――福沢は後者に抗する人民の陳情・請願さえ敵視した（⑮650）――などは、福沢には全く理解の範囲外である。

## 名誉が最も重視される

こうして福沢は、抵抗権はもちろん自由権さえ人権概念から落としたが、福沢が最も重要とみなしたのは名誉（栄誉）である。その旨は福沢の著書・論説に散見される（t.⑫602,⑮592）。名誉が重んずべきものである（t.⑭561）という点はよい。だがそれは栄誉が人権であることに直結しない（栄誉を、実定法的な権利と区別された意味での、基本的fundamentalな人権と見なした憲法は存在しないであろう）。しかも問題なのは、福沢にとって名誉は「中等社会」の人民（有産の士族・男性・日本人）のそれにすぎないということである。福沢は官の下におかれた彼らの名誉を「官尊民卑」⑥の問題として執拗に論ずるが（⑫595ff.,⑫601ff.,st.）、以下に論ずるように、福沢は他の人民（貧民・女性・アジア人）の名誉をむしろはっきりと侵害する。

注

（1）第二章で論じたように、福沢は、「〔文部省が〕真実有害を認むるもの」は発禁にしてよいと主張した（⑮644）。また自ら『女大学』を禁止すべきと主張した（⑯509）。ひょっとすると『源氏物語』などもその対象としていたかもしれない（⑯404）。

（2）ただし、「私権」「公権」等についての福沢の用法は必ずしも一貫していない。

（3）独立宣言の福沢訳には問題がある。「正当な権力は被治者の同意に由来する」における「同意」consent（これは社会契約の内実を示す決定的に重要な語である）をcontent（満足）と誤解し、したがって前後を翻案した事実は、人権およびそれを保障する論理たる社会契約説に関する福沢の無理解を示している。また福沢は「幸福追求」pursuit of happinessを「幸福を祈る」と訳したが、追求と祈りは本質的に異なる行動である。幸福追求は多様な権利への発展性を内包するが、「幸福を祈る」ことにそれはない。

（4）ただし、ひとたび国家（あるいは歴史的にはその国家の下で一定の政府）が成立しようと、それが正統性をもたない場合には、抵抗権はいわば自然法的な権利（小林直247）として国民に保留される。政府が暴力装置を発動する場合にも、その正当化根拠は常に検証される必要があり、その過程でも抵抗権は保留されると見なければならない。

（5）福沢は福島事件について何度か言及したが、結局同事件を、県令・三島通庸《みちつね》の横暴に対して立ち上がった民権運動家や農民を「謀叛人」（⑨21）、「貪欲飽くことを知らざる……」「悪人ども」（⑨22）と見なし、また旧刑法・公判を「美法」「公明正大」（⑨119）と持ち上げるための素材としただけである。なるほど福沢は、事件の張本人たる三島の暴政に対して批判的な言辞を呈したこともある（⑥80）。だがそれは、事件後八年もたってからのことである。

（6）官尊民卑は一面では天皇および華族を特権視する（これは明治政府のみか福沢自身の基本姿勢である）ことの、必然的な帰結である。天皇による政治的かつ精神的な一元的支配を制度化した明治国家においては、「天皇陛下および天皇陛下の政府に対し忠順勤勉を主と（する）〔＝第一義的な服務規律とする〕」（アジ歴）官吏が万般の決定を下すのは、必然的だからである。なお名誉（面目・体面）を最も重視する点において、しかもそれが中等社会（士族）のそれにすぎない点において、福沢の思想的な限界（存在被拘束性）は明らかであろう。福沢の基本的な発想は、江戸期の武士のそれである。己の面目を立てるためなら命さえ捨てることに価値を見出した武士層（士族）の基本的規範（新渡戸 67ff., 井原 40,72,st.）を、福沢は確固として受けついでいると解しうる。

## 「国のためには財を失うのみか一命をも投げ打ちて惜しむに足らず」
## ——福沢は政府の存在理由を問おうとしなかった

### 国権拡張が政府の存在理由になっている

以上のような福沢の立場は何に由来するのか。その要因の一つは、福沢が「啓蒙期」から政府の存在をはじめから無条件で前提する理論枠組みをもち、なんら政府の存在理由を論じようとしなかったこと、したがって各種の人権（特に問題なのは自由権である）の最大の侵害者は、強大な権力を有する政府であるという認識がないことである。あるいは、むしろ政府の存在理由を——人権の保障にではなく——国権拡張（あるいはそれへと人民を駆り立てること）におき、したがって国権拡張実現のためには強大な政府権力が不可欠であり（⑤161, ⑤253）、ひいてはそれが人権を侵害することがあってもやむをえないと考えていたことである。以下、これを敷衍する。

　福沢がすでに「啓蒙期」から政府の存在を無条件で前提し、何らそれに疑問をさしはさまないまま立論したことは明らかである。一般に政府とは何か、その存在理由は何かを問う場合、政府の存在しない仮構状況を想定する方法がとられる。そこにある（いる）のは、生身の人（人間）である。その人間同士が、生命保持を含む多様な緊急の必要から一定の契約を行いつつ、あるいは合意を形成しつつ、「共通の権力」（ホッブズ）を樹立し、その担い手（政府）に生命権を含む人権の保持を託したと考える。これがいわゆる社会契約説であり、近代立憲主義の下にある基本認識である。だが福沢にあるのは、強大な権力を有する政府をはじめから想定し、それに、支配されるべき人民を対置させ、両者の間で契約を取り結ぶという発想――いわゆる支配（統治）契約説――である。「一方に政府を立て一方に人民をたてて……」（④653）といった表現に、それを見ることができる。

　支配契約説では、そもそも人がなぜ政府を必要とするのかに関する議論はおざなりになる。だから、「日本国中にて明治の年号を奉ずる者は、今の政府の法に従うべしと条約を結びたる人民なり」（③40）といった言葉を、福沢は平気でつづることができる。後に社会契約説と支配契約説の違いをあるていど理解したのであろう、時に福沢は社会契約説的な議論をしてみせることもある。例えば「政府なるものを作りて一国人民の人権を保護す。これを政事という」（⑤237,S.⑪384）。だがこれは福沢によくある枕詞[1]（t.⑪423）の域を出ない借り物である（安川③251f.）。福沢では、政府設立の目的が人民の人権保護と見なされたとしても、政府の形成主体が誰かは明示されないのが普通だし（形成主体が明示されなければ、権限逸脱への歯止めはかからない）、そもそもこの論説以降もまた国権が「民権」の上に置かれ続ける限り、社会契約説的な発想は、あったとしても福沢国家論の確たる原理となっているとは判断できない[2]（安川① 190f.）。

さて、社会契約説的なもしくは近代立憲主義的な立場に立てば、なぜ人民が自らの諸権利の保障と無関係に、それどころか時にはそれを従容として捨ててまで国権拡張に向けてまい進しなければならないのかについて、満足な説明はできない。だいいち、「国の恥辱とありては、日本国中の人民一人も残らず命を棄てて……」（③ 31）、あるいは上記のように、「国のためには財をうしなうのみならず、一命をも投げ打ちて惜しむに足らず」（③ 44）などという判断が、人民から出てくるはずがない。唯一これがありうるとしたら、それは外国による侵略の危険性が非常に切迫しており、この危険性への対処なしには、生命権を含む人権が保障されえないという場合のみである（もちろん、その場合でも判断は多様でありうる）。だが福沢は、この危険性をまっとうな国際政治分析の下に深刻に論じることはない。なるほど、『すすめ』にせよ『概略』にせよ、抽象的な一国独立論はある。『概略』最終章では、それまで自ら展開してきた文明論を切り捨てて「自国の独立」が大目的だと記しているが、そこにも危険性の切迫に対する確たる認識があるのではない。

その後の福沢の議論では、国権拡張のために人権（福沢ではその範囲は限られていたが）は制限される。しかもその議論は、これまで見たように、独立が奪われる可能性に関する議論が抽象的であるのに比べて非常に具体的である。第四、五章で論ずるように、あらゆる方便を用いつつ、国権拡張に向けた動きを福沢は正当化する。そして国権拡張は、一国独立から果てしなく外延を広げていく。あるいは「独立」の意味が止めどもなく拡散され、他の一切の政治体への「寄りすがり」なき状態まで立ちいたらなければ独立とは見なされなくなる（第一章）。あたかもかつてスペインやイギリスが、無敵艦隊を出帆させて大西洋を航海したのと同じ水準――明治政府は海軍を五万トンから二五万トンへと拡張する計画を立てたが、福沢は四十万トンへの拡張を主張した（⑯ 245）――に達しなければ、福沢にとって「独立」したとは見なされないのである。第五章で論ずるが、福沢が「日清戦争」後に清国から得た償金（それは「戦前」の国家予算の四、五倍に達する）を使って軍備増強を狙ったのは、福沢にとって「独立」の意味がここまで拡張されたからに他ならない。そして、かく独立が追及されるところ、人権は常に制限されざるをえない。

注

（1）ここでは冒頭で「最大多数の最大幸福」が政治の目的とされているが、圧倒的多数の貧民がますます貧に陥る現状をそのまま受容する（⑬ 588）福沢が生涯を通じて事実上めざしたのは、むしろ「最小少数の最大幸福」にすぎない。それに、そもそも「最大多数の最大幸福」の論理は、一部（時には多数）の人の人権侵害を容認する論理に転化しうる（杉田③ 153-60）。宮地正人は福沢が「最大多数の最大幸福」を唱えたことを肯定的にとらえているようだが（宮地 206）、この論理がもつ右の問題性を十分に反省する必要があろう。

（2）ホッブズは強大な権力樹立の論理を提示したが、それは社会契約説に基づいていた。それゆえ民の基本権（生命権）は、論理必然的にこの権力によってさえ奪われない（ホッブズ 168）。福沢では社会契約説はただの外見にすぎない。

## 「〔明治憲法は〕国民の権利を重んじて残すところなき」——「法律の範囲内において」という制限があるのにか？

以上に、福沢に見られる人権規定の不十分さにふれた。それは明治憲法に関する福沢の論説を通じて、より明らかになる。福沢が、明治体制の画期となった明治憲法や教育勅語（つまり政府による教育への介入）に対してどのような態度をとったかについては、先行研究では非常に誤解されている。だが「啓蒙期」においてさえ人権を以上のように狭く解するとき、国権主義に踏み出してからの福沢が、明治憲法に見られる人権規定の不徹底を批判的に見るはずがない。

### 明治憲法を絶賛する

福沢は明治憲法発布直後から、「〔それは〕文明諸旧国の憲法を凌駕するものありと云う」（⑫466）と記していた。ここには「と云う」と記されているが、後にはこの評価は福沢自身のものとして、かえって強められたようである。「驚くべきは、わが憲法の完全にして国民の権利を重んじ遺《のこ》すところなきの一事……真に文明の精神をこめて善美なる」（⑥86）、などと福沢は明瞭に語るようになる。この印象は、九三年のいわゆる「軍艦勅令」によって福沢の望み通りに予算編成が進んだ事実をもって、さらに強まる。「〔憲法は〕いかにも完全無欠にして、字々みな自由・開進の精神ならざるはなし」（⑭312）、と。この手放しの礼賛は驚くべきものである。天皇制も含めて（第四章）ほとんど福沢の思い通りの憲法ができたことを、福沢は自ら自負しているのである。他にも明治憲法に対する礼賛は、何度も語られている（⑫597, ⑮627, ⑯437）。

## 福沢の狭い人権理解

「国民の権利を重んじ遺すところなき」という評価は、福沢がいかに人権について狭い理解しかもたなかったかをよく示している。周知のように明治憲法は国民を「臣民」と規定し（第一八条）、その臣民の権利は天皇による恩賜的なものとみなしている。だから天皇の意向によってそれはいくらでも奪いえた。けれども人権は、人が人であることによって備わる権利であり、いかなる権力といえども剥奪しえないとする概念に基づく。実際福沢が『西洋事情初編』で紹介した米独立宣言は、そうした人権の本質的な特質をよく示していた。けれども、福沢には人権に関するこうした基本的な理解が欠けている。いや、おそらく理解はあっても国権拡張を「大本願」とする福沢には、それを認めることはできないのであろう。だから、人権概念を骨抜きにした明治憲法さえ、「完全無欠」であり「字々みな自由……の精神ならざるはなし」と見えるのである。

けれども、「法律の範囲内において」という制限をもつ人権規定が、いかなる意味で完全無欠なのか。憲法は本質的に、人権規定とそれを保障するための統治機構に関する規定を含むが、それは憲法がドイツで言われるように「基本法」Grundgesetz だからである。だが、根本法規であるはずの憲法の人権規定が「法律の許す範囲内において」のみに通用するにすぎないとしたら（その「法律」として最も威力を振るった「保安条例」は明治憲法公布後も一〇年間近く合憲的に生き残った）、それは本末転倒であると言わなければならない。本来は憲法が法律の制約となるはずであるのに、明治憲法では事態は逆になっている。さらに、明治憲法には天皇の緊急勅令という伝家の宝刀がある。後の治安維持法一九二八年「改正」法に見られるように、恩賜による権利は、天皇大権によって容易に剥奪されてしまうのである（第三三条）。だがその事態を、福沢は当然視し合理化せんとする（第四章）。

### 義務の強調・平等の軽視

そして明治憲法では権利よりも義務が前面に出ている。国家権力の行使に制限を課すのが憲法の歴史的な意義であり、したがって義務条項は本来不要であるが、確かにそれを含んだ憲法は世界的に見て少なくない。だが明治憲法は権利より先に兵役・納税の二大義務を規定し（第二〇、二一条）、しかも明治憲法と並んで明治の体制を構成した教育勅語では、権力者の側が、憲法重視（義務重視）と国法遵守を「臣民」に命じている（「国権を重んじ国法に遵い……」）。福沢はそうした教育勅語をも礼賛し（第四章）、ひいてはこれと明治憲法とが両輪をなす明治の体制そのものを礼賛したのである。

以上と並んで重要なのは、福沢には――「天は人の上に……」の理解との関連で重要なのはこれである――明治憲法に平等原則が見られないことに対して、何ら批判的見解がないという事実である。福沢が真に平等思想をもっていたのであれば、天皇が頂点に立ち、華族が各種の特権を維持し、国民間の、また男女間の不平等を前提した明治憲法体制を、無条件で賛美できるわけがない。

## 「妨げとなる者を遠ざけるは、至極もっともなる出来事」
### ——言論・集会・報道の自由の制限

人権の制限を当然視する発想を典型的にかいま見せたのは「保安条例」（八七年）に対する場合である。民権運動家たちが皇居から三里（約十二キロ）以外の地域へ追放された際、福沢はその処置を支持した。追放は「政府の施政に妨げとなる者を遠ざけたるにすぎず。しごくもっともなる出来事……」と、福沢は時をおかずに記している[1]（⑪416）。ここには各種自由権に対する尊重姿勢はないのみならず、ビスマルクの社会主義者鎮圧政策に通ずる、予防拘禁的な施策を是とする傾向さえ見られる。これは福沢が、後述するドイツ型政治（色川②199）に身を置いたことを示している。

福沢はかつて政府におもねる新聞を揶揄《やゆ》し、また建白書類の「卑劣」さについてこう記していた。「みだりに政府を尊崇すること鬼神のごとく、みずから賤しんずること罪人のごとし」、と（③52）。だがほどなく国権主義的立場へと変節した後は、福沢は言論・集会・報道の自由等に対して明治政府がくわえる制限に賛意を示す傾向がたしかにあった。例えば「言論集会の自由・不自由につきても……今にわかにこれを放解《ママ》したらば、……自ら節することあたわざるの憂いはなかるべきやと、いささか懸念にたえざるなり」（⑫120）と、憲法発布に先立って記している[2]。その後も、帝国議会開会後に議員が理論に傾き、言論、出版、結社、集会の自由等を論ずることになるのは、あまり賢明ではないかのように記していた（⑫333f.）。

そもそも福沢は、日本が特に外国と戦争ないしそれに類似する対立関係に立ちいたった時、戦略的な配慮から、言論人は言論を慎めと言わんばかりの態度をずっととり続けてきた。(3)「壬午軍乱《イムオグルラン》」(これは一般に「壬午政変《イムオジョンビョン》」と言われるが、軍乱が最終的に一大政変に発展したため私はこう記す)の場合もすでにそうであった。世の中に新聞があるのはないよりよいが、「今の政府のためには天下に民権新聞なきを利なり」と論じて、今回の政変のような場合には、「日本の政略のために不利ならんと認むるものは……おのずから慎むところあらん」ことを同業者に要求し、また自らそれを守ると宣言した(⑧294-6)。日清戦争の折は、それまでにない際立った態度を表明した。官民調和の決定的な重要性を強調しつつ、「日本臣民は、事の終局にいたるまで、謹んで政府の政略を非難すべからず」、と(⑭547=204, S. ⑯632f.)。

こうした態度、すなわち官民調和の重視は、国際・国内問題にかかわらず福沢がとる基本姿勢であり、それは国権拡張論とともに福沢の最も変わらない大原則の一つである(第一章)。だから、日清戦争後もこの姿勢は続く。新聞人福沢は、新聞が政府当局の手足を妨げる傾向を問題視し、「国家の不利益は免るるべからず。……いやしくも重大の事件にしてしかも切迫の場合には、全く黙して当局者の方寸〔=心中〕に一任(す)……べし」(⑯71)、と論じている。直後にも別論説でこう記す。「いやしくも国家のために害とあれば、何人の処置といえどもこれを恕《じょ》せ〔=許さ〕ざると同時に、国家の利と認めたらんには直ちに賛成するにはばからず」、と(⑯87)。だがこれらは、言論人の態度と言えるのであろうか。私には、福沢は言論人のあるべき姿を見失っているとしか思えない。

もっとも、福沢は言論人としてはあまりにも権謀術数にたけた人物であるため、時に政府がその言論を（それが相手国の主権を平気で否定するような内容を含むだけに）外交上の観点から好ましくないと見なすことさえあり、私自身、明治政府の判断は間違っていないと思うことがある。甲申政変《カプシンチョンビョン》の際、福沢が「朝鮮人民のためにその国の滅亡を賀す」と題した論説（⑩379ff.＝138ff.）を書いたために『時事新報』は発禁処分を受けた。[4] 前段落に引用した日清戦争後の論説で、福沢は「自ら外務大臣たるの心得をもって」事に当たるなどと書いていたが（⑯71）、同戦争中に起きた「旅順虐殺」が国際的に問題化され始めたころ、実際の外務大臣（陸奥宗光）が、福沢の論調だと欧米世論の非難を呼び起こしかねないと本気で憂慮した事態さえ起きている（井上晴62）。

### 注

（1）政府追随的な評価を福沢は変えることもある。だがそれは一定の時を置いてからのことで、かつそこに自己批判はない。例えば保安条例について福沢は、当時政府はこれを必要としたのであろうが、憲法発布とともに廃止するのは時宜を得ていると、憲法発布直前に記している（⑫16f.,S.⑫92f.）。後には、当初賛意を示した事実を棚に上げて、「今よりこれを見るときは、我輩はその必要の事情を解するに苦しむものなり」（⑬669）と記してはばからない（⑬673）。後には再び支持に転じ（⑭347）、その四年後、つまり実際に保安条例が廃止される直前の時期に、保安条例は不必要だった旨を宣言する（⑯280）。

（2）福沢は明治の法（集会及結社法）にふれる、足尾鉱毒事件に関する集会について、法自体をいささかも問うことなく、「断然……処分し一毫《いちごう》〔＝少し〕も仮借するところあるべからず」と論じている（⑮670）。

（3）すでに「啓蒙期」から福沢は報道の自由に対する制限を当然視した。新聞紙条例による記者の投獄について「その罰の当否はしばらくさしおき」（④221）と記すばかりか、「政府を害……する者あらば〔新聞条例をまつまでもなく」直ちにこれを捕縛して可なり」（⑳158）、と論じてさえいた。自由民権運動の盛り上がった八四年にも、「明治十四年〔＝八一年〕の秋以来……集会条例、新聞条例など、またすこぶる変更ありたり。しかるに明治一七年〔＝八四年〕の今日、日本社会の静謐《せいひつ》なる……十二年〔＝七九年〕の昔に異ならず」（⑨525）と両条例を評価してみせる。

（4）この処分は、ジャーナリストとしての福沢の反骨精神に由来するものでは全くない。日清戦争時に陸奥宗光が危惧したのと同様に、所説があまりに侵略主義的であり、ひいては外交問題に発展する危険性があると恐れられたために下された処分である。

## 「信教の自由」事件も「学問の自由」事件も福沢には届かない
### ——弾圧事件への追随

福沢はこうして「精神の自由」を基本的な人権とは認めない。だから福沢が、明治期における人権後退をもたらす画期となった二大事件に、なんら関心を示さなかった（そうした不作為を通じて事実上明治政府の弾圧方針を容認した）のは、当然である。二大事件とは、キリスト者・内村鑑三による「不敬事件」[1]（九一年、旧制第一高校の嘱託教員であった内村は、内心の自由にもとづいて「御真影」に頭を下げなかった）と、先にふれた歴史学者・久米邦武の「筆禍事件」（九二年）である。

いずれも明治の言論界を揺るがせた大事件だった。少なくない言論人や学者がこれに関わって論争が続けられたが、その際、福沢はひとことも発言しなかった。何より政府にとって不都合な、あるいは政府の動きを妨げるような事実については言論を控えるべきだというのが、福沢の立場である。また第四章で論じるように、福沢にとって天皇制は国権拡張のための切り札であり、これが十全に機能すること（そのために天皇は、絶対主義的な天皇として神聖視され続けなければならない）が、不可欠である。そうした天皇に対する「不敬」は、とうてい福沢の許すところではない。福沢は絶対主義的天皇制を断固として支持する立場に立ち、しばしば天皇の行為に感涙し（その旨は論説にも記される）、また私生活においても天皇の姿を二階から見下ろすことさえはばかった人物である（石河①585f.）。その福沢が内村鑑三に対してとった態度は、あまりにも当然であった（なお内村「不敬事件」では、内村がキリスト者だったという事実も大きく作用した。「馬鹿と片輪」の宗教路線に立つとしても、後述するように、福沢はキリスト教だけはできれば遠ざけたいと考えていた）。

そもそも福沢は、帝室を各種の自由に対する制約であると見なしていた。その姿勢は、すでに八〇年代に見られる。福沢は、「帝室の尊厳は開闢《かいびゃく》〔＝国の始まり〕以来同一様にして、今後千万年も同一様たるべし。これすなわちわが帝室の帝室たるゆえんなり」（⑤249）と帝室の神聖性を強調したうえで、だからこそ帝室は言論の対象にすべきではないと主張する。したがって例えば「立憲帝政党」が結成されて帝室の尊厳性に言及した際、それは「国の安寧のために最も恐るべくまた惜しむべきの大なるもの」と主張し、帝室の名を用いることは、「たとい真実の忠義心に出づるも、これを許すべからず。帝室に大忠を尽くさんと欲する者は、官民ともに謹んで黙するにあり」、と主張したのである（⑤249-51）。

福沢が内村「不敬事件」および久米「筆禍事件」に対して沈黙を守ったのは、こうした考えの帰結であろう。特に両事件は明治憲法・教育勅語体制の構築直後に起きただけに、それは明確な自覚の下になされたと思われる。だが福沢とあろうものが、内村・久米の行動に反対するはずはないと考える人もいるであろう。福沢＝政府の機能を「妨害の妨害」と見る「典型的な市民的自由主義」者という福沢像を作った丸山眞男（丸山④122）などは、おそらくその筆頭であろう。だがそうではない。帝室が官民調和・国権拡張のための究極の武器であれば、福沢は臣民に何よりも「尊厳・神聖なる」（⑥5）帝室への無条件的な尊崇を求めるのであって、その「尊厳・神聖を維持する」（⑥18）ためには、政府が、信教の自由・学問の自由に対する「妨害の妨害」として権利の擁護者となることなど、福沢は求めないのである。

明治憲法・教育勅語制定後、立て続けに各種不敬事件、特にキリスト教関係のそれ（小股 ix-x,278）が起きた時期に、福沢が不敬罪に関連して語った言葉が知られている。「申すもおそれ多きかの不敬罪をもって罰せられたる者……我輩は毛頭その罪を恕《じょ》する〔＝許す〕にはあらず」と福沢は記していた（⑥78）。これは直接内村や久米に言及したものではないが、書かれたのは、内村「不敬事件」の余韻が残り久米「筆禍事件」のまさに渦中の時期（九二年一〜二月）のことでもあり、そこで多かれ少なかれ内村・久米のことが念頭に置かれていたに違いない。福沢にとって重要なのは、「愚民を籠絡するの一欺術」たる天皇制の護持であって、各種人権の擁護ではない。

なお内村「不敬事件」で問われたのは信教の自由だが、これに対する福沢の冷淡さは、早くから明瞭に示されている。そもそも福沢は宗教を貧民を教化するための経世の用具と考えており（第二章）、信教の自由を人権と見なす発想など福沢には期待できない。そればかりか、福沢は「元来宗教の信心は人々の勝手次第」と譲歩しつつも、政治的に必要と判断されれば「宗旨に立ち入り遠慮なく命令して可なり。洋学者の空論にまどわされて信教自由の主義を……重んずるのあまりに、かえって政権の達すべきところをも放却するは、卑怯なるもの」、とさえ主張していた（⑤219-21）。特にこれはキリスト教を念頭において記されたものである。キリスト教はその基本道徳において儒教・仏教と異ならないとしても（⑧221, ⑩119）、福沢が信奉する国権主義が「自他の別を作為」するのに対して「真に公平にして世界を一家と見な（す）」という理由で、福沢はキリスト教に警戒の念を怠らない（⑤214）。また同教信者の他宗教に対する攻撃の激しさを福沢は問題にする（⑩52ff.）。前章で、福沢が国権拡張のために「国民の気力を維持・保護する」ことが必要であり、その方法として士族の血統を保存することが不可欠と論じた（⑤221,224）点を紹介したが、これとともに福沢が国権拡張の不可欠の要素と見なしたのは、「外教」（＝キリスト教）のまん延を防ぐことであった[2]（⑤209）。そのための方法については、福沢は当局者にゲタを預けるが、上記のように「政治上に要用なる部分だけは、宗旨に立ち入り遠慮なく命令して可なり」と主張していた（⑤220f.）。

注

（1）これは一〇〇年以上前の話であり、旧聞に属すと思われるだろうか。だが現在の日本では、教師は、「御真影」どころかただの象徴にすぎない「日の丸・君が代」に対してさえ、頭をたれなければ失職する可能性にさらされている（安川⑤249, 杉田②127-30）。

（2）ただし晩年には、おそらく「内地雑居」が間近にせまったという事情もあってむしろ排斥を否定したが（⑯290）、中期の福沢の姿勢は、「門人を地方に派遣して、耶蘇退治の演説会を催させ」さえしたことに見られるように（安川①155,S. 安川⑤31）、ほとんどキリスト教排斥論と呼ぶべきものである。宮地正人は、福沢が晩年、私学に対してキリスト教教育を禁じた私立学校令を批判したことをとりあげたが（宮地198）、福沢が同学校令を「厳しく批判し（た）」（同前）という評価は見当はずれである。だいいち「福沢は……仏教及びキリスト教の日本社会への自由な普及と強化を〔、〕道徳心養成の方法として主張しつづけ（た）」という言い分（同前）が間違いであることは、福沢の著書・論説を一貫して読めば、誰にでもわかることである。

## 「英国風の党派政治……にわかに同意を表するを得ず」
### ——国会開設時期尚早論から、国権拡張のための国会へ

九〇年に予定された国会開設、また七〇年代末以来、澎湃《ほうはい》としてわき起こった「自由民権運動」に対しては、福沢はどのような主張を持っていたのであろうか。一般に人権に対して市民権の名で呼ばれる権利の一つが、参政権である。福沢の「民主主義論」を理解するためにも、国会開設および参政権に関する問いを避けて通ることはできない。

福沢が『すすめ』、『概略』を書いた時期（七二〜六年）は、まだようやく民権運動が緒につき始めた頃である（「民選議院設立建白書」が出されたのは七四年である）が。だから福沢自身、一定の啓蒙的な言説を展開しつつも、国会開設について明確な展望をもっていたわけではない。だが福沢は、すでにその頃から民権派と距離をおいていた。その後の『通俗民権論』（七八年）を見ると、福沢のそうした傾向がはっきりしている。その時期、福沢は国会開設時期尚早論にたっており（前述）、民権論者を批判して、国会より地方民会を開設する方が先であり、また国会を開設すれば政府を二つつ

くるようなものだと主張した（④580f.）。

だが、ある時期から福沢は、むしろ国権拡張のために国会を利用できると考え始めたようである。『通俗民権論』を出した翌々年（八〇年）には、国権拡張のためには兵備を厳重にすることが肝要であり、そのために国債を発行する必要があるが、[1]これに応募して国難に当たる心構えが人民（もちろん有産の）にはできていない、それに当たらせるには人民に「参政の権を付与して、国会を開設する」のが最善であると論じており（⑳221-2）、国権拡張のために国会開設を支持する姿勢はその後も一貫する。中期思想を最もよく示した『時事小言』（八一年）では、それが明瞭に語られる。「護国の基礎を立てんとするには、国会を開設するの外に方便なかるべし」（⑤162）、と。またその翌年には、「国会を開設せんとするも、その目的は内政を整理し外交を処して、結局はわが大日本国の国権を拡張せんとするものより外ならざるべし」と福沢は記すが（⑧434）、これは壬午政変の直後に公表された論説であり、具体的な「外患」を眼前にすることで、福沢の国権主義的な方向が明瞭になっている。

## ドイツ型への傾斜

だが、福沢には一つ問題が残っている。国会開設を通じて政権を強大化し、それによって国権拡張を可能にするというが、政権の強大化はいかにして図れるのか。当初福沢はイギリス型の議院内閣制を理想と考えていたようである（⑤42）。伊藤・井上らとの関係を通じて明治政府の国会開設の方針を知り、また「国会期成同盟」による憲法草案起草の動きにも触発されて、福沢は憲法草案づくりにも関わり始めたと考えられるが、交詢《こうじゅん》社（福沢が組織した実業界の社交クラブ）に集う門下生らによって八一年初頭に出された「私擬憲法案」（これにはその「常議員長」であった福沢の意向もあるていど反映されていると思われる）でも、イギリス型議院内閣制が前提になっている（家永③56）。

だが福沢は「官民ともに狼狽してともに方向に惑う」（⑤40）露欧の政治を認識し、それが遅かれ早かれ日本でも現実になることを見通しつつ、八三年にはドイツの科学技術（⑧631,633）やビスマルクによる「ドイツの民権論者」に対する防御力に関心を示し（⑧635）、八〇年代半ばにはむしろドイツ型の欽定憲法による体制を望ましいと感じ始めたようである。そしてそれのみが、宿願である国権拡張を可能にする強大な政権への確実な通路とみなされる。自由民権運動の非常にはげしい動きを眼下に見つつ、福沢はドイツの憲法・制度等を評価し始めるが（⑨448）、また同時期に、憲法は民約ではなく欽定であるべきだという立場を表明する。「日本帝国の憲法は欽定に出づるの次第なること、もちろんなり……」（⑨461,S.463）、と。

当時、ドイツでもイギリスと同様に労働運動が頻発しており、ほどなく福沢はドイツについて「社会党」に言及することになる（⑩44）。だがこの時期、ビスマルクの社会主義者鎮圧法等による「成果」がよく知られるようになっており、福沢の目はこの制度に向いたものと思われる。それまで福沢は英米と「専制的」なドイツを区別する傾向があったが、この頃にはドイツもまた西洋であると言い始めるのである。「我輩の目をもってすれば、ドイツもアメリカとともに西洋にて……ドイツ風に従わんというも、その実は西洋の文明を脱社したる〔＝から逃れた〕にあらず」（⑨496）、と。

## イギリス型からの離脱

八〇年代初頭、福沢はイギリス型への信念を抱きつつも、「国会を開き……今の政府の人をして多数を得せしめん……」と記して、伊藤・井上らへの期待を表明していた（⑳233）。またほぼ同じ時期にこうも記していた。「強藩の士人は生命をもって権力を買いたる者なり。……維新の功臣が維新の政府に立ち、全権をもって国事をもっぱらにするも、もとより理の当然」、と（⑤131f.）。だがそうした希望はイギリス型では実現しない可能性が高い。なぜなら議院内閣制では、選挙ごとに多派工作によって首班が変わるのが普通（政党の事情によって不変の場合はありうるとしても）だからである。

ところで八〇年代、福沢の目は朝鮮に向く。八二年に壬午政変、八四～五年に甲申政変という大きな政変が朝鮮を襲ったからである（第五章）。そしてこの余波は、中国の動きを含めて八七年初頭までつづく。福沢の目が国会開設問題に再び向くのは、この余波の去った八七年半ばころからのようである。一面では、ちょうど外患の余波が目立たなくなるのと軌を一にするかのようにして、国会開設を前に再び民権派の動きが目立ってきた（井上清①201）ためである。

さて、八七～八年、いわゆる「大同団結運動」で影響力を盛り返した自由民権運動が国会を席巻することを恐れる福沢は、単純に議院内閣制を支持できる地点にはいなかった。かつて論じた多数党による組閣（⑤42ff.）についてはほとんど語らず、単に（いかなる仕方にせよ成立した）内閣の、国民（議会）に対する責任なるものを問題にするだけである（⑪554ff.）。つまり福沢は議院内閣制ではなく責任内閣制に問題を矮小化させている。責任内閣制は議院内閣制の不可欠的要素であるが、福沢の当初の議論では、多数党による組閣という議院内閣制の本質的側面を欠いている。しかも福沢は、内閣の有する責任を結局のところ「徳義上」のことに限定してしまう(⑪ 558f.)。

そして八九年、明治憲法制定後の帝国議会の編成が明らかとなった後、福沢は内閣が有するとした徳義上の責任を法律上のそれに変える努力には目もくれず、議院内閣制それ自体を問題視するにいたる。福沢は、「明年国会の開設に至らば、同時に英国風の党派政治となり、議場の多数をもって内閣の新陳交代を催すべしと、容易にこれを期して疑わざる者あ(り)」と、自由民権派を意識しつつ記す。けれども、「我輩はこれを英政の想像論〔=イギリス型の無条件的な信奉論(⑫ 74ff.)〕者として、にわかに同意を表するをえず」(⑫ 105)と、イギリス型議院内閣制論に強い疑問を提示する。こうして福沢は、議院内閣制とは異なる、強大な皇帝権に、ひいては内閣・首相の強い権力に支えられたドイツ型の明治憲法体制を擁護する道に進むのである(明治憲法発布前に福沢がドイツ型の保安条例に賛成した事実は、上に記した)。

ところで福沢は、演劇改良に関する論説を何度か公表し、一度自ら脚本を書いたことがある(⑳ 335ff.)。それは前々段落・前段落で言及した論説を書いた時期のことだが、題材はドイツの「大宰相・美寿麿《みすまろ》公」の活躍である。福沢はこのようにルビを振っているが(⑳ 337)、もちろん「みすまろ」とはドイツの宰相ビスマルクのことである。福沢は本シナリオでドイツこそが欧州の安全の要であり、帝室に乱れが生じれば欧州も乱れるとビスマルクに言わせているが(⑳ 343)、こうして福沢はドイツを理想化し、ドイツ型の明治憲法体制の意義を再確認するのである。

## 責任内閣制への態度

責任内閣制[2]について付言する。福沢は当初、日本人の「順良」さに言及して、たいした対立は起きない（⑫46）と高をくくっていたが（第六章）、議会開設後、民党の想像以上の攻勢に驚き、さしあたって責任内閣制の実現は考慮の外に置く（⑥104）。その後はむしろ時の明治政府に対して、議会に頓着せずに政権を維持せよと主張し（⑬330f.）、またもや徳義上の「責任」さえ口にせずに、政府に超然主義――少し前にその利のなさを説いたにもかかわらず（⑬251ff.）――をすすめるにいたる（t. ⑬358, ⑬368）。

要するに福沢は、地租改正反対（第六章）、酒税増税、軍備拡張、条約改正を含む自らの主張を実現することを第一の政治目標としており（⑪331, ⑬597ff., ⑭251ff.）、そのためとあらば、超然主義でもなんでも受け入れる立場にあったのである。だが、実際の政治過程を見聞きしつつ、じょじょに超然主義の無効を、ひいては自らの政治目標の実現の困難を自覚するようになり、だがさりとて責任内閣が実現するとも思われないため、福沢は第三の道を提起するようになる。それは、賄賂《わいろ》（⑬456, ⑭250）を含む議会懐柔策の採用であり（⑬599, ⑭250）、維新元勲（功臣）との大同団結（⑬604f., ⑭326, ⑮423ff.）である。時に、思い出したように超然主義を支持することもあるが（⑬626f., ⑭251f., ⑭253ff.）、福沢は、議会側の不退転の決意と力を知って、超然主義では軍艦製造費の増額も、ひいては国権拡張も図れないと理解したようである（t. ⑭312f.）。もっとも、日清戦争直前の議会で内閣不信任案が圧倒的多数で可決され、これを受けて政府が衆院解散を強行したとき、福沢は若干の留保をつけつつもこれを「至当の処置」と合理化したが（⑭390）[3]。

戦中は見事なほどの官民調和が生まれたものの、戦後、政府と民党との対立は再び深まる。だが、日清戦争を経た後の軍備拡張路線においては政府と民党に本質的な違いはなくなり、ひいては福沢の主張も両者に受け入れられる素地も生まれ、ようやく福沢の論説のうちに責任内閣制——実質的に議院内閣制——を当然視する発言が目立つようになる（t. ⑯ 156f., ⑯ 211ff.）。要するに、保安条例の場合と同様に、ここでも福沢は、あえて論ずる必要もなくなった時に初めて賛意を示すのであって、議会開設後からこの時期までは、責任内閣制を理想としつつも、自らの政治目標の実現のためにそれに消極的な態度をとり続けたのである。

注

（1）ただし後には軍備を国債でまかなうことには反対するようになる（⑮ 632）。もっともこれは酒税増税を実現するための方便であって、本音ではない。実際、酒税だけでは軍備拡張に足りないと、福沢はほどなく外債発行を要求する（⑯ 240, 外債にしぼったのは、「戦後」経済への影響を考慮したからである）。

（2）前記のように責任内閣制と議院内閣制とは異なるが、福沢自身が両者を明瞭に分けておらず（他に「政党内閣」という言葉も用いられる）、時に「責任内閣」を他とは異なる意味で用いることもある（⑯ 475）。ここでは多少あいまいになるが、多数党が政府を信任する、あるいは多数党の「首領」が入閣する制度を広義における責任内閣制とみなして論ずることにする。

（3）このとき福沢にもし純粋に責任内閣制を支持する気があったのなら、衆議院の議決通り内閣を改造せよと、あるいは衆議院を構成する民党から首班を出させよと論ずべきであった。

## 「天下の駄民権論を圧倒し、政府真成の美意を貫通せしめん」
### ――福沢は民権重視に背を向ける

福沢は自由民権派の主流に対し敵対的な立場に立った。それにはいくつかの理由がある。

第一に、福沢は「立国の背骨」「国家の背骨」は中等社会であって、無知蒙昧な下民はそうした主体にはなりえないと見ていた（⑪574ff., ⑭183）。自由民権運動の担い手は多様であったが、そこに無数の名もない民衆が関わったのは事実である（色川② 16-51）。だが福沢は彼らの運動の意味と価値を理解することができない。『すすめ』に見られたように下層民の運動を激しく蔑視する福沢の傾向が、理解する努力を阻んでいる。第二に、影響力をもった民権家たちにはそれなりに学者（一定の学識を有する者）が多かったとしても、むしろ彼らは自ら貧民であり、あるいは貧民の立場に立って立論する闘士と福沢は見ていた。福沢にとって一番恐れるべきは「貧にして知ある者」である（第二章）。『民情一新』以来福沢は、自由民権運動を来たるべき労働運動と結びつけて理解している節がある。

第三に、彼らは福沢と異なり、民権のうちに自由権や時に抵抗権まで含めていたこと、さかのぼれば民権派が（支配契約説ではなく）社会契約説的な立場に立ち、ひいては国権拡張よりは民権伸長を最大の目標としたことが大きな理由である。福沢にとって民権伸長は国権拡張の手段にすぎず、自由権や抵抗権の擁護はむしろ国権拡張を危うくすると見る。そして第四に――これが特に重要なのだが――民権派はほぼ例外なしに天皇を中心とした国家機構を構想しつつも（おそらくその一半の理由は八〇年に制定された旧刑法で不敬罪が明文化されたことである)、主権は「君」にあるのか「民」にあるのかを明確に問題化したことがそれである。八一年、「明治十四年の政変」が起きた後に新聞を舞台に「主権論争」が始まったが、福沢はこれに非常な危機意識をもったようである(⑤259,273, ⑨288)。むろん福沢にとっては、主権者は天皇以外にありえず(S.⑫49)、臣民が「尽忠」の対象たる天皇をさしおいて主権を口にすること自体が、天皇に対する冒涜《ぼうとく》なのである。福沢にとっては「皇室の尊厳・至尊」を、また「普天率土《ふてんそっと》〔=天下〕、皆これ臣子なり、尊王者なり」(⑧409)と認めない民権論者は敵である。

こうして福沢は自由民権運動と一線を画する立場に立った。もとよりそれ自体、独立した論者としては十分にありうる。だが問題は、福沢がそれを通じてきわめて明治政府寄りの立場から論陣を張ったことである。福沢が八〇年末に新聞の企画・発行について井上・伊藤らと合意に達したことはすでに論じたが、その主要な動機の一つは民権派に対する敵対意識なのである。その時期に両者にあてた書簡で福沢は記している。政府系新聞発行の主義の「公明正大なるを悦び、この一発をもって天下の駄民権論を圧倒し、政府真成の美意を貫通せしめんとするの丹心〔=真心〕」云々、と(⑰475)。

そもそも福沢の民権派に対する評価は、偏見に満ちている。福沢は彼らを、「皆、血気の少年にあらざればすなわち無知・無識の愚民[2]にして……たいがい皆、免職官吏、〔官途に就けない〕無産の青年・書生輩が、何か地位を求むるの口実に国会論を唱うる……」と、不当に評価していた(⑳232f.)。そして、彼らを借金に頼る「無家・無産」の輩とあげつらい(むろんそれは必ずしも真実ではない)、彼らを「無頼漢」とまで呼んでいる。「その財産の貧弱と議論の強大と不釣合なるをいかんせん。……俗物はこの公議論を聞くにいとまあらず。無家・無産の張子房《ちょうしぼう》〔＝漢時代の軍師〕が虎のごとくうそぶくとも、その声甚だ低くして俗耳を驚かすに足らざるなり……」、そして「民権論者の流はあたかも無頼者の巣窟……」（④589-91）、と。こうして福沢は民権派に断固背を向けるが、彼らが提示した基本的論点を真摯に取り上げて論ずることは、まれである。

注

（1）「福島事件」を始めとして、明治政府の切り崩しが過酷であったため、民権派の間には抵抗権に対する擁護論が非常に強かったことが知られている（家永① 87ff.）。

（2）福沢は社会事象に対して問題意識をもった市民をも、「凡俗無知の輩」（⑭ 108）、「高の知れたる愚民」（⑭ 111）、「無学不文なる小民」（⑭ 112）などと呼んで、その問題提起が無価値であるかのように見なす。これらは、北里柴三郎の伝染病研究所の設立に反対する市民に向けられた言葉である。福沢は周辺住民が感ずる当然の不安（芝田編）を無視し、こうした決めつけによって住民に敵対する。足尾鉱毒に抗する住民の運動をも、福沢は同じように見ていた（⑭ 146f.）。その際、彼らの鉱山閉鎖要求を「文明の発達を阻害しようという暴挙」と福沢は見なしたというが（石河③ 742）、「文明」とは、鉱毒被害をくいとめて人身の安全・健康を守ることだという視点が、福沢にはない。

第四章

# 「海陸軍人の精神を制して、その向うところを知らしめる」

――帝室がもつ超政治的な機能

天皇制論は福沢研究にとってつまずきの石である。福沢研究者は福沢の天皇制論を初期「啓蒙期」の議論をもって代表させようとするか、あるいは福沢の多くの著書・論説類から、自らの福沢像に合致した片言隻句を引用・言及する。例えば丸山眞男は福沢をして「典型的な市民的自由主義」者とみなしたが、福沢の生涯にわたる言論をつぶさに見れば、むしろそれは虚像と言うべきである（前章）。福沢は自由の制限を当然視したし、あえて規定するなら典型的な国権論者でありまた立憲的とはいえ絶対主義な天皇制の主唱者である。

「啓蒙期」にあって福沢は天皇制を、皇学者流の万世一系等神話や「人民懐古の至情」なるもの（④187）を排して政治的効用の観点から解していた。一般に君主制・貴族制・共和制の良し悪しは名ではなく実で決まる（④42f.）、そして「君国並立」（皇統が日本という国と併存してきた事実）は、実質的には皇統あるいはむしろ帝室は、「物の貴きにあらず、その働きの貴きなり」（④37）、と。

なるほど天皇制は一面では愚なる制度であることを、福沢はよく見抜いている。『概略』において福沢は、歴代天皇に不徳を見、天皇を武家に支配された奴隷と解し、天皇の「赤子《せきし》」を作ることなど不可能であると主張し（④187）、冷めた目で天皇制を見ていた（⑦660）。とはいえそれは、一面では大きな政治的価値を持つ存在であることを福沢は熟知している。結局福沢は、『概略』最終章で国の独立を目的と定め、文明の発展を重視するそれまでの議論を棚上げして以来、天皇制の価値を、その万世一系の神話を含めて最大限に利用する方向に踏み出すのである。それはどのような利用か。『時事小言』では、国権拡張のためには軍備増強が必要であるのみか各種事業（農商・殖産）の担い手として士族の気力と血統を維持することが重要だとされていたが、いかにして士族が国権拡張に、なかでも外戦時の一命をかけた奮戦そのものにまい進するか、そのために何が士族の精神を収攬するかに関しては、まだ理論的な溝が残されていた。一方『通俗国権論』では、「全国人民の脳中に国の思想を抱かしむる」（④639）、つまり「報国心」（④640）を形成することの重要性が強調され、そのために「外戦」の有効性が指摘されていたが（④641）、外戦へと国民を駆り立てる政治的な装置がなくてはならない。それはいったい何かの問題もまた、事後に残されていた。ここにおいて、紛糾したゴルディアスの結び目を断ち切るのは帝室であるという結論に、福沢はいたるのである。

## 「日本人民の精神を収攬するの中心」——帝室は人民・軍人を制する

前章で、福沢は国会開設が政権の基礎を固くし、それを通じて国権拡張が可能になると判断していたことにふれた。だが、たとえ政権が確たる基盤を得たとしても、国会あるいは政府だけでは、人民を「威伏」「心服」（⑤264）させることはできず、報国心を容易に身につけさせることもできない。福沢は道理（理屈）ではなく情（心）が人を、少なくとも日本人を動かすことを知っており——「人間世界は人情の世界にして道理の世界にあらず。その有様を評すれば七分の情に三分の理……」（⑪333,S.⑩114f.,⑨280f.）——、この情の働きを可能にするために、帝室が不可欠だと判断する。帝室は、「日本人民の精神を収攬するの中心なり」、と福沢は主張する（⑤265）。それは二つの意味をもつ。

それは第一に、帝室が「社会の安寧を維持する」力（⑤263）を有することを、言いかえれば「一国の緩和力」たることを意味している（⑤265）。私は福沢には二つの大きな原体験があったと理解している。そのうち一つはイギリス人のインド人その他を扱う傍若無人な態度（⑧66＝13f., ⑧436f.＝83）であるが（第五章）、もう一つは、西南戦争後、これに臨時に募集されて駆り出された屈強な兵士たちを天皇が詔《みことのり》によって慰労すると、彼らが一言の不満もなく帰順したという目撃体験である（⑤265,S.⑮211）。これを通じて福沢は、日本国民は、「数百千年来、君臣情誼の空気中に生々した者」なるが故に、この情誼が「国の安寧を維持するの方略」となると言うのである（⑤264）。福沢はこの情誼を、帝室に結びつけて重視する。それゆえ、立君政治を「人主〔＝政治的実権者〕が愚民を籠絡するの一欺《き》術などとて笑う者」は、民心が互いに軋轢《あつれき》を起したときにもたらされる惨状がいかほどのものかを知らない者である、とみなしている（⑤271,S.⑥13）。

帝室が「民心収攬の中心」だという主張は、第二に特に軍人を念頭において語られる。すでに先の原体験もそうだったが、国権拡張のためには軍人を制する力が不可欠である。特に徴兵制の軍隊は国民による軍隊であり、人民がその多様な階層・出自にもかかわらず国民として国の観念を保持するためには、「国民〔＝人民〕全体の心を収攬する」（⑳153f.）何かが不可欠である。すなわち、国内における民心・軋轢の緩和力たる役割ではなく、人民を軍人として国外へと駆り立て一身を顧みずに命を投げ出させる力が、帝室に期待されている。したがって福沢は、帝室は「軍人の心を収攬して、その運動を制〔＝制御〕せんとするには、必ずしも《ママ》[1]帝室に依頼せざるを得ざるなり」、と記す（⑤268）。

なお、福沢が『帝室論』とほぼ同時に出版した『兵論』において、「圧制の長上〔＝上官〕に卑屈の軍人を付して、かえってよく功を奏するの事実を見るべし」（⑤308）と論じていた点は記憶に値する。福沢はあるべき兵制については特に論じていないが、この記述は、軍人に「上官の命を承ること……直《じき》に朕が命を承る義なり」（軍人勅諭）と理解させる必要を語っているように見える。

注

（1）「必ずしも」は誤植ではなく、「必ず」に強調の助詞「し」と感動の助詞「も」がついたもので、「必ず」の強意形であろう。福沢にはまれに見られる（t.⑤224,⑤395）。

## 「帝室は政治社外のものなり」
### ——政争外におかれた絶対主義的天皇の政治的威力

福沢が象徴天皇制の発明者（そうでなかったとしてもその支持者）であるかのように言われることがある。だが、それは大きな間違いである。福沢が構想し支持したのは、立憲制下にあるとはいえ絶対主義的な天皇制である。

最初にそれを明示する文章を示そう。福沢は八四年、天皇の海外巡幸の必要を力説しつつ、それは「実に国権上に関する大切の事柄」ゆえに巡幸に用いるべき船舶は「日本帝国の軍艦にして、堅牢・美麗兼備ならざるべからず」、同船舶には「日本帝国の旭旗《きょっき》〔＝日章旗〕を輝かし」等と記しているが（⑨382,384）、ここで天皇は、日本帝国の統治者として、来たるべき帝国主義時代における日本帝国の位置づけという国際政治的問題と密接に結びつけて考えられている。『帝室論』に先立つ『時事小言』でも福沢は、「帝室を無窮に伝え……世界万国と富強の鋒《ほこさき》を争い、他をして三舎を譲らしむる（＝へりくだって身を引かせる）」云々（⑤ 128）と、記していた。天皇は政治的な権限を有しない単なる「象徴」ではなく、国権拡張を可能にする、明治の政治システムのうちに確固として位置づけされた、それ自体極めて政治的なシステムである。

## 「政治社外」にある帝室の威力

私はこれだけで福沢が構想した天皇制の特質は明らかだと考える。しかし少なくない論者が福沢のうちに象徴天皇制を読みこんだのは、福沢が天皇を「政治社外」に置くべしとくり返し論じた事実があるからである。例えば宮地正人は、福沢が主張したのは「政治には一切関与するな、この一点です」と述べている[1]（宮地 22）。丸山眞男も同様の趣旨のことを論じている。「いかに福沢がここ（＝『帝室論』『尊王論』）で日本の皇室にたいし溢美《いつび》の言を呈していても、その論の核心は一切の政治的決定の世界からの天皇のたなあげにあります」（丸山③ 320f.）、と。だが、いずれの理解も間違っている。福沢は、天皇は一切政治に関与するなと主張したのではなく、政争を生むあるいは政争に由来するような政治――「俗界の俗政務」（⑥ 59,S. ⑫ 556, ⑭ 20f.）、「日常些末の俗政務」（⑬ 117, S. ⑫ 284）――には関与するなと（「俗」を含めて「政務」にかかるこれらの形容句は限定的であって非限定的ではない）、だがむしろ決定的場面での政治に天皇は断固関与せよと、主張したのである。

つまり、「政治に関与するな」（＝政争にからむ日常的な政治に関与するな）という主張は、天皇を決定的場面で政治に関与させ、それに決定的な効果を生ましめるための手段である。なぜなら、政争にからむ政治に関与することで一方の側からの怨嗟《えんさ》を招き、それを通じて天皇の権威が低下することを、福沢は恐れるからである。だから福沢はこう言う。「帝室は断然政治の外に独立して、無偏無党の地位にあらんこと……元来帝室は天下万衆に降臨し……いかなる場合にも人民怨望の府となるべからず」（⑥24）、と。もし怨望・怨嗟を招き、その権威が低下するならば、いざという政治的な場面で、天皇の命令・勅令は十分な有効性を発揮しえなくなるであろう。だからこそ福沢は、天皇は政治に関与するな（＝政争に関わる政治には関与するな）と主張したのであって、政治的関与一般を否定したのではない。あるいは、「政治」という言葉自体が、「政争を生むあるいは政争に由来するような政治」（＝俗界の俗政務、日常瑣末の俗政務）を指すのかもしれない。したがって一刀両断に状況を変える力を有する天皇の営みは「政治」でははく、いわば〈超政治〉である。「万機に当たる」のではなく「万機を統《す》ぶる」（⑤263）、あるいは、「天下を家にしてその大器の柄を握る」（⑥28）と表現されている行為が[2]、天皇の固有の営みたる超政治である。

　ところで、福沢にとって政治社外に天皇を置くことはあくまで手段にすぎない。福沢の変わらぬ目的は「国権拡張」であり、またそのための「官民調和」である。この実現のために福沢は、決定的な場面においていわば天皇を政治社内（ここでの「政治」は俗政務の政治ではなく天皇の固有の政治もしくは超政治である）に置き、政治的な、それどころか超政治的と言いうる機能を発揮させようともくろむのである。「帝室はもとより政治〔＝俗政務〕社外の高処に立ち……その政治の熱界を去ることいよいよ遠ければ、その尊厳・神聖の徳いよいよ高くして、その緩解・調和の力も――前記のように、これに加えて軍人の精神収攬の力も（杉田注）――またいよいよ大なるべし」と福沢は記している。つまり、「その功徳《こうとく》（＝政治的な効果をもたらす徳性）を無限にせんとするが故に、政治社外と言うのみ」（⑥28）、と。『帝室論』末尾で福沢は「政治党派の外にあり」という表現を用いているが（⑤292）、これなどは、政治社外の意味を明らかにした分明な例であろう[3]。

## 注

（1）福沢天皇制論を、宮地正人ほど典型的に誤読した論者を他に知らない。以前私はその天皇制に関する発言を逐一批判した（杉田④）。だが宮地は、新著でも福沢が主張する帝室の「政治社外」性について誤読をくり返している（宮地193）。これに関連して、福沢が帝室の独自財産を放棄するよう論じた点――財産の中身は主に山林と株券である（⑮430ff., ⑮435ff., ⑯683ff.）――を宮地は評価するが（宮地同前）、福沢は『帝室論』で、学校経費は帝室費から出されるべき（⑤282, ⑤377f.）と主張すると同時に帝室財産の少なさを問題にし、それを豊かにする一法として官有林を「永久の御用に供すること緊要なるべし」と主張していたのである（⑤290,S. 杉田④38）。後に福沢が帝室財産放棄の必要を論ずるのは、自らのかつての主張どおりに帝室が膨大な財産を所有することで、経済社会に混乱が引き起こされうることに困惑したからである。福沢の主張は「極端すぎるものとなっている」と宮地は記すが（宮地同前）、少なくとも株券については、帝室が（株）日本郵船の株式保有者になった後、他の株主から要望が出されたからこそなされた主張にすぎない（⑮435f.）。つまり福沢の主張は「極端すぎる」のでは全くなく、当時の財界のふつうの意見である。

（2）「万機を統ぶる」も「大器の柄を握る」もいずれも「虚器を擁する」（⑤266, ⑥28）に対して使われた言葉である。一方同じ「虚器を擁（する）」が、明治憲法下の天皇が「国の元首にして、統治権を総攬（する）」（⑯473）という事態に対して使われている事実を知っておく必要がある。

（3）『学問の独立』で学者を政治社外におけと福沢は主張したが（⑤372, S.⑪486）、その場合は、学者をいかなる意味においても政治に完全に容喙《ようかい》させないことを意味している。だが、帝室については全くそうではない。なおこれまでも見たように、福沢では「学者」の意味は多様である。今日言う学者以外にも、著述家や新聞記者などを含めていることもあるし（④218）、学生を指していることもある（⑬352f.）。

## 「御親征で全軍勇躍」
### ——帝室の超政治的な力が求められている

福沢が言う天皇の「政治社外」論がそのような内容であることを示す証拠は、いくつもあげることができる。福沢は時々のいざという歴史的瞬間において、何度も天皇の超政治的な力の発動を求めている。その政治力を最初に定式化したのは『帝室論』であるが、直後に出された『兵論』で福沢は、日本外交のためには兵備拡張の大計を定めよ、そして政府が変わろうともこの計画は簡単に変えてはならない、「政府より大令を発するか、または至極ことを丁重にすれば、勅諭を下し給うも、過当の事にはあらざるべし」（⑤347）、と記していた。「大令」であろうと政府の命令なら、多かれ少なかれ反対派の反発を招きうる。だが「俗界の俗政務」「日常瑣末の俗政務」を超越した帝室の勅論（正確には勅令か）なら、人民は感服すると言うのである。

なるほどこれはまだ抽象的な主張にすぎない。だが福沢が、対外的政略にあたって天皇の「親征」を、また対内的政略にあたっては天皇の「親裁」[1]（特に緊急勅令の発令）を実際に求めたのは、客観的な事実である。それによって福沢は、帝室における「政治社外」の意味を明らかにした。以下に、甲申政変時および日清戦争時の例をあげよう。

## 統帥権および宣戦布告権・講和権の発動

明治憲法によって絶対主義的天皇制が制度的に確立する以前において、福沢が初めて天皇の超政治的な力を利用しようとしたのは、自らが関与した八四～五年の「甲申政変」時である。すなわち福沢が井上馨や日本公使をまきこみつつ計画し、朝鮮の開化派・金玉均《キムオッキュン》ならびに弟子・井上角五郎を主動者とした無謀なクーデター（石河② 340f., 山辺② 102ff.）が失敗し、その際何十人もの日本人がまきぞえになって殺された事実が日朝間の外交問題に発展した際、福沢は、朝鮮の背後にいる清国と戦争となった場合には、下関を行在所《あんざい》（＝仮り宮）にして天皇が直接清国・朝鮮に対せば、「三軍勇躍、進んで敵を皆殺しにすること、掌《たなごころ》に〔＝極めて容易〕なるべし」（⑩ 186 ＝ 128）、と記している。

これは、ひょっとすると単に福沢が、統帥権（軍に対する最高指揮権）の保持いかんとは無関係に天皇がもちうる、いわば精神的・宗教的な機能を利用しようとしたものと考える論者もいるかもしれない。だがそうではない。上記箇所で福沢は、親王・大臣・参議以下、群臣百僚の「一部分をば行在所に随従して、軍機参謀の任に当たらしめ云々」（⑩ 186＝127）と記している。この論説は、七八年に設置された参謀本部や八一年に出された「軍人勅諭」（天皇が統帥権を保持することが前文に書かれる）にふれていないが、担当文武官を行在所に呼んで「参謀の任に当たらしめ」ることで、天皇が統帥権者の立場に立つことを福沢は明示している。そしてそもそも、論説の題「御親征の準備如何」や本文「御親征の挙、断じて行うべきなり」（⑩186＝128）に見る「親征」自体、天子自らの征伐の意であって、天皇が単なる精神的・宗教的な権威を超えた政治的な権力を、すなわち軍に対する統帥権を有すべきことを、前提しているのである。[2]

そして福沢は、天皇が絶対主義的天皇制の主要な構成要素たる宣戦布告権・講和権をもつべきことをも当然視する。この点は『帝室論』ですでに明らかであった。陸海軍卿は軍人の「形体を支配してその外面の進退を司るのみ」であってそれでは不十分である、一般に軍人は名を重んずるが故に「内部の精神を制してその心を収攬（し）」うるのは天皇だけであると福沢は記すが、その際、天皇は軍人に対して命令を発し、また「和戦の二議」について「最上の一決御親裁に出る」ことのできる「長上〔＝頂上〕たる者」でなければならないと主張していた。それによって初めて軍人も「戦陣に向かいて一命をも致すべき〔＝捨てうる〕」と言うのである（⑤268f.）。

したがって、福沢が八五年時点で天皇に期待した超政治的な機能は、絶対主義的天皇制に由来する特質であると言わなければならない。天皇を「政治社外」に置くということは、福沢の場合、天皇を象徴天皇にではなく、絶対主義的な天皇にすることである（吉田109）。

**統帥権・宣戦布告権の発動**

日清戦争時に、福沢がいかに天皇の政治的権力の発動を求めたかは、はるかに明瞭である。開戦後三ヶ月、福沢は「大元帥陛下」が「大本営において軍国の事を御親裁あらせられ」ている事実について語っているが（⑭643,S.⑭623）、ここで福沢は天皇をまぎれもなく統帥権者と見なし、かつそれを承認している。もちろん当時の状況下で天皇の親裁について語る以上、制度に即して記述するしかないのは確かであろうが、そのことと福沢の思想とは別の問題である。もし現実の制度が自らの構想と乖離していたなら、それ自体に一定の問題提起をなしうるはずである。最低でも無視するという手段はとりうる。だが福沢はそうするどころか、天皇が有する統帥権者としての権力に関して明治憲法と全く同じ立場に立っている。

そしてこの文脈で、福沢が「今後の戦況次第にて〔天皇は〕さらに馬関《ばかん》〔＝下関〕にも進ませらるべく、またはるかに海を越えて大纛《だいとう》〔＝天皇の旗〕を韓山の風に翻し給う御事もあるべし」（⑭643）とまで書いて、天皇を海外に出陣させようとしていた事実も、問題にされなければならない。ここで天皇はたんなる精神的権威なのではなく、「軍国の事を御親裁」する「大元帥」である。

これらの論説に先立つ九四年夏、天皇の名で清国に宣戦が布告されたが、福沢は天皇に純粋に精神的・宗教的価値のみを認め、一切の政治から離れるべきだと信ずるどころか、天皇の宣戦布告権を表立って認めている。宣戦布告の数日後「宣戦の詔勅」と題する社説を公表し（⑭497f.）、福沢は天皇のこうした政治的行為を当然のことと見なした。これは、「政治社外」の政治つまり天皇と切り離された政治（俗界の俗政務）には、始めから、政治の道具であり政治の継続である戦争は含まれないことを意味している。実際、いかに明治憲法体制下にあろうと、天皇が俗政務に巻きこまれた場合に福沢が断固としてこれを問題視する（次項）以上、そう判断しなければならない。つまり戦争は天皇固有の政治の対象であり、その限り、福沢が構想したのは絶対主義的天皇制である。

## 緊急勅令権および軍に関する整備・予算編成権の発動

日清戦争に先立つ事態も、福沢が絶対主義的天皇制の支持者であることを示している。九二年末、帝国議会において民党が官吏の俸給引き下げと軍艦製造費の削減を可決したが、政府がこれを憲法を盾に拒絶したために、翌年初頭、内閣弾劾上奏案が出された。このとき福沢は、「政府は緊急勅令を発して直ちに軍艦の製造に着手（す）……べし」と、会期内であるにもかかわらず（後述）公然と主張した（⑬627）。そして実際明治政府は緊急勅令（いわゆる「軍艦勅令」）によって、軍艦製造と官吏俸給からの同経費の拠出という政府案を通過させるが、それに対して福沢は、「大詔一発……勅令のありがたきは神仏の加護を得るに異ならず」（⑬688f）と、手放しで天皇の立法権行使＝親裁を礼賛したのである。その後もこの時のことを振り返り、福沢は「危機一髪の際、突如詔勅の発布……一旦否決したる軍艦製造の費目を復活……感泣の外なき」（⑬317）と記している。

明治憲法は第一一条において陸海軍に対する統帥権を規定した後、第一二条で「天皇は陸海軍の編成および常備兵額を定む」としている。すでに福沢は『兵論』（八二年）において、兵備拡張の大計について「政府より大令を発するか[3]……〔天皇が〕勅諭を下し給うも、過当の事にはあらざるべし」と記していた（⑤347）。これは福沢が、統帥権（第一一条）の次に重要ともいえる、軍に関する整備・予算編成権（いやこれは第一一、一二条を含む広義の統帥権を構成する）を、天皇の大権と認めていることを意味する。このように、軍の整備・予算編成に関わる――引いては次のように民政に関わる――大権行使という政治は、福沢にとって決して「政治社外」と言う場合のその政治（＝俗政務）ではないのである。

なるほどその後福沢は、先に記した議会膠着の際、いかに明治憲法上の制度であろうと、「しばしば起こるべき政事の争いに毎度勅裁を仰ぐがごとき」を批判した（⑭21,S.⑬66ff.,⑬644f.）。だがこれは、勅令の発令が、政治社外にあるべき天皇にとってふさわしからぬことだからではなく、天皇に頻繁に緊急勅令を出させると、その政治的機能が薄れるからにすぎない。なお、明治憲法では緊急勅令の目的は明確に定められている上に、国会閉会中にのみ発令が可能であり（第八条1、第七〇条1）、発令された緊急勅令の是非は国会再開後に審議されることになっているが（それぞれ同条2）、福沢はこれらを全く顧慮することなく、緊急勅令を国権拡張のために無条件で擁護した。この点で福沢は、明治憲法以上に天皇の立法権を、したがって天皇の絶対主義的な性格を支持する立場にいたと見なすことができる。

### 天皇による明治憲法の逸脱

この点は、尾崎行雄文相の「共和演説事件」においても確認できる。これは尾崎が、当時の金権政治を批判して、万一共和制下なら三井・岩崎（三菱系）が大統領になるだろうと発言して辞職に追いこまれた事件であるが、九八年、明治天皇は尾崎の罷免ひいては「隈板《わいはん》内閣」（日本初の政党内閣）の総辞職を、総理大臣を介すことなく指示した。これは、内閣の「輔弼《ほひつ》」責任（第五五条）を規定した明治憲法を逸脱する大事件である（大谷220ff.）。だが福沢はこの点についてなんら問題を提起せず、それによって（事実上）明治憲法が規定する以上に、天皇の絶対主義治的な権力を擁護したのである。

注

（1）「親裁」は対外的決定についても使われるが、ここでは国内事項に関する勅裁をさす言葉として用いる。

（2）この際、福沢は西南戦争時の明治天皇や「文禄・慶長の役」（朝鮮では「壬申倭乱《イムヂンウェラン》・丁酉倭乱《チョンユウェラン》」）時の秀吉の例をあげて説明しているが（⑩185f.＝127f.）、いずれもその統帥権者としての立場が前提されている。

（3）この文は先にも引用したが、ここに「政府より……」とあるのは、この時期は明治憲法成立以前であり、したがって立憲的な制度がまだ未確立だったためである。

## 「仁義・孝悌・忠君・愛国の精神を煥発し、聖意あるところを貫徹せしむべき」——明治国家の倫理的支柱たる帝室と「教育勅語」

明治憲法が発布されてから約一年七か月後、明治憲法体制を臣民支配の面で完成させるべく、「教育勅語」が発布された。明治憲法は外面的な体制を作り上げることはできるが、臣民の内面にまで踏みこんだ精神（徳義）形成を可能にするには十分ではない。だから明治政府は、そのための用具を必要とした。なるほど明治憲法に先立ち八二年には「軍人勅諭」が出され、軍人の統制には十分な配慮が払われていた。だがさらに臣民一般の精神統制がなされなければならない。それを目指して出されたのが、「教育勅語」である。

そうした教育勅語を、明治憲法を絶賛した福沢なら当然支持すると推測できる。しかし名だたる研究者がそのような予想をもって『時事新報』にあたるどころか、むしろ福沢が教育勅語を支持することなどありえないという、何ら根拠のない前提に立ってきた。だから、『時事新報』に教育勅語を礼賛する社説が掲載されていたというのに、その存在さえ最近まで気づかれずにいた。

## 奉読し佩服《はいふく》せしめよ

その社説は「教育に関する勅語」と題され、勅語発布後ほどなく掲載された。そこにはこう記されている。「わが天皇陛下がわれわれ臣民の教育に英慮を労《いたずか》せらるるの深き、誰か感泣せざるものあらんや。今後全国公私の学校生徒は時々《じじ》〔＝折々〕これを奉読し……生徒をして佩服せしむる〔＝心に留めさせる〕所あるにおいては〔＝あるなら〕、仁義・孝悌・忠君・愛国の精神を煥発《かんぱつ》〔＝広く発布〕し、聖意あるところを貫徹せしむべきは、我輩の信じて疑わざるところなり」（復刻⑧（1）239, 安川③441ff. に全文）、と。これは福沢が時事新報社の社説記者に命じて、あるいは社説記者の発案で書かれたものである。いずれの場合でも福沢が社説に目を通さないことはほとんどなく（石河② 256）、それ故そうした社説もまた『時事新報』の社主・論説主幹たる福沢その人の思想である（杉田編 327ff.）。

実際福沢は、教育勅語発布以前から、それが提示する道徳と親和的な考えを持っていた。教育を受けて「知徳高尚の位」に達すれば、「その働きは……一身一家の実業に現れ、もって生計を営むべし、もって父母に仕うべし……もって国に報じ、もって君に忠なるべし」と当然のように記していた（⑩ 568）。そして勅語に関する社説は「時々……これを奉読し……佩服せし」めよと提案しているが、教育勅語の奉読こそ、「御真影」への礼拝と並んで、「幼年時代から天皇とその国家への畏服の習性を肉体的に定着させる方式」（家永② 39）となった(1)ことを、十分に記憶すべきであろう。

ところでこの社説には、「仁義・孝悌・忠君・愛国」という儒教主義的な徳目が並んでいる。一般に福沢は儒教主義と闘ったと評価されてきた。丸山眞男も「反儒教主義は殆ど諭吉の一生を通じての課題をなした」(丸山④10)と論じている。(2) だがそれは誤読である。福沢は『すすめ』で封建主義・儒教主義を批判したが、一方、親孝行を当然視する両義的な態度もみられ(③83,S.⑥248)、『概略』では、「君臣の義、先祖の由緒、上下の名分、本末の差別等の如きも……貴ぶべき箇条」(④211)とさえ論じていた。そして国権主義を明確にした中期以降は、「周公孔子の教えもまた自主独立論の中に包羅して(=取りこんで)……利用せんと欲するのみ」(⑤363)と記すばかりか(この主張の延長上にあるものとして、第二章で「独立の忠」にふれた)、儒教主義がもちうる国民統合(人心の収攬)的な機能を、何よりも天皇制がもちうるそれを補うために、利用せんとする。問題なのは「極端論」(f. ⑧390ff.)であって、「忠君愛国の説、決して不可なるに非ず」と福沢は主張する(⑬576)。これは、「教育勅語」が発布された後の論説での言い分である。

儒教主義道徳は、「五倫」によって表現される。君臣の義、父子の親、夫婦の別、長幼の序、朋友の信の五つが、それである。このうち最も指導的な徳目は「君臣の義」である。つまり君臣を、父子、夫婦、長幼、朋友と一緒くたにすることで、自然に備わる関係であるかのように思わせ、それでいて他の四つの関係(特に父子、夫婦、長幼)にまで、君臣を君臣たらしめる「義」つまり支配-服従関係を、もちこむのである。そしてこの五倫が、他の一見近代的な装いを持ったいくつかの徳目と併記されつつ、そのまま「教育勅語」に現れる。教育勅語は、「父子の親」以下の四倫を、「父母に孝に、兄弟に友に、夫婦相和し、朋友相信じ」という形で列記しつつ(長幼・夫婦の差別的な関係を近代的な関係性に置きかえているだけに、一般にはこれを誰も否定しがたいであろう）、最終的な結節点、つまり「一旦緩急〔＝危急の場合〕あれば義勇〔を〕公に奉じ、もって天壌無窮の皇運を扶翼すべし」へと、それらを収斂させるのである。

この「君」を藩主と見て命を投げ打つ態度を、福沢はかつて「愚忠」（⑳13）、「古習の惑溺」（④32）と揶揄《やゆ》していたが、ほぼ同時期から「藩」を国に置きかえ（⑳163, ⑤362）、したがって君を帝室に、臣を臣子・臣民に置きかえることで、むしろ自らの「大本願」たる国権拡張が図られうると認識する。こうして、すでに「啓蒙期」から国権論へと大きく舵を切った福沢は、儒教主義を批判するどころかそれを天皇制に結びつけ、そのようにして新たに再編された儒教主義のもつ政治的な機能を最大限に発揮させるべく、論陣を張るのである（第二章で論じたように、すでに慶応義塾の建学の精神が教育勅語と親和的な「報国致死」であった）。先の論説「教育に関する勅語」もまた、そうした福沢の主張に沿って書かれている。(3) もしこの路線によって教育が整備されるなら、国権拡張にとって理想的な臣民が形成されるであろう。(4)

注

（1）八〇年代に一貫して「教育の過度」に反対してきた福沢が、九〇年代になると突如（一時的にだが）方向転換するのは（⑥323f., ⑮356）、おそらく、子どもに「国家への畏服の習性を……定着させる」可能性を、言いかえれば宗教外の手段による下等社会（貧民・愚民）の教化・啓蒙・気力保持の可能性を信じたためである。なお宮地正人は、道徳を政府が押しつけることがあってはならないと福沢が主張したかのように書くが（宮地 197f.）、それは論説「教育に関する勅語」を前にしては無力な解釈であろう。そもそも宮地がここで例証として引いた福沢の論説文（⑯284: 第2-4行）は、神仏儒に関わる宗教者が行動で模範を示すしかないという趣旨を論じたものであって、道徳を政府がおしつけると道義が反対物に転化する、それを福沢は「あまりに知悉する立場にあった」（宮地198）という宮地の主張とは関係がない。

（2）丸山は論文「福沢諭吉の儒教批判」で福沢の儒教論を追っているが、「まえがき」「あとがき」をのぞく紙数の三分の二は、福沢が一定の儒教批判の立場に立っていた初期「啓蒙期」について書かれており、肝心の中～後期については、それぞれ六分の一ほどの紙数しか割いていない。しかも中～後期において福沢は単に古代の儒教主義を批判したにすぎないのに、丸山は福沢があたかも儒教主義全般を批判したかのように記している（丸山④29）。しかも福沢自身が、「周公・孔子の教えは忠孝仁義の道を説きたるものにして……社会人道の標準としておのずから敬重すべき」（⑯276）と、はっきりと儒教主義に組すると宣言しているのに（そこで福沢は「儒教主義」と「その腐敗」とを区別して論じている）、いったい丸山はどこを見ているのであろう。おまけに、中～後期について丸山は、恣意的に福沢の論説名を並べ、あるいはある論説を十行以上にわたって引用するだけで（同24f.,28f.）、反儒教主義が「殆ど諭吉の一生を通じての課題をなした」という主張を論証するための論拠は、ほとんどないに等しい。丸山は一部で福沢の『女大学評論』を取り上げるが（同26,29）、それも結局は再編された儒教主義（良妻賢母主義）を表明した著作にすぎない（第七章）。

（3）したがって、宮地の「福沢の最も対決したのは〔、〕他ならぬ日本国内の儒教主義、国家主義と忠孝主義が結合した教育勅語イデオロギー」（宮地201）という主張も、同様に誤りである。

（4）宮地は、「教育勅語によって天皇への忠誠こそが最高の道義と確信した我が日本人男女が、悲惨な敗戦を迎えるのは「福沢没後」四四年後のこととなる」と記すが（宮地215）、そう「確信」させるべく腐心した福沢の決定的な「理論的貢献」をなぜ宮地は見ようとしないのか。

## 「無きものを造るは、既に有るものを利用するにしかず」
### ——華族も利用せよ

それはどのような臣民か。これを論ずる前に、福沢があらゆる「惑溺」の総動員を企図した事実にふれておく。帝室は前述のような超政治的機能を有するが、福沢はそれを盤石のものにするために、新たな制度構築へ向けた提言を忘れない。それは華族、すなわち皇族と江戸期の藩主層を、天皇の藩屏《はんぺい》（＝守り）として利用することである。

皇族と旧藩主層が「華族」と呼ばれて特権視されたのは、六九年である。当初福沢は華族を、「遊民」、「傲慢、性急……」等と揶揄していたが（⑦665,685）、国権主義的な方向性を明確にした七〇年代末、岩倉具視あて書簡に「華族を武辺に導くの説」なる論説を添付した上で（これは山県有朋ら陸海軍首脳にも送られた）、後にこれを雑誌に公表した。そこで福沢は、「兵は有る道理を護するの力にあらずして、無き道理〔＝他民族支配の論理〕を造るの器械《ママ》なり」と記して軍隊の重要性を強調しつつ、「兵に急なる〔＝早急に必要とする〕国のためを謀りて、該族〔＝華族〕固有の名望を利用せんことを欲する」（⑳197,199）と主張した。また、もっと直截に論じる場合もある。「本来無きもの〔＝臣民・軍人統制の実〕を造るは、既に有るもの〔＝華族〕を利用するにしかず〔＝及ばない〕」、と（⑳200）。

要するに福沢が華族を重視するのは、彼らが臣民統制の、中でも軍人統制の有力な手段たりうるからであり、それと同時に彼らが支配体制の頂上に置かれるべき「帝室の藩屏」（⑫609）となりうるるからである。特に皇族は天皇の直接の代理者として権力・調和力を行使しうるであろう。「華族は帝室の藩屛にして、人民の標準なり……」（⑨564）、「〔華族は〕その財産といい、地位といい、帝室に対しては藩屛となり、人民に対しては上下調和の力を添え……すなわち国家無二の重宝にして……」（⑪268）。

## 「帝室のために生死するものなりと覚悟を定めよ」——臣民の分としての「報国の大義」

さて福沢は、教育勅語を通じて帝室を日本臣民の精神的支柱にすえようとする。つまり日本臣民は、帝室を仰ぐことによって「国」の観念を保持し、「帝室のために生死するもの」（⑤269）と覚悟を定めることができる、と福沢は考える。ところで福沢の大本願は国権拡張であって、これにより福沢のすべての主張は整序される。教育論（第三章）も政治論（第四章）もそうだったが、両者を通じた国民形成論もまたこの観点から展開される。国民とは、一般に近代国家における統治主体たる人民のことである。それはふつう自由かつ平等な存在と観念されている。だが福沢において国民は、天皇による統治の客体にすぎず、その意味で「臣民」でしかない。

臣民としての最大の「分限」は、帝室のために死ぬことである。福沢は『すすめ』で人権について論じつつ、そこにしばしば「分」「分限」「職分」をすべりこませていた。人権はそれ自体無制約であるが、その行使においては、他者の人権を侵害しない——福沢の言葉では「他人の妨げをなさず」（③31）――という制約が付されなければならない。さしあたってその制約が、「分限」という言葉で表現されている（同前）。だから、それらが人権に関する記述に現れるのはある意味で当然である。だが福沢では、その意味の制約を逸脱して、義務を含意した「分」（それを「分限」と言おうと、少々奇妙な表現だが「職分」と言おうと）が強調されるきらいがある。『通俗民権論』では権利が「分」に還元されさえしたが（④573）、ともあれ「啓蒙期」から福沢にはこの種の限界がつきまとっていた。

その典型は、個人としての独立・自由を語りつつ、それが唐突に、「国の恥辱とありては、日本国中の人民一人も残らず命を棄てて国の威光を落とさざる」（③31）云々、という主張へとつながっていたことに見られる。ここでかく議論が飛躍するのは、「分」に含まれる義務の観念がテコになっているからである。それでも『すすめ』では、まだしも福沢は、国のために命をなげうつどころか逆に、「一命を棄つるは過分なりとて逃げ走る者」が多いに違いないと認識し（③44）、「自由・独立の気風を全国に充満せしめ」ることへの決意を語っていた（同前）。けれども、すでに『すすめ』自体のうちに無気力な人民への絶望視が見られ――「家に飼いたる痩せ犬のごとく、実に無気無力の鉄面皮」（③46）――、むしろ福沢は、『帝室論』以来、帝室（および宗教）こそ彼らの教化をはかるための決定的手段であり、またその上に立つべき「中等社会」においても帝室が大きな価値を持ちうる、と自覚し始めるのである。

徴兵制の下では臣民はすなわち軍人である。士官と兵卒の立場は異なるが、福沢はいずれに対しても、帝室への尊崇とそれへの絶対的服従を求める。そしてそれが、実際に可能であると福沢は認識する。だから『帝室論』ではこう記されることになる。「ただ帝室の尊厳と神聖なるものありて……軍人もはじめて心を安んじ、銘々の精神はあたかも帝室の直轄にして、帝室のために進退（＝行動）し、帝室のために生死するものなりと覚悟を定めて、はじめて戦陣に向いて一命をも致す（＝差し出す）べきのみ」（⑤269）、と。

## 「全国四〇〇〇万人の人種の尽きるまで一歩も退かず」
## ——帝国臣民の分（義務）

そして福沢は、実際の外戦に立ちいたると、『帝室論』において吐露した信念を愚直なまでに率直に表明することになる。九四年、清国に対する開戦の詔勅に先立ち、福沢は自らを「日本臣民」とみなした上で、「報国の大義」を鮮烈かつ壮絶な形で提示する。

報国の大義を福沢は『すすめ』で論じた。「国のためには財を失うのみならず、一命をも投げ打ちて惜しむに足らず」（③44）が、それである。それは『概略』では、「一片の本心において私有をも生命をも投げ打つべき場所とは、まさに外国交際のこの場所なり」（④205）と表現されていた。それが論説「日本臣民の覚悟」では、激烈な調子を帯びて再現されるにいたっている。すなわち、「こと切迫にいたれば、財産を……投げ打つはもちろん、老少の別なく切り死にして、人の種の尽きるまでも戦うの覚悟をもって、ついに敵国を降伏せしめざるべからず」（⑭545＝201）云々。これはほとんど、十五年戦争期に国民に強いられた「一億玉砕」の覚悟を思わせる（安川⑤250）。すでに福沢は、この論説に先立って日本で第二位にあたる巨額の義捐金《ぎえん》を拠出し、その際の感慨を公表しているが、そこで報国の大義は、「いかなる事情あるも、いかなる困難あるも、全国四〇〇〇万人の人種《ひとだね》の尽きるまでは一歩も退かずして……」(⑭515=48,S.⑭597)と記されていた。

こうした狂信的ともいえる主張を行ったのは、かつてのクーデター計画(甲申政変)を頓挫させた清国に対する強い意趣返しの思惑があったからであると同時に、すでに明治憲法を通じて絶対主義的天皇制に確たる形が与えられ、自らの奉ずべき対象が以前よりはるかに明瞭に観念されていたからであろう。奉ずべきは単なる抽象的な国家ではない。そうではなく、それは明確に具象化された帝室である。特に帝室は(実際の制度上も)先に記した意味で「政治社外」にあっただけに、一旦緩急があれば、それが持ちうる政治的威力は極めて大きかった。

帝室といえども、しょせんは「愚民を籠絡するの一欺術《き》」(⑤271)である。帝室自体はもちろん、その尊厳の理由とされる「一系万世」(⑤263)の皇統にせよ、日本国民に醸成されてきた「熱中の至情」(⑧72)にせよ、結局は制度的な作為であることを福沢は知っている。[1] しかし帝室は抽象的な国家の観念を具現し、したがって臣民=軍人を外戦へ向けて駆り出す政治的な装置として機能しうることをも、福沢は熟知している。だから福沢は、日清戦争のさなか、超政治的とも言える帝室の機能を最大限発揮させるべく論陣を張った。前記のように福沢は、「今後の戦況次第にて〔大元帥陛下は〕さらに馬関にも進ませらるべく、またはるかに海を越えて大纛《だいとう》を韓山の風に翻《ひるがえ》し給う御事もあるべし」(⑭643)とまで書いて、天皇を海外に出陣させようとしていた。それによって軍人の士気が、そうではない場合に比べてはるかに高まることを、福沢は見抜いていたのである。

「戦後」も、帝室が有しうる影響力を、来たるべき次の戦争のために用いることを、福沢は決して忘れない。天皇自ら祭主となって「非常の祭典」をあげたらどうなるか。「死者は地下に天恩の有難きを謝し奉り、遺族は光栄に感泣して父兄の戦死を喜び、一般国民は、万一ことあらば君国のために死せんことを、こい願うなるべし」（⑮322＝236）と福沢は論じている。特に天皇が主催する祭典は、なかでも靖国神社でのそれ（⑮341）は、質量ともに度を増した国権拡張を目指して、定員ある徴兵軍を予備役・新募兵まで含む軍隊に変えようとする福沢の構想（⑮43f.）にとって、決定的に重要になる。それは、あらゆる国民をその内面におけるエートスにおいて帝室の臣民（赤子）に変貌せしめる、国家的な大祝祭劇《ページェント》となるはずである。

## 絶対主義的天皇制選択の結末

最後に福沢の天皇制論に関して一点つけ加える。福沢はかつて『概略』において日本と中国を比較し、中国を「至尊の位と至強の力とを一に合し」て人々の行動を支配し、「深く人心の内部を犯してその方向を定むるもの」と論じていた。つまり、中国の実情がそのように聖・俗を合して統合的な支配の網をかぶせるものであれば、そこで見られる思想は一方向に偏して多様性を失い、一見「純情善良」のようであったとしても、そこから自由な言論は生まれないと言うのである（④23f.）。だが福沢は、絶対主義的天皇制と教育勅語体制とを確固として支持して「至尊の位と至強の力を一に合し」たのみならず、それを通じて「人心の内部を犯（す）」ことを首肯したのである。(2)

こうして福沢は、自由な言論に対する抑圧者の立場に立つようになった。だから福沢が後に、信教の自由にかかわる内村「不敬事件」、学問の自由にかかわる久米「筆禍事件」のいずれについても、なんら論説を公表せずにすませるのは必然である。福沢は「多事争論」の重要性を『概略』でつとに強調した（④24）。それが自由の拠って立つ基盤であると。けれどもその可能性を否定したことで、日本はいわば本質的な点で、かつて自らが批判した中国と同じレベルに成り下がったのである。また福沢は『概論』で、「かの皇学者流の説のごとく、政祭一途に出《い》ずるの趣意をもって世間を支配することあらば、後日の日本もまたなかるべし」（④26）と記していたが、福沢自身がこの皇学者流の説（④187,S.⑤263）に自ら加担し、「後日の日本」を破局に導いたのではなかったか。

注

（1）「わが大日本国の帝室は尊厳神聖なり……これを尊むや……ほとんど日本国人固有の性に出でたる……」（⑥5）、「帝室の神聖を尊拝……この習慣は国人の骨に徹して天性をなし、今の帝室を尊崇敬愛するはただ人々の性に従うのみ」（⑥61）等と福沢は記すが、かつてはそれをただの作り事であると見なし、「君臣の倫をもって人の天性と称し……孔子のごときもこの惑溺を脱することあたわず」（④43）と明確に論じていた。

（2）この点よりすれば、理論的に見て福沢の立場は丸山眞男が言う「超国家主義」（丸山①17）である。丸山は、あたかも福沢が超国家主義に対する「健全なナショナリズム」に立つかのように語るが（S.丸山④145）、それは丸山が福沢の固有の天皇制論（そこにおいて人心を帝室へと収攬させること、言いかえれば帝室が人民の内面に踏みこむことを、福沢は是とする）を、ほぼ無視した結果である。『時事新報』が「教育に関する勅語」を掲載した事実も、丸山は最晩年まで知らなかった（安川③18）。

第五章

# 「無遠慮に地面を横領して、わが手をもって新築するも可」

## ――国権拡張・対外進出は福沢の悲願

福沢は、「帝室」を国内の軋轢《あつれき》緩和および国権拡張のために最大限に利用しようとしたが、一方で、帝室論と時に結びつけつつ、あるいは時にそれとは別個に、「外戦」が同様の政治的価値をもつ点をくり返し喧伝した。そして実際に外戦を激しく鼓吹した。

## 「戦争もまた甚だ有益なるもの」——外戦・外患への介入のすすめ

### 内安外競・内危外競——気炎の緩和

福沢は、『時事小言』で「内安外競」という言葉を使っている（⑤103）。内が安寧なら外に向かって競争（国権拡張）が容易になるという意味だが、逆に競争（外戦）を通じて内の安寧が得られる（これを私は外競内安と呼ぶ）。この書に先立って福沢は、ヨーロッパの国内事情を記した『民情一新』を著すが、そこにはっきりと、「内国の不和を医するの方便として、ことさら外戦を企て、もって一時の人心を瞞着するの奇計をめぐらすに至る者あり」（⑤40）、という言葉を書きつけている。それはただの事実認識に関する記述ではない。むしろそれは、その後の日本の政治過程において「不和を医する」必要があれば、そのための方便として外戦（外患を利用して国内的関心を外にそらすことを含む、以下同じ）に訴える必要があるという政治的策略の表明である。

「内安外競」という言葉が記されたのは八一年である。この前後は、日本に激震が走った時期である。「明治十四年の政変」や自由党の結党等が、激震を招いた。これは福沢にとっても激震だった。福沢は自由民権運動には背を向け、民権家の思想を論ずることはほとんどなかったが、だが福沢の意に反して運動は非常に大きな盛り上がりを見せた。この時期は、政府要人が「フランス革命の前夜のような危機感」（色川② 119;S. ⑭ 300）を抱いたほどに国内は熱気に包まれた。だから、福沢は「内安外競」（内安すなわち内の安寧ゆえに外競に向かうの）ではなく、いわば内危外競、つまり内が危機に瀕するがゆえに外戦を求めざるを得なくなったのである。

その機会は翌八二年に早くも訪れた。壬午政変がそれである（壬午政変については、甲申政変とともに次節、次々節で論ずる）。この際福沢は時の実力者・岩倉具視に書面を出し、外患に乗じて内を医する（福沢の表現では官民を調和させる）ために「問罪の出師〔＝出兵〕」がなければならないと提言した（⑰ 516f.）。その際、福沢は一般的に外戦を語りつつも特に朝鮮を念頭においていたが、八四年にかけて対象はじょじょに清国に向くようになる。それは一面では、壬午政変を通じて朝鮮の内政に対して清がもつ力を知ったからであり、他面では、八四年、自らが企てた朝鮮でのクーデターの芽が朝鮮に軍をおく清によって摘まれてしまうかもしれないという、福沢が抱いたに違いない恐れと関係がある。そして列強の関心が清に向いていた事実もおそらく関係する。不平の熱をもらす方便の地として適当なのは「支那帝国」であろう、「今に及んでその〔＝各国に見られる階級対立の〕気炎の熱を緩和するがため、外に劣者の所在を求めて内の優者の餌食に供するは、実に今日の必至・必要とも言うべきもの……」（⑩ 47）、と福沢はあからさまに記していた。

ここで福沢はヨーロッパの事情と関連させて記しているが、その実強く意識しているのは、もちろん日本および日本における「気炎の熱」である。この論説が書かれた時期は、自由民権運動のほとんど最後の事件となる自由党の解党と「秩父事件」の前夜であった。そうした方向への運動の変化を、福沢は察知していたにちがいない。デフレ政策による農民層の分断はすでにかなり広くかつ深く進行し、また明治政府による過酷な弾圧政策の効果もあって、運動家たちは各地で絶望的な行動に打って出ていたからである。だからこそ、おそらく朝鮮でクーデター（外患）を起すことによって、国内の激烈なまでの気炎の熱を外にそらすことができるという読みも、福沢にはあったに違いない（後述するように、井上馨を始めとする明治政府の要人が、福沢のクーデター計画を陰に陽に後おししたのは、一部には同じ思惑のためであろう）。

実際この辺の権謀術数を、福沢は九〇年代にあけすけに語るようになる。第一回議会閉会（九一年）後に、「戦争一時の創痍《そうい》は恐るるに足らざるべし」（⑬138）と記していたが、その翌年には、大荒れとなった議会（第二回～三回議会）の経験をふまえてより具体的な政略を論じ、国内の軋轢を緩和するために朝鮮に目を転じようと謀っている（⑬412ff.＝28ff.）。ここで政略は朝鮮の独立を図ることであると記すが、福沢は「軍国の警」（⑬418＝36）という言葉を用いて朝鮮への政治的・軍事的介入の必要を示唆する。同時期に福沢は、日清間で出兵時の通告を義務づける「天津条約」を廃棄せよと何度も要求する（⑬520ff.,st.）。朝鮮に対し軍事力を自由に行使するためには、これが制約となっていたからである。またさらに翌年、第四回通常会の閉会後に次期議会での紛糾を考慮して「人気《じんき》を転ずるの工夫」の必要性を語り、「たとい戦端を開かざるも朝鮮の辺に何か交渉事件を生じ〔させ〕て、人の心をこの一方へ向かわしむるがごときは相応の手段」（⑭6）、と政府の誘導を図っている。

そしてちょうどその頃から、あたかも福沢の発言に呼応するかのように、朝鮮で東学農民軍の動きがにわかに活発化したが（⑭31, ⑭66ff.）、一方「防穀令事件」に対して日本側から強引に決着が図られた。穀物貿易に関する朝鮮側の些細な間違いに対し、日本は最後通牒をつきつけて、不利益をこうむった商人への賠償を要求したのである（S. ⑭52, ⑭54f.）。こうした事件の背景には、開国後に日本への米穀流出を通じて朝鮮で起きた、貧農・下層民の窮乏化（趙90）がある。これが、東学農民軍をして「東学農民戦争」（甲午農民戦争）へとかり立てた一大要因である。日本はこれらの事実をものともせず、翌九四年、農民軍の鎮圧を求める朝鮮政府の清国に対する要請を機に朝鮮へと軍を進め、清国との本格的な外戦に打って出るのである。福沢も認めるように、それまで東アジアではほぼ十年にわたって平和が続いたが（⑭357）、それが日本の清国への軍事介入によって壊され、東アジアに対するヨーロッパ列強によるさらなる帝国主義的介入を強める結果となった（原田87）。

### 日本魂＝報国心

実は福沢は、壬午・甲申政変以前から、外戦の意味および効果を何度も語ってきた。『概略』においてすでに「戦争は独立国の権義を伸ばすの術」（④191）と記していたが、これは一般的な歴史認識の域を出ていなかったと判断できる。だがその後、国権主義への途上において、外戦と国権拡張との間に人民の「報国心」を媒介させ、「一国の人心を興起して全体を感動せしむる〔＝報国心を起こす〕の方便は、外戦《い》に如《し》く〔＝及ぶ〕ものなし」と論ずるばかりか、仮に一度や二度戦争に負けたとしても、「全国人民の報国心を振起し、百年の利益に見込みあれば、その損失は憂うるに足らざるなり」云々と記すようになる（④641-3）。福沢は官民調和を実現しひいては国権拡張を可能にするために、外戦が大きな効果を生むことを自覚するようになったと、先に記した。加えて外戦は、「報国心」（愛国心）を振起する。だから福沢は、「敵国・外患は内の人心を結合して立国の本を堅くするの良薬なり」（④660）と、主張するにいたる。

前記のように、福沢が企図した朝鮮でのクーデターは挫折した。その際、少なくない漢城《ハンソン》在住日本人が殺されたためにクーデターは外交問題化したが、まだその帰趨が見えない時期に、福沢は清国に対して外戦に打って出る必要を何度も訴えている。クーデター追及の矛先が自らに向かないようにするという意図もあって、また自らの計画が失敗に追いこまれた事実に対する報復の意味もあって、福沢は清への宣戦を要求したのであろうが、同時に外戦がもたらす特別な効果を考えている。

当然のことだが容易に重い腰を上げない日本政府に対して、福沢は外戦の効果を明確に語る。いわく、「日本魂」の醸成こそが、「戦勝・勝利の外にある一種独特の利益にして、最も日本人に要用のあるものなり」、と（⑩184）。要するに福沢は、勝とうが負けようが戦争それ自体に「日本魂」と称する報国心を、ひいては国のために命を棄てる国民（臣民）を作る力があると見なすにいたっている。そうした国民の創成は、福沢にとって「大本願」である国権拡張のための必要条件である。福沢は「知」のレベルで国権拡張を図るためにひとまず「教育」の力に信頼を置いたが（ただし第二章で見たようにあくまで中等社会に対してのみである）、「情」（報国心）においては、何より外戦こそ――帝室および宗教とともに――最も的確な手段であると考え始めたのである。いや、そもそも人間は七分の情と三分の理によって動くものである（⑬104）。とすれば、外戦による「情」における国民の統制こそ、国権拡張のための決定的に重要な手段となる。

## 福沢は外戦を鼓吹する

かく外戦がもつ効果を熟知し、しかもその仮想敵国を清国とまで明言していただけに、福沢はすでに壬午政変時から、実際に外戦に踏みこむべきことを力説している。「もしも支那と戦いに及ぶこともあらば……真一文字に進みて、その喉笛〔＝北京〕に食いつくこと、緊要なりと信ず」（⑧259f.＝70）と清に対する宣戦をあおり、「むしろ彼《か》〔＝清国〕の所望に応じて――かく福沢は外戦の理由を清に転化する（杉田注）――戦を開き、東洋の老大朽木を一撃の下に挫折〔さ〕せんのみ」（⑧305）、とまで記している。

甲申政変時には、福沢の叙述と扇動ははるかに具体的かつ激烈である。戦争となったときに取るべき軍略を詳しく記しつつ、福沢は細かな数字をあげて国民に軍費拠出を提案すると同時に、贅沢をつつしむべきだと主張する（⑩156-8＝115-7）。そして福沢は具体的な戦争を夢想する。「わが日本は、支那・朝鮮両国を相手に問罪の戦を起こしたりとせんか。……わがめざす当の敵は支那なるがゆえに、まず一隊の兵を派して朝鮮・京城の支那兵を皆殺しにし……わが兵は海陸大挙して支那に進入し、直ちに北京城をおとしいれ……」、と（⑩159＝120）。この種の夢想は福沢に時に見られる性癖だが（t.⑧438f.＝86f.）、一般人民が言論人の無責任な夢想に浸りきるとはとうてい思えない。それゆえ福沢は、人民の外戦への欲望をあおろうと外戦が国権拡張につながると絵を描いてみせる。「国威たちまち東洋に輝くのみならず、遠く欧米列国の敬畏《けいい》するところとなり、治外法権の撤去は申すまでもなく、百事同等の文明富強国として永く東洋の盟主と仰がるるなるべし」、と[1]（⑩161）。この当時、大衆の無定形の情念に訴えるこの種の扇動が大きな影響力をもつ客観的条件はなかったが（この時期は憲法制定・国会開設へ向けた民権派の動きが依然として大きかった）、それから十年後には事情は一変する。

日本で初めてなされた外戦たる日清戦争の際、福沢は甲申政変時の主張どおり自らの財産（一万円という当時として破格の大金）を義捐《ぎえん》金として拠出し、かつ全国に呼びかけて戦費のための募金を求めた（後述）。そしてこの時福沢は、毎日のように関連論説を書いて清国との外戦を鼓吹しつづけた。いちいち引用はできないが、宣戦布告にいたるまでの主要論説の題を拾えば、「速やかに出兵すべし」（⑭392f.＝156ff.）、実際に出兵してからは「日本兵容易に撤去すべからず」（⑭414ff.＝170ff.）、単に出兵しただけではなく朝鮮政府を威圧するために「兵力を用うるの必要」（⑭434ff.＝175ff.）、単に威圧するだけではなく「支那・朝鮮両国に向かいて直ちに戦を開くべし」（⑭479ff.＝185ff.）、等である。

## 外戦の実際の効果

福沢は外戦がもたらしうる効果をたびたび語ってきたが、翌年には、その実際の効果を確認しつつ記す。少々長いが引用する。「日清の事件破裂に及ぶやいなや、帝国議会は旧時の議会にあらず、その主義・目的とするところ、少しも政府に違わず、政府もまた議会の後援を得てその運動を逞しゅう〔＝盛んに〕し、官民一致、もって国家の大事に当たり、……以前ならば百円金の出納に議場の風波を生じたるその議会が、一億五千万の巨額を即決したるがごとき、ただに我が政界の美談としておのずから祝するのみならず……」（⑮29）、と。つまり、清国との外戦によって単に内の政界の熱が漏らされたのみならず、官民一致を通じて民の側に確たる「報国心」が作られ、国民（臣民）としての自覚が高められたことに、福沢は満腔の満足の意を表すのである。
だが、なぜ報国心や国民としての自覚が必要なのか。ひいてはなぜ国権拡張が求められるのか。日本国民はこれについてほとんど何の説明も受けないまま、その方向に向かって踊らされ、一九四五年にいたる怒涛のような濁流に押し流されるのである。

注

（1）治外法権の撤廃は重要だとしても、他は一般の人民にはほとんど無関係の事柄であろう。もちろん日本も治外法権に苦しめられたが（井上清② 139f.）、日本公使に王后を殺害されてもそれを裁けなかったという、朝鮮が経験した、形容する言葉も失うほど屈辱的な事実（後述）に比べれば、さほど大きな問題が起きていたとは言えない。人民にとって重要なことは、民権が確固として保障され、ささやかであっても幸福・安寧な生を享受できることであって、福沢が言う国権拡張のために軍費の拠出はもちろん命まで投げ出せと要求されることなど、誰も望まないのである。なぜ人民が、「一滴の膏血《こうけつ》を灌《そそ》ぎて報国の大義を明らかにし、国権拡張の重き荷物に一手を支え［＝軍費を拠出し］」（⑩ 164）なければならないのであろうか。

## 「朝鮮国務監督官に兼任し、万機の政務を監督することとなし」
### ——福沢は韓国併合への道を掃き清めた

さて福沢が、日本にとって外交問題の節目となる大事件、すなわち台湾事件、江華島事件、壬午政変、甲申政変、そして日清戦争に関して、外戦鼓吹とは別にいかなる主張を行ったかを詳しく見ておきたい。国権拡張論こそ、ひいては対外論こそ、福沢にとってその本領が最もよく発揮された場面であるから。

### 台湾事件

最初に論ずべきは「台湾事件」である。七一年、琉球に属する宮古島の漁民（年貢輸送船の役人・船頭との説もある）が台湾に流れ着いて、多数殺害されるという事件が起きた。その後七四年、明治政府は台湾に軍を送り（歴史上初めての正規軍の海外派兵）、事件が発生した台湾最南部を制圧したが、清から五〇万両の賠償金を獲得することで撤兵した。その際福沢は、清から多大な償金をとった事実を祝し、「我、今日のありさまをもって支那のありさまに比較すれば、誰か意気揚々たらざるものあらん」、と記していた（⑲539）。

福沢は当初、こうして単なる現象面に関する論評をもってすませたが、後に、事件の隠れた意味について語り始める。台湾事件は、「内の人心を一致せしむるために、外に対して事端を開く」政略であり、それに成功した例であった（⑬414＝31f.）[1]、と。実際、台湾事件を通じて明治政府によって目指されたのは、「士族とりわけ薩摩の士族の眼を外征にむけること」であった（井上清②99）。なおこの事件は、福沢にとって重要な意味をもったと私は解する。『概略』（七五年）第十編における文明論の方向転換は、これが大きなきっかけの一つになったのではないかと思われてならない。

## 江華島事件《カンファド》

日本外交において画期となったのは、七五年の「江華島事件」である。日本海軍の軍艦・雲揚号が、給水を名目に朝鮮半島に近づいた折に砲撃を受けた（と日本側は主張した）ために応戦し、大きな紛争に発展した。その後日本は朝鮮開港に向けた強引な砲艦外交を展開したが、近年、同号艦長の第一報報告書によって、これが明治政府との綿密なやりとりの下に企てられたものであることが、確認された（鈴木65ff.）。

　福沢はおそらく明治政府の関与を知らないまま（⑮83,⑯260）世を去ったが、それだけに朝鮮を見下すような姿勢が感じられる。当時朝鮮などは「アジア州中の一小野蛮国」であって、たとえ朝鮮から「来朝してわが属国となるも……これを悦ぶにたらず」と論じていた（⑳148）。一見するとこれは、当時大きな勢力となった「征韓論」と距離を置いた冷静な議論ともとれるが、要するにこれは福沢が朝鮮半島にたいした関心をもたず、また朝鮮が「属国」化した場合にもたらされうる大きな経済的その他の利益を過小評価した結果に他ならない。福沢は後に弟子に向かって「うかつだった」と述懐したというが（富田582）、後の朝鮮に関する福沢の一連の論説からすれば、その意味は明らかである。要するに福沢は、その時点から朝鮮に対する覇権《ヘゲモニー》の獲得、言いかえれば朝鮮の「保護国」[2]化へと明治政府を誘導する論陣を張るべきだった、と後悔したのである。

　江華島事件後に締結されたのがいわゆる「江華条約」（日朝修好条規）である。福沢はこの締結を「わが日本国の栄誉」と記すが（⑧28,S.⑧427）、同条約は朝鮮に治外法権を認めさせ、その関税自主権を完全に奪い、朝鮮国内で日本貨幣を流通させ、条約の期限さえ認めない等、ほとんど朝鮮を政治的・経済的に従属化させるに等しい条約であった（中塚① 20-3,31-6）。にもかかわらず福沢は、後に江華条約を「対等の条約」（！）と記すが（⑭ 398）、当時から完全な不平等条約であることをよく知っており、次に述べる壬午政変後には、新たに清朝間で結ばれた「清朝商民水陸貿易章程」を知って、治外法権に関する江華条約の規定を同章程のようにより不平等なものにせよと外交官に迫っていた（⑧ 516）。

## 壬午政変《イムオギョンビョン》と「朝鮮国務監督官」構想

「壬午政変」は、壬午の年（八二年）、禄米遅配がもとで起きた朝鮮兵の反乱によって、日本公使館が焼かれ、公使館員・漢城《ハンソン》在住日本人が殺された事件である。このとき日本が狙い撃ちされたのは、新式軍隊が日本人の指揮下に置かれていたこと、そして「江華条約」によって朝鮮の二港が開港され、そこを通じて——日本商人による投機的な買い占め・輸出の結果（中塚③ 29）——朝鮮米が流出して米価が高騰し、朝鮮の庶民が食糧難に陥ったという事実があるからである。この政変に対して日本政府は、全権委員を漢城に送り朝鮮政府との事後処理にあたらせたが、福沢はすでに最初から強硬な（明治政府よりはるかに強硬な）主張を展開した。「わが政府は令を海陸軍に伝え、軍艦・陸兵〔に〕外征出陣の準備をなさしむべし……速やかに京城〔＝漢城〕に進行せしむべし」、と（⑧ 246＝62）。

　そして福沢は、朝鮮を「保護国」化すべきことをすでに明言してさえいる。先に記したように、外戦そのものが報国心を生み帝国国民（臣民）を作り、ひいては国権拡張に資するが、直接に他国を支配ないし割譲（この点については後述する）できれば、国権拡張は顕著に進む。福沢は、「事すでに平ぎたる後は、〔全権委員たる〕花房公使をもって朝鮮国務監督官に兼《ママ》任し、同国万機の政務を監督することとなし」、と非常に強硬な主張を行っている。しかしそれは強硬すぎると思ったのか、この後にすぐ「あくまでも〔朝鮮の〕開国主義の人を輔翼〔＝補佐〕・保護し、これに同国の政府をまかすべし」と記しているが、開化派といえども兵力を見せつけて約束を維持させなければすべて徒労に帰すと判断し——朝鮮人である限り誰であれ信をおかないのは福沢の一貫した姿勢である（⑭601）——、結局は、「この監督官を置き、全国政務の改良を監督する間は、短くして六、七年、長くして十数年間、一隊の護衛兵を京城に屯在せしめ、衣食住等すべて朝鮮政府の供給するところとすべし」、とさえ主張するのである（⑧249＝66）。

「長くして十数年間」と福沢は記すが、もちろん改良が進まないと判断されれば、いや仮に進んでも退歩する恐れがあると見なされれば、これは永遠に先延ばしされるのであろう。しかもこの措置は「朝鮮国の幸福を増し文明を進め（る）」（⑧249＝66）ためのものである以上、すべて費用は朝鮮政府に負わせよとまで主張する。これは要するに、朝鮮に形式的に一国たることを許容するとしても、日本の統治下に置いて実質的に保護国化する措置に他ならない。一九一〇年、日本は軍事力の脅しをもって、韓国（正確には大韓帝国）政府に「韓国併合条約」を結ばせた。それへの途上、〇五年の「二次協約」で日本はその外交権を奪い、〇七年の「三次協約」で立法・行政に関して「統監」の指導を受けることとさせ、最終的に同条約で韓国皇帝の統治権を日本に譲与させた（海野②34-7）。福沢の提案は〇七年の「三次協約」に非常に近い。なお福沢の「朝鮮国務監督官構想」は八二年のものだが、後に日清戦争（九四年）を経ると、それがあらためて語られるようになる。

注

（1）この論説自体、議会における軋轢の熱を外に漏らすために書かれた。

（2）「保護国」は先の引用で福沢が言う属国ではない。東アジアでは、中国を中心とする「冊封《さくほう》」体制（中国皇帝の冊＝詔《みことのり》を通じて統治者が信任される国家体制）が伝統的な秩序を形作っていたが、その体制下にあって朝貢を課せられた朝鮮は、その意味で中国の「属国」であった。だが明治政府も福沢もまず朝鮮の冊封体制からの離脱（独立）を求め、その上で朝鮮の統治権、特に外交権をはく奪し、その意味で「統治機能の一部を行使する保護関係を条約により設定する」（海野127）ことをめざした。「保護国」とはその意味での従属国を指す。

## 「西洋人がこれに接するの風にしたがって処分すべきのみ」——福沢はアジア分割を主張した

### 甲申政変《カプシンヂォンビョン》への深い関与

壬午政変を通じて日本は朝鮮政府に賠償金の支払いを約束させるが、結局清の介入もあって「事大派」が勢力を得る結果となった。それだけに、それと改革派との軋轢も強くならざるをえなかった。「甲申政変」は甲申の年（八四年）に起きた朝鮮改革派によるクーデター事件で、このとき日本公使館が事件に関与したために、朝鮮軍の怒りが日本人に向き、漢城《ハンソン》にいた日本人が多く殺傷された。福沢はそれ以前、接近してきた朝鮮改革派にクーデターのシナリオを書いて渡し、武器・弾薬をまで用意して朝鮮政府の転覆をねらったが（石河② 340ff., 杉田編 359f.）、いかに兵法書を訳したことがあるとはいえ（② 211ff., ② 281ff.）、福沢はしょせん軍略には素人であり、その福沢が書いた机上の計画がうまくいくはずもない。朝鮮はもちろん日本を含めた客観的な政治的・軍事的その他の情勢について甘い分析と見通ししかないまま己の能力を過信し、福沢はむしろ、朝鮮に芽生えた改革派の芽を尚早に摘むのに加担することになる。一方明治政府（中でも井上馨）は、福沢らの間で進むこうした動きを知りつつ、福沢とのやりとりを加速させ、日本公使館にも一定の支援を表明させるが（井上角 35）、最終的に政治的な判断の下に（清国はおそらく動かないとする評価が撤廃されたようである）支援をにぶらせた（杉田編 365）ために、またもちろんクーデター主動者らの甘い見通しと不手際も手伝って、クーデターはわずか三日で失敗に帰したのである。これに直接に関与しただけに、福沢の失望と怒りは、朝鮮に対してよりはむしろその背後にあって福沢たちの意図を阻んだ清国に向く。

このさなかに福沢は多くの論説を書いて、朝鮮への軍事的介入および清に対する戦争を鼓吹した。「わが政府においても、やむをえず曲直を兵力に訴えるのほかなかるべし」（⑩ 156＝115）、あるいは「断然兵力に訴えて、速やかにこの局を終わるの工夫、なさざるべからず」（⑩ 159＝120）と、福沢はくり返し外戦に打って出よと訴える。そして前章に記したように、福沢は天皇の親征を主張するのである（⑩ 186＝126-8）。

## 「脱亜論」の思想

この後に書かれたのが、悪名高い「脱亜論」である。これは、その題名および文末の「我は心において、アジア東方の悪友を謝絶するものなり」（⑩240＝20）という文言から、文字通り「脱亜」を論じたものと思われているが、そうではなく、「西洋人がこれに接するの風にしたがって処分すべき」（同前）こと、つまり割亜（要するに清国の[1]、またひょっとすると朝鮮の分割）をこそ論じている。すなわち、「この二国〔＝支那・朝鮮〕……今より数年を出《い》でずして亡国となり、その国土は世界文明諸国の分割に帰すべきこと一点の疑いもあることなし」（⑩239＝18）という現状認識を記した上で[2]、福沢は分割者の隊列に加わるべきだと主張するのである。この論説は当時特別な注意をひかなかったと言われることがある。だが仮にそうだったとしても、それはある意味で当然である。福沢はそれ以前から、ここで論じられたのとほぼ等しい、（脱亜のみか）割亜の主張を一貫して声高に叫び続けたのであるから。例えば八〇年代前半には（以下に四つ引用する）——

「今は競争世界で……人の隙《すき》に付け入らんとするの時節なれば、理非にも何も構うことはない、少しでも土地を奪えば、暖まりこそすれ何の寒きことがあるものか。遠慮に及ばぬ、『さっさ』と取りて暖まるがよい」（⑲711）。「火災〔＝西洋列強がもたらす火〕の防御を堅固にせんと欲すれば……時宜により〔近隣の主人を〕強いてこれ〔＝石室〕を作らしむるも可なり。……事情切迫に及ぶときは、無遠慮にその地面を押領して、わが手をもって〔石室を〕新築するも可なり」（⑤187）。「支那国……自立を得ずしてはたして〔＝予想どおり〕諸外国人の手に落つることならば、わが日本人にして袖手《しゅう》〔＝袖に手を入れて〕傍観するの理なし。我もまた奮起してともに中原〔＝中国河北省〕に鹿を追わんのみ」（⑤313）。「食《は》むものは文明の国人にして食まるるものは不文の国とあれば、わが日本国はその食む者の列に加わりて、文明国人とともに良餌をもとめん」（⑨195f.）。

そしてこの流れの上に、「脱亜論」は書かれた。丸山眞男は「『東方の悪友を謝絶する』という『脱亜論』の論旨」などと論じるとともに（丸山③322）、「脱亜」という言葉が論説の表題として、また社説の内容として他に使われたことがないなどと書いているが（丸山④281f.）、言葉はともあれ、脱亜入欧を論じた論説は『西洋事情初編』以来いくらでも見出せるし、「脱亜論」が割亜を論じたものなら、以上のように同じ思想を表現した論説も、決してめずらしくないのである。

「脱亜論」の後に書かれたのが、第三章でふれた論説「朝鮮人民のためにその国の滅亡を賀す」である。福沢は、朝鮮人民は自国政府の下では生命・自由・栄誉のいずれも守られない、ならば「強大文明国——形式的には「露英」を指すが実質的に日本を指す（杉田注,S.⑯220）——の保護」を受け、生命と私有だけでも安全にした方が良いなどと論じている（⑩381＝141）。だが福沢のご都合主義的な論理には唖然とする。福沢はかつてイギリス人がインド人に対してとった傍若無人な振る舞いを見て驚き、江戸期の幕吏も横柄だったがまだしも同国人であれば「暴中おのずから人情を存す」が、異国人になると相手を「異類視」「獣視」さえする云々と記していた（⑧65＝13）。朝鮮に住みついた日本人が朝鮮人にいかにひどい接し方をしうるか（高崎38st.,備仲169ff.）を福沢は思ってもみないようだが、福沢が見たかつてのイギリス人は、当時の日本人なのである。「強大文明国の保護」を受ければ、朝鮮人の生命・財産・栄誉は、彼らを見下した「強大文明国」人によってはるかに容易に侵されるであろう（S.中塚①94）

注

（1）後の節で、福沢の朝鮮に対する宿望がどのような性格のものだったかについて検討するが、清国に関しては、最晩年にその分割の野望をはっきりと示している。日清戦争後の九八年、福沢はドイツによる膠州湾の占領、欧州列強による租借地借用等の事実を踏まえて、「支那帝国がいよいよ分割と決したる」時期に到達したと認識し（⑯220）、「今後、他〔＝清国〕の国土・人民の支配につきては、前の失敗〔＝三国干渉〕に鑑みて自ら改め、よくよく西洋流儀をかみくだきてこれを消化し……事を処するときは……毫《ごう》〔＝少し〕も困難を見ず」と、列強の尻馬に乗って清国の分割競争に割りこむべきことを語っている（同前）。

（2）「脱亜論」に見るように、福沢は例や喩《たとえ》をあげて論証に代え、「されば」「故に」等の接続詞を使って結論を導くことが非常に多い。その例や喩が適切なら良いが、そうではない場合も少なくない。仮に適切だったとしても、一例をもって全体を帰納する誤謬（部分を全体に及ぼす誤謬）を犯しているために、論拠としての価値がないことがある（t.⑨459）。喩は、結局は喩であることによって、喩えられた事（物）についての論拠にならないことも多い（「脱亜論」における麻疹の喩はむしろ不適切であろう）。

## 「主権は純然たる独立国に対する議論」
## ——朝鮮の主権など問題にならず

### 日清戦争＝「文野の戦争」

日清戦争との関係で重要なのは「東学」である（杉田編367ff.）。東学は、「西学」（キリスト教）に対し、朝鮮の文化的伝統をふまえつつ形成された朝鮮固有の宗教である。その下には「人すなわち天」

という平等思想（森山43, 呉3）と、「有無相資」という貧者の救済思想（朴孟37）があり、それだけに農民に広く信仰されたが、九三年より、その東学教徒を主力とし、反封建・反身分制（後にこれに加えて反侵略）を旗印とした（山辺②173）農民軍の動きが始まる（⑭29ff.）。だが九四年六月、にわかに活発となった農民軍を鎮圧すべく朝鮮政府は清に対して援軍を要請したが、日本はそれを機に朝鮮に大軍を送ったのである。[1] 清・日本の介入を恐れた東学指導部が朝鮮政府との間に急きょ「和約」を結んだために、朝鮮政府は、甲申政変後に結ばれた「天津条約」の規定（出兵理由がなくなれば撤退する）に基づき、清軍および日本軍に撤兵を要請したにもかかわらず（原田65）、日本はこれを黙殺したのみか、朝鮮守備隊の発砲を理由に王宮に攻め入って――この理由づけは虚偽である。王宮への侵入は日本軍の綿密な計画の下になされたことが、近年、資料の発掘によって確かめられている（中塚②53ff.）――傀儡《かいらい》を擁立し、それに清軍の鎮圧を要請させたのである。[2]

一方、清は日本軍の王宮占領以前に日本に同時撤兵を申し入れたが、日本は派兵を千載一遇の機会として断固これを拒絶し、そして自ら紛争の種を植え（王宮占領）、また責任を相手に転嫁して（⑭563）、清との戦争に踏みこんだ。もちろん開戦を呼号した福沢（関連論説の題を先に記した）は、東学農民軍の動きその他を奇貨として、議会をおおった不和の熱を逃がし、同時に「大本願」たる国権拡張を目ざしたのである。そして巧みなことに、福沢はあくまで清に責任があるとする強引な論理を提示する。「李鴻章《りこうしょう》、袁世凱《えんせいがい》の輩が、あらゆる手段を尽くして韓廷を教唆したるその証跡の明白なれば……」（⑭480＝187）、と。あるいはまた、「悪獣国〔＝朝鮮〕の地主なる彼《か》の〔＝清の〕政府の特に自ら求めたる禍なれば……」（⑮47）、「今回の交戦に支那政府の乱暴無法は世界万国の認むるところにして……」（⑮40）等と、くりかえして記している。[3] 何の説明もなしに連日こうした断定的な文章を見せられれば、おのずと人はそうなのだと思いこむであろう。

右の引用文に「証跡の明白なれば」とあるが（⑭480＝187）、福沢は何の証拠も持っているはずはない。あったとしてもそれはただの「大本営発表」――甲申政変時にも福沢は「官報」を絶対視していた（⑩191, ⑩207＝132,S.⑬531）――に基づくもので、とうてい客観的・歴史的な検証にはたえられない。福沢にとっては、ことここに至れば、ともあれ政府（世間）を扇動して開戦にこぎつけ、かつそれをどのような形によせ正当化しさえすれば、それで十分なのである。福沢はしばしば、何ら客観的事情を確認せぬままにこの種の決めつけを行うが（t.⑮326）、これは、新聞等は事の真偽と無関係に政府方針に従うべきだとする、ジャーナリストにあるまじき福沢の根本姿勢に由来する（第三章）。これと同じみじめな姿は、後述する「旅順虐殺」の際に顕わになるであろう。

またこの姿勢は、積極的な開戦の合理化論に通ずる。日清戦争は単なる「懲罰」戦（⑭480＝187,これ自体責任を相手に転嫁した言いがかりである）ではなく「文野の戦争」（⑭491＝195）、すなわち文明と野蛮の戦争であり、そればかりか野を文する戦争（野蛮を文明へと導く戦争）だと主張する（S.⑮79）。「戦争の事実は……文明開化の進歩をはかるものと、その進歩を妨げんとするものとの戦い……すなわち日本人〔は〕……ただ世界文明の進歩を目的として、その目的に反対してこれを妨ぐるものを打ち倒したるまでのこと……」（⑭491f.＝197f.）、と。[4]

## 朝鮮近代化の圧殺

日清戦争に関連して記しておかなければならない事柄がある。それは東学農民軍に対する福沢の認識についてである。東学農民戦争は、反封建（反身分制）・反侵略を旗印とした、朝鮮における近代の序曲となるべき運動であり、提出された要求においても担い手においても、「甲申政変」などとは比較にならない重要性を帯びていた。だが、同じく朝鮮における近代化をめざしたはずの福沢は、農民軍を一貫して「暴徒」「賊徒」（⑭386f.）、「乱民」（⑭398）よばわりするのみか、福沢が主宰する『時事新報』は、これを徹底的に鎮圧する方向に動いた日本軍の動き[5]を「征清」と同列に扱い、東学「退治」の様子を時には号外まで出して詳しく報道し続けたのである。日清戦争開始前、東学農民軍の目標は主に反封建（その意味での近代化）に向いていた（井上勝①245）。とすればそれは、建前上は福沢の姿勢と一致するはずである。だが福沢が農民軍を評価することはありえない[6]。

第一に、そもそも福沢には民衆に対する根強い差別意識があり、すでに『すすめ』の頃から「強訴・一揆」に立ちあがる日本の民衆を「無知・文盲」呼ばわりし、「憐れむべくまた憎むべきものはあらず」、「恥を知らざる」とまで侮蔑していたが（③33）、強訴・一揆に立ちあがったのが朝鮮の民衆なら、朝鮮人に対する根強い差別意識とないまぜになって、福沢はそれ以上の過酷な態度を示すであろう。「〔一揆に及ぶ〕愚民を支配するには……威をもって脅す」ことを福沢は当然視したが（同前）、朝鮮の民衆（ことに「暴徒」「賊徒」「乱民」）に対してなら、銃を向けることさえ肯定するであろう。実際福沢は、近代的な村田銃と連発砲をもった日本軍が、火縄銃しか持たない農民軍に対峙したとき何が起こるかを知りつつ、日本軍の動きを鼓舞し続けた。福沢はかつて、自ら企図したクーデターの主動者となった開化派の親族が残酷な刑罰を受けた際、朝鮮政府を「脱亜論」で強く非難したが（ただし「脱亜論」の記述には間違いがある（杉田編22））、日本軍が東学農民軍——朝鮮は日本の交戦国ではないために、彼らには日本の主権はとうてい及びえないはずである——に対して行った集団殺戮《ジェノサイド》には、いとも簡単に目をつぶるのである。

第二に、東学農民軍の「倡〔＝唱〕義文」（趙158f, 呉169-71）は『時事新報』雑報欄に記載されたが（復刻⑬（3）196）、福沢はそこに見られる儒教的な文言に目を奪われて、東学農民戦争がもつ近代的な意義を見損なったのである（杉田編369ff.）。福沢には、排外主義と反帝国主義との違いが理解できない（⑯630f.）。

そして第三に、はるかに重要なことは、福沢にとっては目指すべきは朝鮮の近代化そのものではなく、あくまでその親日的な近代化であり、日本のヘゲモニー下にある近代化でしかなかった、ということである（次項）。

## 朝鮮保護国化の野望

さて、日本軍の出兵以来、福沢は水を得た魚のように連日社説を書いた。八五年のクーデター失敗に対する清国への仕返しの意味もあったのであろうか、その健筆ぶりは驚くべきものである。福沢が「日清戦争」のうちにどれだけ自己の主張＝国権拡張を実現する契機を見出したかが明らかである。義捐金拠出時の思いにもそれはよく現れている（⑭517＝54）。また晩年、『自伝』においてこの時期を振り返って手放しの満足を表明している（⑦259）。いずれにせよ九四～五年、膨大な論説を草しつつ、福沢はさらに確たる国権主義者（帝国主義者）へと「成長」する。この時期には、「啓蒙期」の福沢に見られた沈着さも度量も幅広さも良心も見られない。一人の頑迷な扇動者《アジテーター》を見る思いがする。その戦争合理化論はほとんど強盗の論理である（S. ⑭ 443＝182）。

この時期もまた、朝鮮保護国化に対する根強い願望を論理化することを、福沢は忘れない。もちろん、いかに福沢といえ、十分な合理性がない状況下で朝鮮支配を論ずることはできない。だからこそ福沢は、あたかも朝鮮は独立国としての体をなさないかのような論理を持ち出して、こう記す。「独立国の体面をそのままに存するはしばらくよしとして、実際はこれを征服したるものと見な（す）」、と。それは、朝鮮政府の中枢に日本人を入れて万端を統轄させることを意味する。「政府枢要の地位には日本人を入れて実権をとらしめ、武備・警察のことより会計の整理、地方の施政にいたるまで、一切日本人の手をもって直《じき》にこれを実行（する）」（⑮ 10＝217）というのが、福沢の提案である。

壬午政変時に福沢がすでに「朝鮮国務監督官」の構想を提示したことは、先に記した。右の論説では「監督官」という言葉こそ使っていないが、事実上それと同じ権限をもった立場に日本人が立つべきことが主張されている。この時期、千載一遇の機会と見たのか、福沢は朝鮮保護国化の論理をくり返し提示する。[7] 日清戦争の開戦期にも同趣旨のことが論じられていた。「気の毒ながら、脅迫の筆法に依頼せざるをえず。すでに脅迫と決したる上は、国務の実権をわが手に握り、韓人等は単に事の執行に当たらしむるのみにして、その主義の可否については喙《くちばし》を容れしめず……」（⑭ 646）。

国務の実権を握るのは、先に言う「朝鮮国務監督官」なる立場の人物であろう。しかもその下に日本人の下僚群が考えられている。福沢は、「わが日本国の政友たるべき人物〔＝朝鮮人〕を求め、これに国務の全権を執らしむるの外あるべからず」とひとまず朝鮮人の主体性を尊重するかのように記すが、「あるいはその際には、臨時の処分として日本国人の中より適当の人を選んで枢要の地位に置き、これに万般の施設を任して行政の師範とするがごとき、おのずから必要なるべし」(⑭557, S.⑮19) と主張する。こうして福沢の構想では、結局「監督官」的な立場の人物とその下僚（いずれも日本人）が、朝鮮政府の中枢的な権力を握るのである。この種の介入が植民地化と異なるのは、「その国土を併呑するの野心な（き）」(⑭648) という点のみである。それ以外については、「干渉また干渉、深きところにまで手をつけて、あるいは叱り、あるいは嚇し、あるいは称賛し、あるいは恵与し、あたかも小児を取り扱うがごとく、虚々実々の方便を尽くして臨機応変、意のごとくすべきのみ」、と福沢は記している（同前）。直前の時期には「強いてその内政に干渉するの意味にあらざれども……」(⑭598)、「隣国の内政に干渉せんとするにあらず」(⑭602) と弁解していたが、ここでは朝鮮を「国にして国にあらず」と見なして干渉を当然視するのである。

こうして福沢は、日本が朝鮮を「文明化」(近代化) させるための論理と方法を、執拗に提示する。福沢にとって、朝鮮の近代化はあくまで日本による近代化でなければならなかった。

注

(1) これは形式的には、甲申政変後に清との間で結ばれた天津条約のうち、将来万一に出兵の際は「行文知照す（る）」（互いに知らせあう）という規定を受けた処置だが（S.⑬533）、日本軍の朝鮮半島への上陸自体は、朝鮮政府の許可を得ない独断的なものである（その点が朝鮮・日清戦争関係の研究書であまり論じられないのは残念である。少なくとも日本が済物浦《チェムルポ》条約第五条「日本公使館は兵員若干名を置いて警護すること」を根拠にして出兵を合理化しなければならなかった以上、日本の出兵は名分に欠けていたことは明らかである）。しかも清の先遣隊が慎重にも漢城から七〇キロも離れた牙山《アサン》湾に上陸したのに対して、日本軍は漢城の入口と認識されていた仁川《インチョン》に乗りこみ、公使館護衛兵はただちに「首都〔＝漢城〕に宿営し」（田保橋311）たばかりか、その後の大兵も再び仁川に上陸している（同326）。

（2）ただし、正式な外交文書が出されたかどうかは確認できないという（中塚③43,S.原田65）。事実上「韓国併合」を合理化するために朝鮮総督府から資金を得て研究した田保橋潔でさえ、「形式的には朝鮮国政府が日本国公使に清兵駆逐を依頼したと見るも支障がない」云々と記すことしかできなかった（田保橋449）。

（3）責任転嫁は福沢のお家芸である。十年前、朝鮮でクーデターを企図し、その限り大きな責任を有するはずの自らを棚に上げて、福沢は清国に責任を押しつける。当時福沢は日本を「被害者」、朝鮮・清国を「致害者」と言い続けた（⑩159,⑩193, st.）。

（4）文明化を通じて人民の幸福が増すと福沢は主張する。その実例として琉球をあげ、いわゆる「琉球処分」後、日本人が一切を支配してから「三十万の人民は……安楽の生活をなしつつあるにあらずや」と記す（⑭509）。だが日本資本が入りこんだために生活が破壊され、その防衛として各字・小字に「共同売店」が作られ、それが沖縄の山原《やんばる》・離島では、今でも機能しているのである（杉田⑤118ff.）。

（5）九四年十月、川上操六・参謀次長は「東学党に対する処置は、厳烈なるを要す、向後〔＝今後〕ことごとく殺戮すべし」という命令を出した（井上勝②65）。川上が国際法を完全に無視したこれほど過酷な命令を出せたのも、国内世論の後おしがあったからであろう。その世論形成に、福沢は大きな責任を有する。

（6）同じ姿勢は最晩年にも見られる。明治政府は一九〇〇年、「北清事変」に際し、二万を超える大軍（大谷292）を天津・北京に送って、「義和団」を鎮圧したが、この際も福沢は義和団を「烏合の匪徒《ひと》〔＝盗賊〕」、百姓一揆の類」と呼んで鎮圧を合理化した（⑯627）。そもそも福沢は、民衆がやむにやまれぬ思いから「一揆」に立ちあがるその事情を理解できない。

（7）漫言（後述）においてだが、福沢は同種の願望を清国に対しても示している（⑮97）。

## 「実際はこれを征服したるものと見なし」
## ——福沢は朝鮮の保護国化をめざした

### 福沢は朝鮮併合を望んだか？

ところで、一九一〇年に日本が朝鮮を「併合」した時、弟子の石河幹明は、福沢が合併を「予期」していたこと、「否な、多年朝鮮問題の一事にその心身を労せられたのも、結局この目的に到達せんがための努力であった」（石河②451）、と記した。これに対して歴史家・杵淵信雄は、福沢は「予期」したかもしれないが「目的」としたという言い方にはにわかに同意しがたいと論じている（杵淵257）。だが福沢の物言いは、石河の解釈を許すものとなっている。

日清戦争期の福沢の朝鮮論説は、併呑に関して微妙な表現をとっている。例えば、「〔朝鮮の〕独立国の対面をそのまま存するはしばらく宜しとして……」（⑮10＝217）、「朝鮮を併呑するがごときははなはだ容易に（すれ）……ども……我に利するところ少なきが故にまずこれ〔＝併呑〕を見合わせ、今はただその国を独立せしめて……」（⑮12＝222）、「しかしてその〔＝朝鮮に金を貸すことの〕報酬としては、かならずしも朝鮮の土地を割いて譲り受けんと言うにあらず」（⑮95＝226）、等。ここで傍点を付した文言は、無意味に記されたとは思われない。はっきりと朝鮮の併呑が語られているとは言えないとしても、それを是とする含みを感じざるをえない。特に、後述するように、「利するところ少なき」という認識を必ずしも福沢は維持しないからである。

なるほど福沢は、朝鮮併呑の意図はないかのように何度か記してきた。甲申政変時には、「朝鮮の土地を侵略せんと言うにもあらず」(⑩213)、と。また日清戦争時には、「これ〔=朝鮮〕を併呑して属国となすがごとき野心あるにあらず」(⑮392)と明確に記していたし、また朝鮮は領土化(併呑)しても「実際に益なく、かえって東洋全体の安寧を害するの恐れある……」、と論じてもいた(⑭437)。

だが福沢は、戦争を通じて占領した地域については、朝鮮に対するのとは全く異なる姿勢を示している。すでに日清戦争開始時に、福沢は、朝鮮に接する三省〔「満州」の中心地域たる黒竜江省、吉林省、盛京省=遼寧省〕を占領し、かつそこを清国に割譲させよと論じている(1)(⑭511=293)。また戦争の帰趨《きすう》が決まりかけた時期には、「戦後」になされるべき対清三要求を提示し、そこでは三省の割譲を明確に論じている。三省は、「紛紜《ふんぬん》〔=紛争〕再燃のうれいを除く担保として、これを取るにすでに十分の理由ある」、と(⑭659=219)。そればかりかその後この「取る」の意味を明確にするのみか、占領地の返還は不要と言い切っている。すなわち、「領しえたる地方を永久〔に〕わが版図に帰せしむる〔=割譲せしむる〕はもちろん、なお進軍して占領するところの地は尺寸も返附すべからず」、と(⑮24)。

一方、朝鮮の場合は、清国のように「戦に勝ちて土地を取る」(同前)のとは事情が異なるが故に、領土併呑の合理的な理由づけができない。慎重な姿勢は甲申政変時にも見られた。それは、日本にとっては壬午政変時の「済物浦《チェムルポ》条約」締結以外に外交「実績」がない時期だけに、諸外国の介入を招く恐れが大きかったことが、最大の理由であろう。また清国に対する『時事新報』の論調が過激なことを歓迎し、大井憲太郎などの支持者らが時事新報社前で万歳を叫ぶ等の示威運動を行い（⑰720注）、そのために政府の介入を招いたことも影響したと、私には思われる。福沢が最も大事にした弟子だという馬場辰猪《たつい》が、明治政府が「貧しい朝鮮国民を責め」て償金とった事実を明確に難じた（馬場17）ことも関係するかもしれない。

日清戦争時には、清国に勝利したとはいえ、第一に、「三国干渉」以来、欧州列強の干渉が顕著な状況下で、朝鮮併呑など望んでも主張できない。ただし、併呑しないかぎりは、むしろ朝鮮政府に自由に介入できると福沢は理解している。日本人が「朝鮮に対して万事を控え目にするは、諸外国人の公評いかんとの遠慮」からであろうが、朝鮮を併呑しない限り、いくら介入しても「外国人においても怪しむ者なき……」、と（⑭648f.）。

第二に、当時は、「甲申政変」を通じて関わりのあった改革派の朴泳孝《パクヨンヒョ》、徐光範《ソグァンボン》らが依然として存命であり、少なくとも朝鮮併呑を軽々しく口にできないという外的な事情もあったと思われる。ただし福沢が、日本軍が朝鮮王宮を占領する直前の時期に、清国とともに朝鮮に対しても開戦すべきだと主張していたことは忘れてはならない。福沢は朝鮮の改革が進まないことに業を煮やして、「いずれ非常の決断を要することになるべし」と記したが（⑭472）、その数日後（王宮占領の翌日）には、「支那・朝鮮両国に向かって直ちに戦を開くべし」と呼号した（⑭479＝185）。もし実際に朝鮮と開戦しかつ日本が勝利したとすれば（当然勝利する）、福沢は朝鮮の少なくとも部分的な併呑を直ちに要求したであろう。

第三の要素はより重要である。福沢の慎重な姿勢は、東学農民軍の、つまり下からわき上がる反政府的な義兵闘争の、予想外に大きな力を見せられた結果であろう（次項）。

## ヘゲモニーの掌握

ここで重要なことは、仮に併呑を望まなかったとしても、朝鮮政府に対するヘゲモニー[2]を掌握できれば、併呑するよりも効果的に朝鮮を支配できるということである。その後の三次にわたる「日韓協約」に見るように、朝鮮政府に対するヘゲモニーを掌握すれば、言いかえれば朝鮮政府の有する外交権・内政権を剥奪すれば、日本側は、朝鮮との条約を理由とした第三国の介入を招くことなく、自在に朝鮮の法律・条例・規則を作ることができる。それによって各種行政・司法組織の整備も、軍隊の再編もできる。入会地の国有化・私有化も、日本銀行券の流通も可能になる。鉄道の敷設権も得られれば、商品および資本の輸出も容易になる。さらに日本からの移民も促進され、また、以上の諸政策の結果日本人による土地所有もなし崩しに可能となるであろう。だがそれでいて、朝鮮政府に対してその存立および形式的な主権行使を許すことで、朝鮮国内にいかなる抗日闘争が起ころうとも、独立を侵しているという批判を、併呑に比べて比較的容易かつ有効にかわすことができる。

十九世紀末〜二十世紀初頭、世界各地で領土領有の動きは激しかった（中山 174）。だがアヘン戦争、「インド大農民戦争（セポイの乱）」、「太平天国農民戦争（太平天国の乱）」（井上勝② 108）等の反侵略戦争は、着実に宗主国・侵略者の意識を変えつつあった。だから、かつてのインド支配と同様の仕方で他国を、特に国家として一定の体制と歴史を有する地域を、領土的に支配することは困難でありまた不要とさえ考えられ、むしろ相手国政府に対するヘゲモニーを政治的に握ること、言いかえればその主権を制限して、[3] 国際法上の意味で相手国を「保護国」化すること（もちろん後述のベトナムのように、これが手段となって、その後にその併呑＝領土的支配に至ることがありうるとしても）こそ有効であると、理解され始めていたと思われる（中山175f.,S. 石堂155）。そのようにして八〇年代イギリスはエジプトを、フランスはベトナムを保護国化している（S. ⑨224f., ⑩402, ⑪43）。

福沢はそうした時代の流れをつかんでいたに違いない。日清戦争時、明治政府も福沢も、朝鮮において空前の抵抗力を東学農民軍によって見せつけられた。「東学党のごとき一揆・騒動のために、一国の政府が自ら支うることあたわず」（⑭486）、と福沢は驚きをもって記していた。だから少なくともこれ以降福沢は、東学農民軍を含む各種の抗日闘争の可能性を念頭においた上で、むしろ併呑によって生じうる多方面の困難を自覚し、朝鮮政府に対する政治的ヘゲモニーの掌握を目指したと私は解釈する。福沢は「朝鮮の国土はこれを併呑して事実に益なく……」（⑭437）と記すが、経済的な利益は十分にある。「〔朝鮮の〕土地はすこぶる豊饒にして、物産産出の望みに乏しからず」（⑮393,S. ⑭443＝182, ⑮422）と福沢は書いている。ここで「物産」には地金を含む鉱物資源も入っており、それによる大きな経済的利益を、『通貨論』を始めとする各種経済論説の著者福沢はよく知っている[4]（④550, ⑯331）。また朝鮮は商品市場として大きな価値をもつことをも、福沢はよく心得ている（⑮393f.,S. ⑮96＝226）。

だが問題なのは朝鮮の地政学的な位置であり、したがって朝鮮に対する他国の介入の、そして朝鮮人民の抗日闘争の可能性である。福沢は「〔朝鮮併呑は〕かえって東洋全体の安寧を害するの恐れある……」(⑭437)と記しているが、それは一面では他国の介入可能性を問題にしたものであろう[5]。またこの文を記した論説「土地は併呑すべからず国事は改革すべし」は直前の論説「兵力を用うるの必要」を受けているが、後者では東学についても比較的詳しくふれ、その闘争は「あたかも慢性の内乱にして、一時鎮定の姿を呈するも決して根治にあらざるは……」(⑭435=176)と論じている。なるほど福沢は「乱源」を断つ必要を指摘し、「乱源は〔朝鮮〕政府の失政にある」としているが(同前)、福沢の意図に反して東学農民軍側は日本の介入自体を乱源と見なしているのである(趙163,特に290ff.)。とすれば、東学に対する対処法を福沢は十分に考慮せざるをえない。

日清戦争開戦前、福沢は兵力を武士の双刀だと、つまり刀(兵力)は実際に相手を切るためにではなく、服従させるために腰にさすのだと語っていた(⑭435f.=177)。だが実際は、福沢は抜刀(兵力行使)を容認したばかりか、東学農民軍に対してはそれを当然視した。その抵抗の規模が質量ともに大きかったからではなく、朝鮮政府の要請(本当にあったとしても日本軍が王宮を占領して押しつけた要請にすぎないが)を得ることができたからである。総じて抵抗運動を鎮圧する際、相手国政府の要請ほど好都合な事情はない。これがあれば、第三国の干渉など一切恐れる必要がない。しかも併呑の場合なら、義兵闘争は他国に対してなら熾烈を極めるが、まだしも自国政府に対してなら――特に朝鮮では民乱に対して日本軍が行ったほど徹底した鎮圧=皆殺しはありえないだけに(井上勝②67)――節度がありうる(九四年六月に「和約」が成立したのは、一面では東学農民軍が日本の介入を恐れたからだが、他面では闘争の相手が朝鮮政府だったからである)。

その限り、確かに朝鮮を「併呑して……益なく……」(⑭437)という福沢の判断は正しい。抗日運動鎮圧のための膨大な財政支出を考えれば、なおのことそうである(S.⑧315)。したがって朝鮮併呑ではなく朝鮮政府に対するヘゲモニー掌握、言いかえれば朝鮮の保護国化が、この時期の福沢の目標になったのである。「〔朝鮮の〕独立国の対面をそのもまま存するはしばらく宜しとして、実際はこれを征服したるものと見なし……」(⑮10＝217)という福沢の姿勢は、そうした意図を示している。(6)

ところで、もし一九一〇年の「韓国併合」時まで生きていたとしたら、福沢はそれに対してどのような態度を取ったであろうか。福沢はそれを支持するか、あるいはそれについてなんら論評せずに事実上容認するかの、いずれかの態度をとったであろう。後述するように、事前に批判していた事柄についてさえ、明治政府の決定後は、「官民調和」を重視してそれに和するのが福沢の一般的な傾向だからである。しかも「三国干渉」後は、「西洋流儀をかみくだきてこれを消化し……事を処する」(⑯220)必要に福沢は目ざめた。そして外国の介入および抗日闘争の可能性が小さくなれば、それ自体を理由にして、おのずと「韓国併合」を支持もしくは容認したであろう。(7)

### 朝鮮の変革可能性を日本は奪った

それにしても、朝鮮にとって大きな不幸は、外国(＝日本)の介入によって国内の政治的・経済的その他の変革を非常に急き立てられ、自らの内発的な発展・変革の可能性をほとんど奪われてしまったという事実である。ペリー来航以降、日本でも似たような事態はなかったわけではない（一八五四年、十三代将軍家定がペリーの強圧的とも言える談判に会って、ほとんど訳が分からぬまま「日米和親条約」に署名した場合のように）。だが当時、日本がその後に朝鮮に加えたほどの強圧的かつあからさまな介入は、幸い日本は受けなかった。

けれども朝鮮の場合は決定的に異なる。明治政府はおろか福沢のような「言論人」が、ほとんど一致団結して（ただし少なくとも解党前の一時期を除けば自由党はそうではなかった）朝鮮への不当な介入と覇権の獲得に奔走しようとしたのであるから。その結果、王后まで暗殺され、しかも朝鮮政府は首謀者を治外法権に阻まれて裁くことさえできなかった（後述）。後に福沢は、朝鮮国王が「他国（＝ロシア）の公使館に借り住まいしたるほどの次第」（いわゆる俄《ア》〔＝露〕《ノ》館播遷《グァンパヂョン》）を論じて朝鮮が「国の体をなさず」とあざ笑ったが（⑯ 132）、国王がそこまでして身を案じなければならない状況は、外国の政府、つまり福沢が後おしした日本政府によって作られたのである（木村 260, 265）。そしてこの状況を可能にした、日本が有した治外法権を、福沢は一切問題にすることがなかった。

注

（1）陸奥宗光はこの約二ヶ月後に講和案を策定するが、その際中国東北部について割譲せしむべき地域としてあげたのは、たかだか旅順口と大連湾にすぎなかった（陸奥 165）。福沢の要求がいかに突出していたかが明らかである。

（2）この概念を自覚的に用いたのはグラムシである。グラムシではこれは、政治的支配に対する、市民社会における「知的道徳的指導」という含意で使われているが（竹内 211）、ここでは石堂清倫の解釈を参考にして（石堂155）、他国政府に対する（領土的支配を伴わない）政治的支配を指す概念として用いる。

（3）「世界の共有物を私《わたくし》せしむべからず」という、帝国主義の論理をあからさまに記した論説で福沢は、「独立国に臨むに兵をもってしてその改革を促すとは、取りも直さず他の主権を蹂躙するもの」という批判を紹介しつつも（⑭442＝180）、結局それを一蹴する。後には、朝鮮の改革に関連して「そも〔＝そもそも〕独立国の主権云々の談はしばらくおき……」（⑭456）と記してその主権の制限を当然視し、ついには「主権云々は純然たる独立国に対する議論にして、朝鮮のごとき場合は適用すべからず」（！）とさえ主張するようになる（⑮12＝221）。

（4）福沢は、八六年度に日本で掘り出した銀の量目を一二三貫八八八匁《もんめ》と記しているが（⑫155）、同年度に朝鮮から九八九貫七四八匁（中塚①33）、つまり日本での発掘量の八倍もの地金が輸入されていた事実を、福沢も知っていたであろう。

（5）もちろん介入が問題になる「他国」とは清とロシアである。ここで福沢は三国のうち一国が朝鮮を併呑すれば「強国と強国と直《じき》に境を接して……」と記すが（⑭437）、清はロシアと、また日本とも（この場合は海を介して）すでに境を直接に接していた。それゆえ少なくとも朝鮮が清の柵封国である限り、地政学的に見ても清―朝鮮関係が「東洋全体の安寧」（同前）を害する危険は少なかったのではないか。

（6）福沢は「必ずしも……彼〔＝朝鮮〕をしてわが保護国たらしめんと言うにもあらず」と記すことがある（⑮95＝226）。だが、この言い分は信用できない。あるいは「必ずしも……ない」の意味を文字通りに受け止めるべきか。

（7）一九一〇年、伊藤博文は日韓交渉の最終段階で韓国併合に向けて動くが、それまでは財政負担の大きさ、抵抗運動の高揚を前にして、一貫して保護国化を目指していた（海野200ff.）。あるいはこれは、福沢の見通しに従った行動ではなかったか。

## 「日本の兵は文明の兵にして、人民の私有を略奪するごとき卑劣は犯す者なし」
### ——日本軍＝文明の軍隊という妄信

さて、『時事新報』をはじめとする新聞各紙が、「大本営発表」にもとづき虚偽を連ねて戦争鼓吹へとまい進するとき、残念だが民衆の意識も完全にこれにからめとられざるをえない。福沢は『概略』で人民の気風（世論）を文明の精神として重視したが（④20）、その福沢が「野蛮を文明化する（文野）」と称して『時事新報』紙上であおって作ろうとした気風はいったい何だったろうか。それは中国人の禽獣視（次節）と、日本軍＝文明の軍隊という根拠なき信念である。

日清戦争時、他紙にも多かれ少なかれ見られた傾向かもしれないが、福沢が主催する『時事新報』は、日本軍の敵地占領にあわせて、しばしば「戦利品」（要するに略奪品）の一覧を載せている。戦地にはとうぜん大砲・鉄砲などの戦利品が多いが、それ以外にも金銀塊、韓銭、精米、玄米、雑穀、大麦、高粱《こうりゃん》などが戦利品として紹介されている。時には、戦利品を漫画で描いて見せる場合もある（復刻⑬(5)-(6)、⑭(1)）。大局的な勝利の場合には、それ自体人心を揺さぶるニュースたりえても、日々、そのような目立ったニュースは決して多くない（S.⑭518f.）。それだけに、物欲という人間の情念に訴える戦利品報道は、民衆の意識を戦争とその勝利へと向けて統制・誘導するのに、小さくない役割を果たしたであろう。

そして同様の姿勢は、『時事新報』の「漫言」（口語調、時に落語調で出来事を風刺的に論じたコラムで、社説などでは公然と言い難いことを福沢はここに記すことも多い）にも見ることができる。これまでもその一部を紹介してきたが、代表例は、日清戦争開戦後に掲載された漫言「支那将軍の存命万歳を祈る」である。ここで福沢は、「なにとぞ今度は、北京中の金銀・財宝を掻きさらえて〔＝かっさらって〕、彼《か》〔＝北京〕の官民の別なく、余さずもらさず、かさばらぬものなれば、チャンチャン〔＝中国人〕の着替えまでも引っぱいで持ち帰るこそ、願わしけれ」などと記し、その後に中国の将軍つまり人間をぶんどって見世物にすればもっと儲かるとまで書いている（⑭571＝211ff.）。いや、漫言のみならず社説上でさえ、福沢は土地の占領と同時に「財産・生命を略奪する」ことを当然視していた(1)（⑭575）。

福沢は上記のように、日清戦争の本質は文明と野蛮との戦争、あるいは野蛮を文明化する戦争であると見なしたが、どうやら福沢にとって「文明」とは、「野蛮」国からの各種品々の略奪を意味するようである。だが私有物の略奪は、当時でさえ「文明国民の遵奉する所の戦律」（有賀18）に反すると見なされ、大山巌陸軍大将名でその禁止が軍人に通告されていた（同196ff.）。そして福沢自身、鬼の宝——「おにのだいじにして、しまいおきしもの」——を取りに行った桃太郎は盗っとだと、かつて息子に語ったのではなかったか（⑳70f.）。

ところで別の漫言では、中国兵と東学農民軍が朝鮮人民の家にあがりこみ、米・汁はもちろん、その他もろもろの家財・財産を何から何まで盗んでいると記されている(2)（⑭409f.＝160ff.,S.⑭448）。一方ここには、文明の軍隊である日本軍は、決してこのような野蛮な振る舞いはしないという含みがある。実際、ある社説ではそれを明言している「わが日本の兵は文明の兵にして……人民の私有を略奪するがごとき卑劣は……犯す者なし」（⑮100f.）、と。だが実のところ、朝鮮半島に上陸した日本軍は食糧を一日分しか携帯せず、結局朝鮮人民の物資を略奪することに決したのである（中塚① 230, 杉田編 162)。開戦後に朝鮮政府に結ばせた「大日本大朝鮮両国盟約」には「朝鮮国は日兵の……糧食《ママ》準備のため、及ぶだけ便宜を与うべし」という条項があるが（海野 95)、物資略奪はその二ヶ月も前から始まっていた（朝鮮に特派員を送っていた『時事新報』の社主福沢は、その事実を知っていたであろう）。また従軍した軍夫・兵士の日記からは、彼らが人民の衣服・金その他を盗んでいた事実がわかる（一之瀬 55f.,118,138,st.)。

そうとも知らずに福沢は、以上のような漫言・社説を気楽に草する。日本軍＝「文明の軍隊」[3]（⑭ 666＝245）と妄信する福沢の姿勢は、「旅順虐殺」の際、グロテスクに拡大された姿でまた見られるであろう。

注

(1) 福沢がかいま見せた「お宝願望」の対象は、はるかに広いかもしれない。時には領土そのものが「お宝」として語られているようである（⑩ 179ff.)。

(2) 福沢の期待に反し、農民軍の軍律の厳正さは日本の新聞にも報ぜられていた（朴宗 10)。

(3) 九八年、隈板《わいはん》内閣において与党内の混乱が生じたとき、福沢は軍によるクーデターの可能性を若干危惧したようである（⑯ 411f.)。このとき福沢は、「文明の軍隊」というそれまでの根拠のない思いこみを、事実において撤回せざるをえなかったであろう。本当にクーデターの危機があったのなら、それまで日本軍を「文明の軍隊」と見なして甘やかしてきた福沢にも大きな責任があるはずだが、宮地正人がこの点を考慮しないまま福沢を評価したのは（宮地 195)、少々稚拙ではなかろうか。

## 「チャンチャン」、「豚」、「豚尾」のたれ流し
### ——明治の「ヘイトスピーチ」（差別表現）

この間、福沢が書いた漫言や論説には、眼をおおうべきものがある。それは、中国人・朝鮮人に対する、すさまじい罵詈《ばり》雑言・差別語に満ちている。

前節で紹介した「支那将軍の……」においては、中国人を「チャンチャン」と記していたが（その後も福沢はこれをくり返している）、他に福沢はしばしば中国人を豚のたとえで語る。これは、満州族男性の風習である弁髪を豚の尾になぞらえたことによる。このため中国人を時に「豚尾《とんび》」と呼び、あるいはこれに語を付して「豚尾兵」「豚尾児」「豚尾漢」などと記し、あるいは「豚」そのものを用いて「豚狩り」と、また清国を「豚屋」「豚尾国」などと記している。[1] 前記のように福沢はかつてイギリス人が東洋人を「獣視」すると怒っていたが（⑧65＝13）、日本が一等国になったと思ういま、今度は自ら清国人を獣視するのである。

さらに福沢は、「腐ったような穢《きた》ねえ老爺《じじい》」、「木虱《だに》が移る」、「じじむさく、穢ない」、「生れてこの年にいたるまで、湯に入ったことがないので、身のまわりに変な臭気を放ち」といった差別的な表現を用いている（⑭571＝212）。他に、「孑孑《ぼうふら》」、「豚犬」、「乞食」、「蚤《のみ》の移る」などという言葉を用いる場合もある（以上、ルビは福沢）。福沢は、そのようにして民衆の差別意識に訴えて、中国人を平気で愚弄する。漫言は事態を戯画化して描く内容が多いためこの種の表現をしやすかったのかもし

れないが、日清戦争によって中国が明確に「敵」となった今、にわかにその頻度を増している。

総じて侵略や植民地化は、相手国人を野蛮人扱いし差別視することで促進される傾向があるが（例えば米軍は日本人を「ジャップ」と、ベトナム人を「グーク」「ベトコン」と呼んだ）、福沢はその種の効果を知り抜いていたのであろう。何より日本人が中国人をそうした存在と見るとき、日本人の批判力は曇らされて中国侵略に特別な問題を見出さなくなる。大衆操作はメディアの得意芸である。それが野卑で扇情的な言葉とともに他国人についてなされれば、偏狭なナショナリズム（排外主義《ショービニズム》）が醸成され、それは国民の意識を、他国蹂躙《じゅうりん》を是とする方向へと誘導する。

福沢は社説においてさえこの種の差別語・侮蔑語を使うことがある。中国人・中国兵を称して「豚尾」（⑧439＝87）、「豚尾児」（⑭568, ⑭584＝240、⑮42）、「豚尾奴」（⑭624）、「豚尾兵」（⑮94）、「豚尾兵と名づくる一種の悪獣」（⑮47）、「腐敗・惰弱の豚兵」（⑮64）、「流民乞食」（⑩69）、「乞食流民」「下郎輩」（⑭574）、「腐敗」「孑孑《ぼうふら》」（⑮80, ルビは福沢）、等と記す。

この種の差別視は、殺戮へと走る軍人を作る道具にもなる。日中戦争中の自らの戦争犯罪を語り続ける元皇軍兵士・近藤一は、残虐な「初年兵教育」の実態を伝えているが（初年兵は後ろ手に木にくくられた中国人を、小銃の先に装着された剣で突かされ、また縛られて土下座された中国人の首を上官が切り落とす様を見せられたという）、近藤は、中国人を殺すのに罪の意識を持たなくなったのは、中国人は「チャンコロ」であり、それを殺すのは「豚や鶏を殺すのと同じ［という］意識に変えられていった」からであろうと述懐している（内海56）。他にも、二人の無抵抗の中国人を刺し殺した際も、「たかだかチャンコロを殺したに過ぎない」という意識しかなかった、と語っている（同192）。

前記のように、福沢は日本軍＝文明の軍隊と信じこんでいたようだが、仮にそうだったとしても、福沢が犯し続けたように、こうして中国人を野卑な差別語で罵倒しつづければ、それは民衆＝軍人の意識にも浸潤し、結局彼らは容易に中国人をあやめる殺人鬼に変貌するであろう。福沢は、「整頓して軍律の厳正なる」日本兵と異なり、「支那兵の乱暴無状、白昼店頭に物をかすめ、暗夜樹蔭に婦女を苦しむるがごとき」（⑩69,S.⑮45f.）と揶揄《やゆ》しているが、後述する「旅順虐殺」（九四年）、「台湾割譲」（九五年）に見るように、実はこれが日本軍の現実であったことが、次第に明らかになるであろう。

## 自己批判なき変節

なお福沢は九八年、かつて日本に遼東半島を返還せしめた「三国」の一たるドイツが中国の租借地を拡大する条約を結び始めると（ロシアもまた同様の動きを強め、ほどなく租借権を獲得する）、一時的に中国に同病相憐れむ感情を抱いたようである。中国の惨状は自らが鼓吹した日清戦争によって引き起こされただけに、よけいにその感を強めたと思われる。被害者意識をもつと、人は他の被害者（特にはるかに大きな影響を被った被害者）に対してそうした感情を抱くものである。また清国政府が「わが国に依るの傾向を呈し……」（⑯479）て支那人が「日本人に親しむの心」を持つようになり、清の政治家・張之洞《ちょうしどう》が一五〇人もの留学生を日本に送る予定だということを、福沢は知る（⑯286）。するとすると福沢は、かつてあれだけ中国人を「チャンチャン」「豚」「豚尾」等とののしったにもかかわらず、突然態度を変え、中国人を「因循姑息と目すべからず。いわんやチャンチャン、豚尾漢などと罵詈《ばり》するにおいてをや（＝ましてや……してはならぬ）」、などと語り始めるのである(2)（⑯286）。

もちろん、いわれなき差別視を問題視するのはそれ自体望ましい。だがあくどいまでの差別視を自らくり返してきた事実があるのに、それを、あたかもすべて他人《ひと》事であるかのように語り、己の姿勢についてなんら自己批判することなく――これは他にも見られる福沢の本質的な欠陥である――、つねに自分を批判者として高所に置いたまま変節する姿は、もはや正視に堪えないと言うべきであろう。

ところで福沢はそう記したが、結局本音は隠すことはできない。ほぼ同時期に口述・執筆された『自伝』において、それがはっきりと現れる。福沢はかつての日本藩士の行動について論じ、「今の朝鮮人が金を貪ると何も変わったことはない[3]」（⑦210f.）と、再び朝鮮人について差別的な言辞を吐いた上で、当該箇所に「その卑劣朝鮮人のごとし」という小見出しまでつけている（あるいはそれを是としている）。また、以前、偏見に満ちた中国人像を何ら疑わないまま、「彼《か》〔＝支那〕の国民の骨に徹したる淫欲の余毒」（⑮25,S.⑤472）などと福沢は記していたが、『自伝』では再び、「支那流の磊落《らいらく》〔＝細事へのこだわりのなさ〕を気取って……多妻の罪を犯しながら……」（⑦240）という差別視に舞い戻っている。同じ時期に「一家妻妾《さいしょう》群居の支那流」（⑥523）、「支那流……淫逸《いんいつ》をほしいままにする……」（⑯430）などと書いている以上、中国人に関するこれらの見方は福沢の根絶できない偏見と言わなければならない。そしてその後（九九年）、「義和団戦争」（北清事変）の際、またしても「半死の病人……豚狩り」などという清国人を侮蔑する言葉の出る論説（⑯621）を、石河に命じて書かせている（石河②791f.）。

注

（1）これに呼応して『時事新報』は、紙面の時事漫画でしばしば清国人を豚として描き、またその弁髪をくりかえし嘲笑している（韓70ff.に実例を見ることができる）。これらのうち「豚尾児」は、「豚児」（＝愚息）

にかけたもの。清国人の弁髪と同時に、その「愚かさ」を揶揄する意図が含まれているのであろう。なお、漫言で語られる差別語の出典は、煩瑣になるのでいちいち記さない。

(2) 以上に類する福沢の二枚舌的な態度は、貧民に関しても見られる。「貧苦の下情に通ぜざる者は精神の不具にして……」と晩年に記しているが（⑥432)、福沢はかつてどれだけ貧民を侮辱し、かつその窮状を合理化せんとしたことか。なお「修身要領」には、「〔地球上立国の〕国人は等しく……同類の人間なれば……独り自ら尊大にして他国人を蔑視するは独立自尊の旨に反する……」と記されているが（第二六条、㉑355)、これまた日清戦争後の社会情勢の変化をふまえた建前論にすぎない。だからこそ後述のように、ほぼ同時期に朝鮮人・清国人を蔑視できたのである。とすれば、宮地正人が、従来中国人・朝鮮人に対して福沢が行った罵詈雑言を一切無視して、この文言を「中々興味深い」などと総括したのはお粗末すぎないか（宮地205)。「修身要領」が排外主義を批判しているように見えたとしても、福沢の同時期の論説を見れば――「外人を毛唐・赤ひげなど呼びて、はばからざるものありという……儒教復活の結果……」(⑯646)――、少なくとも福沢自身は欧米人に対する排外主義をしか考慮していなかったであろう。

(3) 実際、金玉均《キムオッキュン》、兪吉濬《ユギルヂュン》をはじめ朝鮮の「改革派」が、福沢との交流を通じて結果的に「金を貪（った）」のが事実だったとしても（⑱643)、それを朝鮮人一般におし広げることはできない。

## 「いまさら前言は戯れのみと放語して、世を欺くこともできず」
### ――旅順事件論評の際、かつての論理が自らに帰る

日清戦争のさなか、「南京大虐殺」の先駆ともいわれる大事件が起きた[1]。朝鮮半島から清軍を追って清領内に入った日本軍が、遼東半島の旅順において、捕虜や、逃げ遅れたあるいは逃げられなかっ

た住民（女性、幼児、老人を含む）を無差別に虐殺した事件である。それは、欧米の従軍記者によって報じられ、国際問題化する。そのため日本政府は非常に苦慮するが（陸奥 120f.）、日本軍に関する自らの不明を知らされた福沢も、別な観点から深く苦慮したのである。

この時はさすがの福沢も非常に歯切れが悪い。当初は、「日本の軍隊は紛れもなく文明の軍隊にして、その敵に対するに寛大にして慈悲心に富める……」というのに、その文明の軍隊がそのような虐殺を犯したなどということは「実に跡形もなき誤報」（⑭ 666＝245）であり、そればかりか「全く形跡もなき虚言」（⑭ 675＝254）であると主張していた。[2] また、無辜《むこ》の市民が犠牲になったというが、仮に市民のように見えたとしても「わが兵の銃剣に斃《たお》れし者は、ことごとくみな支那の兵士なり」、と断定してはばからなかった（⑭ 675＝254）。これは当時日本政府が流布させた言い分だが（陸奥 121, 井上晴 89f.）、それを言論人・福沢は何の検証もないままうのみにして真実と断定したのである（しかも殺された住民の中には女性も子どももいたというのに、福沢はその事実を無視している）。そればかりか福沢は、日本政府と異なり、[3] 事件それ自体がなかったと断言しさえする。そして、「わが軍隊の所行は公明正大、一点の非難を容るべからざるもの」（⑭ 676＝255）という根拠のない信念を披歴した上で、外国人らも次第に説を改めるだろうと結論づけている。

この直前の時期、福沢は、日本人は新聞を籠絡《ろうらく》するために賄賂《わいろ》を用いることはないと論ずると同時に、日清戦争における日本について否定的な記事を掲載する英字新聞を揶揄しながら、誤報を誤報として訂正できずにいる記者の不明さとその心理を語っている（⑭ 584ff.＝240ff.）。もちろん、賄賂云々は完全な誤りである。日本政府はいくつもの通信社・新聞社に堂々と「報酬」を贈っていたし（大谷168ff.）、影響の大きい各種事件が起きたとき――旅順虐殺事件においても次に見る王后暗殺事件においても――、日本政府はやはり多大な「工作費」（工作費には接待費や賄賂が含まれる）を使ったのである[4]（同207f., 247ff., 井上晴72）。また「誤報云々」は、天に唾する形で福沢自身に帰った。旅順虐殺が起こる約二ヶ月前、この新聞論を書いたとき、よもや二流記者への説教が自らに向くとは福沢は想像もしなかったであろう。

それにしても、これほどに現実を見ようとしない「ジャーナリスト」も稀である。以上の事態は、福沢が新聞人としていかに三流であるかをよく示している。直前の時期に福沢は、「およそ新聞の記事・論説は、真理と事実とを重んずるものなり」と記して、記事が事実に基づかないことが暴露されて非難を受け、「初めて自ら前言の非を悟るがごときは、慙死《ざんし》〔＝恥じて死ぬ〕に堪えざる次第なるべし」（⑭329, 杉田編249）と書いていたが、それは自らには、なんの戒めにもならなかったようである。福沢の官民調和（官への追随）路線がこれほど破綻を見せた例もめずらしい[5]。なお福沢は、旅順虐殺を世界に報じた『ワールド』紙の従軍記者クリールマンを激しく逆恨みし、翌九五年一月から二月末にかけて、クリールマンを攻撃する記事をくりかえし『時事新報』に載せている（杉田編356, 復刻⑭(1)）。

注

（1）以下、旅順虐殺、王后暗殺、台湾割譲に関しては、詳しくは杉田編238ff.を参照のこと。

（2）この論説は福沢が立案し、社説記者・石河幹明が執筆したが（石河②754）、岩波版全集に付された編者注が指摘するように、石河記者がいかに福沢の指示に忠実に社説を起草したかは明らかである（⑮631注）。ところでおそらく福沢は、旅順虐殺の事実を知っている。当時の外務次官は福沢の次男の義父・林董《ただす》であり、陸奥宗光（外相）は林に、「日本軍は戦勝後、随分乱暴なる挙動あり、生け捕り〔＝捕虜〕を縛りたるままにて殺害し……婦人まで殺したることも事実なるがごとく……」（大谷205）と伝えているからである。

（3）虐殺自体を日本政府も否定できなかった。日清戦争に従軍し、かつそれが「文明戦争」であることを列強に宣伝する役割を担った（大谷209）国際法学者・有賀長雄も同様である（有賀115ff.）。また類似した虐殺は旅順以前に激戦地となった金州でも（一ノ瀬66-9,114-5）、それ以前の牙山《アサン》でも平壌《ピョンヤン》でも起きていた（井上晴301, 大江238）。

（4）注（2）に記した林董は、外務次官として通信社・新聞社の取りこみ工作に関わっていた（大谷172）。機密に属する事柄である以上限界はあろうが、福沢は日本政府による工作の事実を知っていた可能性がある。なお後に福沢は「黄白《こうはく》の物〔＝賄賂〕」の効用を公然と語るようになる（⑮257f.）。時には外交にとって「機密費」は不可欠だとも主張する（⑯27,S.⑯572）。

（5）その後も福沢は、旅順虐殺を「流説」と言い切っている（⑮545）。これは、虐殺をついに否定できなかった有賀長雄の『日清戦役国際法論』が出された後の言い分である。

## 「出先の者の心得違い」、「野外の遊興」
## ——一国の皇后が殺された未曾有の凶悪事件だというのにか?!

同じ破綻を福沢はくり返す。「日清戦争」は圧倒的に日本の優位で終結を迎え、そして日本は朝鮮半島を支配する権利を得た。と、少なくとも当時の日本の支配層は思った。だが、三国干渉や、朝鮮国王および后《きさき》である明成皇后《ミョンソンファンフ》（ただしこれは死後のおくり名）らによるロシアへの接近に阻まれて、思い通りに朝鮮を支配することができなかった。そこで業を煮やした軍人出身の日本公使・三浦悟郎が、日本軍部の承認の下（後述）、「大陸浪人」と呼ばれた朝鮮支配をねらう壮士と図って――壮士側の首謀者は、以前から福沢と関係の深かった岡本柳之助である（杉田編270）――朝鮮王宮に忍びこんで明成皇后を惨殺し、その後遺体を凌辱し（山辺②226）、かつ裏山で焼き捨てるという「歴史上古今未曾有の凶悪」事件（内田定槌《さだつち》・漢城《ハンソン》領事〔当時〕）を起こしたのである。それは、日清戦争終結後およそ半年がたった九五年十月のことである。

　ここでもまた福沢は激しく狼狽する。当初は未確認情報に惑わされるなと記しながらも、在留日本人が関わったことは事実と知り、こうした挙動は言語道断、罪を許してはならぬと勇ましく記していた。だが驚くべきことに、こういう事件は朝鮮に対する年来の関係からやむをえない部分がある、などという保留をすでにつけている。だから結局福沢は、この事件を追及せんとする姿勢は見せない（⑮304f.＝262ff.）。しかも後に、各種情報がじょじょに伝わるにつれて日本側の不利（三浦らは国王の父親・大院君《テウォングン》をかつぎだして、あたかも朝鮮人による暗殺と見せかけたが、それが思惑通り行かなかった）を知り、福沢はこの事件を、どこでも起こりうるありきたりの事件として処理しようとする姿勢を見せ始める。特に外国人（日本人）の関与を隠して朝鮮の国内的事件に、すなわち対立する一派の復讐劇に矮小化し、日本公使館員等の関与を認める場合でも、出先の――ただし王后暗殺には「出先」だけではなく陸軍も関わっていた（金文235ff.）――不心得事件として処理しようとするのである（⑮313＝268）。しかも後に福沢は、この凶悪事件を西洋の革命といっしょくたに論じており（⑮379）、これは、「出先の者の心得違い」という総括と同様に、王后暗殺事件を何とかもみ消したいという、福沢の姑息なまでの意図をよく示している。

だが福沢の執念はこれに尽きない。この殺害事件のおよそ一ヶ月半後、朝鮮では「春生門《チュンセンムン》事件」とよばれる政争が起きた。これは、親露・親米派が一部外国人と組んで親日派内閣の打倒をはかったとされる事件であるが、福沢はこれを千載一遇の機会として王后暗殺合理化のために利用するのである。つまりこの時殺害された領議政《ヨンウィジョン》（＝首相）・金弘集《キムホンジプ》らが王后を暗殺したのであり、「春生門事件」はこれに対する復讐劇であると。しかも、朝鮮の国情からすれば外国人の乱暴無法もさほど深くとがめるべきではない、朝鮮のような「車夫・馬丁の国」、「糞土の牆《かき》〔＝腐った土の壁、転じて怠け者の巣窟〕」ではありそうなことだ、朝鮮では昨日出した勅令も今日取り消す始末、とすれば王后暗殺も春生門事件も「一時の遊戯……野外の遊興、無益の殺傷として見るべきのみ」（！）、と記すのである（⑮332f.＝273f.）。これではまるで、殺された王后はただの昆虫であり、その殺傷は、笑って放置すべき子どもの遊びのようではないか。

もちろん福沢は、右に言う朝令暮改も、日本公使・三浦悟郎による国王統制の帰結であるという事実を何ら見ようとしない。だから三浦が治外法権に守られて日本政府の管理下におかれ、広島地裁の予審で形式的な取り調べを受けたものの結局——軍関係者が軍法会議において証拠不十分で無罪となったのと同様に——免訴となった時も、福沢は、三浦を含む暗殺関与者についてはもちろん事件そのものについても、一切論評しなかった。[1] 当初福沢は「いやしくも事変〔＝王后暗殺〕に関係した形跡のあるものは、根底よりその罪をただして一歩も仮す〔＝仮借する〕ことなく、前後の始末を明白ならしむるの一事のみ。……この際の処置は、厳密に実際の形跡を取り調べ、関係者をことごとく厳罰に処し……」（⑮ 304f. = 264）と凛々《りり》しく書いていたが、こうしていとも簡単にその矛を収めたのである。

驚くべきものである。だが、万一日本の皇后が外国人一派の手にかかって殺され、遺体を凌辱され焼き捨てられたとしたら、福沢はこうした物分かりの良い総括をしてすますことができるのであろうか。あるいは同国の言論人が「出先の不心得事件」、「一時の遊戯・野外の遊興・無益の殺傷」などと論じたとしても、それを許すことができるのか。そんなことは、とうていありえないであろう。だがそうしたありえない総括を、福沢は朝鮮に対してなら平然と行うのである。[2]これが、日本がすでに四半世紀の長きにわたって最高額紙幣に肖像を掲げてきた「偉人」福沢諭吉である。

なお、福沢は以上のように論評しつつも、なんとかこの凶悪事件が国際問題化しないようにと腐心する。福沢は、殺害された明成皇后がどんなに残虐であったかを記した文章を（弟子であり甲申政変の実行者の一人となった井上角五郎に対する聴取を下に）慶応義塾の弟子に書かせ、そしてそれを慶応義塾の英語教師に翻訳させて、かつて自宅に招いたことのあるコッカリル記者を抱きこんで、アメリカの新聞『ニューヨーク・ヘラルド』紙――これ自体、明治政府の工作費により日本寄りの記事を書くのを常としたし（大谷 253-74）、コッカリル自身もある時期まで同じ線にそって動き、おかげで破格の叙勲まで受けた（同 269-74）――に掲載しようとした（⑱ 693 注，⑱ 713，杉田編 261f.）。もちろん同紙編集部はその掲載を断った。明成皇后が、福沢が言うとおり仮に残虐だったとしても（そこには側室・張尚宮《チャンサングン》殺害の様子が描かれていたというが、これが史実かどうかは確認できない）[3]、それは日本人による王后殺害という未曾有の凶悪事件の本質となんの関係もないからである。またこれにこりずに、福沢はこの時期、「韓山悲話」と題する、かつての「甲申政変」に関する懐古記事を『時事新報』紙上に二十回も連載し（復刻⑮（6））、そこで、政変主謀者に対する王后および朝鮮王室の〈残虐さ〉――もともと福沢が無謀なクーデターを企てなければ問題にする必要のなかった事柄――を浮き立たせんと奔走した。

注

（1）一八九一年に起きた「大津事件」（ロシア皇太子が大津市で日本人警察官に切りつけられた事件）の際、大審院（最高裁）は政府の干渉を排除して死刑判決を退け、司法の「独立」が確保されたと言われているが（S.⑬118）、朝鮮王后暗殺に際して司法の独立が確保されていたとは言えない（山辺② 223ff.,S.金文 268f.）。

（2）福沢は王后暗殺の場合も、見事に「官民調和」原則に従って行動し、かつそれを国民に向けて訴えている。「黙して当局者のなすところを傍観するか、しからざればこれを翼賛し、朝野〔＝官民〕、声を同じうしてともに外に向かうべき……」と（⑮315）。

（3）その中身は、同じ井上角五郎の史料に基づく福地櫻痴《おうち》（源一郎）の『張嬪』（九四年）により、あるていど推測できる。井上自身が、「その〔＝同書に書かれた〕事実は、誠に余が収録の材料その多きに居る《ママ》〔＝拠る?〕」（福地 331＝井上の「序」）と記している。だが、『張嬪』での張尚宮殺害場面の叙述（同 358f.）――これはほとんどが皇后と張尚宮の会話よりなる――は、殺害を史実と確証させる根拠に乏しい。なおこの本は、発行後ほどなくして明治政府によって発売が差し止められた。「王妃《后》陛下の行跡に関し、その収録するところ、捏造に出でたる事柄もこれあり。ことに篇末、張嬪最後云々の一段に至りては、杜撰《ずさん》最も甚しき趣にいたし……」がその理由である（公使館 363）。なお福沢は一般に他の著作者に序文執筆を依頼されても断るのが常だったようだが（⑱627）、井上から『張嬪』出版にあたって序文執筆を求められた時は、「今度はあるいは執筆も致すべく……」と答えている（同前）。

## 「一人も余さず殺戮して醜類を殲《ほろ》ぼすべし」
### ――抵抗する台湾島民は皆殺しにせよ

本章で最後に論ずるのは、日清戦争後の講和条約（九五年四月）によって割譲した台湾に関する一連の論説である。(1) ここで福沢は、おどろおどろしい言葉を用い、ほとんどナチまがいとさえ思えるほどの徹底した台湾人虐殺の必要を訴えている。

「彼ら〔＝兵士外の島民〕のうち、兵器をとって抵抗を試みたる輩は、片端より誅戮《ちゅうりく》〔＝罪人の処刑〕を加うべきは申すまでもなく……」（⑮277＝307）。「いやしくも我に反抗する島民等は、一人も残らず殲滅《せんめつ》〔＝皆殺しに〕して、醜類《しゅうるい》〔＝悪人の仲間〕を尽くし、土地のごときも容赦なく官没して、全島掃討の功を期せざるべからず」（⑮355＝312）。「反抗の形跡を顕わしたる輩は一人も余さず殺戮して、醜類を殲《ほろぼ》すべし」（⑮477）。「土匪〔＝土着の盗賊〕の騒動……本来烏合の草賊輩、これを剿滅《そうめつ》〔＝根だやし〕する〔は〕、はなはだ容易なるに似て……」（⑯333）。

福沢がこうした強硬な姿勢を示すのは、何より日本が台湾を割譲して固有の版図としたからである。だから、旅順の場合のような虐殺（台湾でも「雲林《うんりん》虐殺」を含めて幾多の虐殺が引き起こされた）が外字新聞により問題視されても、今度ばかりはそれを隠ぺいせずに、むしろ殺すは当然と主張する（⑮269f.＝304）。だがやはりそうした論調が、次の虐殺を容認する土壌を作るのである。また福沢が強硬姿勢を示すのは、第二に、国防上重要な戦略的意味（⑭660＝292）をのぞけば、台湾の価値は人民ではなく土地・物産だからである（⑮163＝297f., ⑮265＝300）。それは、経済上のみか経世上も重要である。台湾が経済的に重要なのは、肥沃な大地から十分な農作物を得られると期待されるからであり、また経世上重要だというのは、台湾が、当時目立ちつつあった「貧民問題」（次章）を解決する手段たる――と福沢は理解する――海外渡航・移住の最適の候補地となりうるからである（⑮163＝297, ⑮472f.＝319f.）。こうして、人間がではなく土地が目的である以上、抵抗する人民をすべて境外に放逐せよと、福沢はいとも簡単に迫ることになる。

「土地のごときはことごとくこれを没収して、全島あげて官有地となすの覚悟をもって、大英断を行うべし」（⑮355＝313）。「多少にても叛民を助けたるの証跡を発見したらば、厳重に処分して一歩も仮さず〔＝許さず〕、土地・財産のごとき、悉皆《しっかい》〔＝ことごとく〕没収すべきものなり」（⑮278＝309）。「いやしくも事をほう助しまたは掩蔽《えんぺい》〔＝隠ぺい〕したる疑いがあるものは、容赦なく境外に放逐して、その土地・財産のごとき悉皆没収して、官有に帰せしむべき……」（⑮473＝320f.）。

だが台湾の価値は人民ではなく土地だという言い分は、恐るべきものである。上記のように、それは抵抗する人民を最終的に皆殺しにすることを意味している。「かの文明諸国」が、新領地の人民が不穏のことを企てたとき、一定の土地内に住む者を「男女老若を問わず、一人も残らず殺戮したるの例」をあげて、福沢は皆殺しを合理化しさえする（⑮475f.）。またその脈絡で、「土人」を「狐と思うて打ち〔＝撃ち〕殺（す）」ことがあってもやむを得ないかのように記す（⑮476）。安川寿之輔が言うように、ここにあるのは「殺す側の論理」だけである。「侵略され殺される側への思いや想像力はひとかけらもなく、植民地人民に対する侮蔑と非情、主権の蹂躙は自明の前提であった」（安川

③228)。
福沢はかつて「文明論の概略」を論じた。だが「文明国」が「文明の利器」を用いて空前の野蛮に陥りうる事実を、いったいどのように総括していたのだろうか。前記のように福沢は日本軍＝文明の軍隊と妄信したが、台湾では日本軍はその「文明」らしさをむき出しにした。当時、投降の呼びかけに対して、台湾民主国大将軍・劉永福は、「貴国の軍律厳ならずして、姦淫焚戮《ふんりく》〔＝強姦・放火・残酷な殺害〕いたらざるところなし」、と答えてこれを拒否している（藤村199）。

### 福建省の租借地化

台湾割譲に関連してもう一点追加する。前記のように福沢は、台湾の「土匪」を根絶やしてきないのは、豪族が彼らに兵器・弾薬・食糧を与えているからであり、それゆえ豪族を放逐もしくは殺戮しなければならぬと論じたが（⑮278f.＝309f.）、その後、豪族は対岸（福建省）にいると見なして、同地の一時借用を清国に要求すべきだと主張した（⑯333）。だが福沢は、土地を略取する気はないと弁明しつつも、もし清が要求に応じなければ「やむをえず威力をもって……臨み、求むるところを実にするの外なきのみ」、と明治政府を扇動するのである（⑯335,S.⑯158）。

福沢は福建省を「借用」して、そこで何をせよと言うのであろう。豪族の放逐もしくは殺戮が目的なら、おのずとその地域を「租借地」として統治下におくことになるであろう。だがその場合、しかも特に武力を背景にした場合、ちょうどドイツによる膠州湾占領等の場合と同様に、土地はかなりの長きにわたって半領土化もしくは永久占領される（⑯292,⑯299）恐れがある。[2]

注

(1) この後に書かれた、義和団戦争(北清事変)に関連する論説も問題だが、これについてはわずかだが本章および終章でふれた。

(2) 福沢は八四年十月(甲申政変直前)に「東洋の波蘭《ポーランド》」と題した論説を掲載した。それは清国は遠からずポーランド同様に列強の分割に帰すという見通しを語った論説だが、そこに掲載された「支那帝国分割の図」では、福建省の一部が台湾とともに日本領とされている(⑩ 77,S. 杉田編 292f.)。

# 第六章

# 「地主と小作人（資本主と職工）の関係は極楽世界」

## ――児童労働・労働時間の制限は不要である

日本では、一八七〇~八〇年代に資本主義の「原始的蓄積」期を迎える。それが意味するのは、膨大な土地が一部の特権者の下に集まると同時に、無数の農民・没落士族等が「貧民」となって都市にあふれるということである。いわゆる「社会問題」、つまりこれらの貧民層の処遇をどうするかが、八〇年代以降に時代の深刻な問題となった。

一般に「貧民」には、都市に集まって労働者ないしその予備軍となった人々のみならず、伝統的な家業を営んできた多様な人々（横山23-8）、また土地を失ったあげくに結局小作人にならざるをえなかった農民等が含まれるが、資本主義的な実業・殖産を重視する福沢が他の誰より問題にするのは、前者の労働者（職工）および労働者予備軍である。

## 「狼狽して方向に迷う」文明国
## ——福沢は労働者保護に反対する

福沢は七〇年代末に西欧、特に「先進国」イギリスにおける労働運動の高まりについて記し、日本でも将来に備えるべきことを力説した。前章のように、西洋では階級対立が先鋭化し、「官民ともに狼狽して……方向に迷う」（⑤40）状態にあると福沢は記す。具体的には、欧文文献の引用という形でだが、イギリスのチャーチズム運動（一八三〇~四〇年代の普通選挙権獲得運動）や、フランスその他の社会主義運動があげられている（⑤9）。

だが日本では、七〇年代末にはまだめだった問題は起きていなかった。七~八〇年代に起きた労働争議は、せいぜい年に一〜二件ていどである（原田151）。けれども九〇年には最初の過剰生産恐慌が起きており（加藤文109）、その後労働争議が少しずつ目立ってきた。それが顕著になるのは日清戦争後である。戦争を通じて機械工業が急速に発達し、また戦後に物価（なかでも米価）が高騰したからである（横山357f.）。第二章に記したように、争議は九六年に二〇件、九七年には七六件と一挙に増加した（原田151）。そして争議の急増は明治政府の姿勢を変えた。明治政府は九七年から争議統計を取り始めると同時に、争議自体の根を絶とうと労働立法（労働者保護立法）を企てたのである。すでに前年に開かれた第一回「農商工高等会議」において、児童や女性が過酷な労働に駆り出されている事実が問題にされていた。だがそれに対して、渋沢栄一らの実業界の指導者たちがいっせいに反論を企てたという（隅谷①76）。

そして福沢も彼らとともに、(1) 労働者保護に断固たる反対の立場を表明する。福沢は、海外への移民と娼婦の出稼ぎを奨励しつつ、一方、今後に予想される労働争議・同盟罷業《ストライキ》等に対して、事前に有効な手を打とうとする。それは、日本人の順良な心性ならびに温情的な労使関係を称揚し——実業界指導者もこの点で福沢と同じである（同前）——、労働立法が貧しい労働者およびその家族にもたらしうる「残酷」な結果を強調することであり（後述）、また選別教育によって「貧知者」の発生を抑えると同時に、その教導のために宗教を活用すること（⑯60）である（第二章）。

注

（1）福沢と財界人との関係は深い。例えば日清戦争開戦時に福沢とともに軍資金献納を訴える「報国会」の結成を呼びかけたのは、渋沢栄一、三井八郎衛門、岩崎久弥らの有力財界人であった（⑲720）。岩崎は大学部設置のために慶応義塾に莫大な基金を出しただけではなく（⑱269f.）、以前から福沢家とも深いつながりがあった（⑱33）。そればかりか福沢はかつて、「実業家・富豪家」が選挙人・被選挙人の資格を得て議会に進出できるようにするために、彼らに対し財産分割まで提案した（⑬585f.）。それだけに、日清戦争後、岩崎弥之助を始めとする財界人による政府・政党への影響力が増し、文相・尾崎行雄が金権政治（財界による政治介入）批判を行った際（井上清②59）、福沢は「御用新聞」と同様に、尾崎がその際口をすべらした「共和政治云々」という発言に話をそらして（⑯474f.）、金権政治については何も語らなかった。

## 「地主と小作人の関係甚だ滑らかにして情誼の温かなる、父子のごとし」
## ――福沢は地租軽減に反対する

福沢はかつて、日本人民の、「家に飼いたる痩せ犬のごとく、実に無気無力の鉄面皮と言うべ（き）」性格（③46）を、「一身独立」をはばむ悪癖として、いらだちをもって眺めていた。だが今や、日本人ひいては職工（労働者）のこの性情をむしろ逆用して、福沢にとって望ましい労使関係を創造・維持せんとする。そして福沢は、その範例を地主と小作人との間に見ている。

「その〔＝地主と小作人の〕関係、はなはだ滑《すべ》らかにして情誼の温かなる〔は〕、父子のごと〔し〕」と福沢は記している（⑮582）。そればかりか東北地方その他では、小作人は「地主の催促をも待たず定めの小作料を納めてかつて偽ることなく、耕作の外にも主家の急に走りその家事を助けて……

かの極楽世界とも称すべき地主と小作人との関係……」（⑥134f.）、とさえ記すのである。人間関係は多様である。それにもかかわらず福沢は、一定の契約関係にある地主と小作人をさえ「父子」の比喩で論じ、かつその範疇に囲いこむのである。かつて福沢は『すすめ』で、すべて人間の交際は「他人と他人とのつきあい」であって、「〔この〕つきあいに実の親子の流儀を用いんとするも、また難きにあらずや」（③97）と記していたが、ここではそうした理解をかなぐり捨てている。

### 地主と小作人の関係

当時、小作農の生活は厳しかった。小作料は非常に高く、収穫の半分をとられることもめずらしくなく（横山302）、やむなく各種副業をする小作人も多かった。またその子たちは、都市や他の農村等に出稼ぎに行くのが普通であり、中でも娘は、口べらしのために、賃金を前借《ぜんしゃく》してでも女工にならざるをえなかった（同297ff.）。福沢が言うように、仮に地主と小作人との間に父子のごとき関係が実際に見られたとしても、それは弱い小作人が、米価の下落、肥料代の高騰、小作料の値上げ等のために地主の顔色を伺わなければ生きていけないほどに窮乏していたからであって、両者の関係は断じて「極楽世界」だったのではない。それどころか、ジャーナリスト横山源之助は「地主は強者の位置に立つをもって、その権力は往々威圧もしくは圧政の弊なきにあらず」、と記していた（横山336）。とすれば、「極楽世界」などという言葉をもてあそぶ福沢の提案は、とうていまともでありえない。福沢は松方デフレ政策下での米価下落を踏まえつつも、八四年、農民に対して「転業の工夫」をせよと主張しただけである（⑩103）。ただし転業のためには（例えば水田の桑田《そうでん》への転換）、二、三年はかかるため借金が必要になるが、政府は興業ないし勧業銀行を起すと言っており、それが設立されればば困難はなくなると、いや銀行はできなくても(実際に設立されたのは十三年後の九七年である。しかももっぱら「大地主が長期低利の大口資金を借り受けてこれを農業以外の企業に投じ、または高利で小農民に貸して利さや《ママ》をかせぐのに利用され」たという(井上清②51))ともあれ転業に急いで着手するよう希望する、などと福沢は記すのである(⑩103f.)。

なるほど実際政府がその種の銀行を設置するなら、一般の高利貸しよりもより適正な利率で金を貸すであろう。だが窮乏している農民が、そもそもなぜその種の銀行からさえ抵当をつけて金を借りられるのであろう。そんな方策をとるくらいなら、高利貸しを低利貸しにすべく適正水準の法定利子を設定する方がてっとり早いし、そもそも農民が高利貸し[1]に依存しなくてすむよう地租や小作料を下げる方がまともではないか。政府は農民から地租を取り立てんとするが(小作人は地主に小作料を支払うが、それは結局地租に化けるのである)、しかし払えないからと政府がその農民に銀行を通じて金を貸すなどということは、ばかげている。

## 福沢の地租軽減反対論

こうした姿勢を示す福沢であってみれば、帝国議会で民党が要求した「民力休養」(要するに地租軽減)の動きを当然座視しない。特に民党は地租軽減を軍備拡張費の削減を通じて実現しようとした(加藤文111)から、なおさらである。これを阻むために書かれたのが『地租論』であるが、そこで福沢は、「およそ日本国の歴史に田租《たそ》(=地租)の軽きこと今のごとくなるは、いまだかつてその例を見ず。農民の身として一毫《ごう》の不平もあるべから(ず)」とまで記して、地租軽減に反対を表明している(⑥136)。「何を苦しんでさらにこれを軽減せんと言うか」、と(同前)。

だが、明治期の地租は江戸期に比して「著しく軽減したるもの」[2](⑫115)などという理解は、本質的に間違っている。明治政府はそもそも江戸期を下回らないことを基準に地租を定めたし(松尾2)、また江戸期の生産物地代と異なり明治期の地租は、(一)収穫量に応じてではなく地価に対して取られ、(二)かつそれは米納ではなく金納でなければならなかった以上[3]、明治期の地租と江戸期の地代は、全く異なる制度と言わななければならない(しかも地租が地価との関係で計られれば不作時には地租は増すし、おまけに金納であれば米価下落の影響をもろに受ける)。「お雇い外人」マイエットが、日本農業疲弊の原因としてこの二点をあげた(マイエット226)のは、当然である。

福沢は単に地租が軽いと主張しただけではない。実際には農民は畔《くろ》に大豆・小豆を植えられるし米麦二毛作なら麦も利益になる、畑の小作料は安く麦・雑穀を作れれば綿・繭《まゆ》も作って売れる、薪炭もほとんど無償である等々の事情よりすれば「農民呼吸の余知」があると記して、「農家の生活の簡単なる……その飢えず寒えざるの細事情は……都会の者には想像の及ばざるもの多し」(⑥140)、とまで記すのである。だが仮に大豆・小豆・麦・雑穀・繭を自ら作れたとしても、そのために農民がどれだけの労苦を強いられると福沢は思っているのであろうか。薪炭についても福沢は能天気にも理想郷を夢想しているが、「小繋《こつなぎ》事件」に見るように、明治初年の地租改正に伴う「地所官民有区分」(山林原野官民所有区別処分)を通じて、農民の生活を支えた山林の一部は官有化され、他は近代的所有権の名の下に名主《なぬし》などの特定の個人の所有物に帰し、そのようにして入会権に対する侵食が始まっていたのである（戒能12ff.）。なるほどその進展には地域差も大きかった。しかし八〇年代半ば頃から取り締まりが厳しくなるが、言いかえれば、入会の浸食は当時かなり進行していたと判断できる[4]（川島32ff.）。

問題はこれにつきない。同じお雇い外人フェスカは、その九〇年の著『日本農業論』（福沢が『地租論』で標的にしたのはこの書と思われる）で、日本農業の発達を妨げる最大の障害は地租ではなく小作料の高さであると見なしていた（フェスカ203）。福沢は小作料についても論じてはいる。だが、「その〔＝外国人の〕帰するところは、地租軽減の必要を示すもののごとし」（⑥140）と記して、議論の焦点を地租に向けてしまうのである。だが、問われるべきはやはり小作料である。小作料は、自作農が地租その他の諸税として支払う経費と比べて、八二～九〇年において実に平均して二・四倍に達していたからである[5]（マイエット176f.）。当時、農民が選挙権・被選挙権を得ることは、地主層でもなければ不可能であった。したがって初期議会で衆議院を占めたのは圧倒的に地主層であり、それだけに民党の要求は小作料ではなく、地主層の利益につながる地租に絞られたにすぎない。

実は福沢は、地租以外にも農民に各種の税が課せられている事実を問題視している（⑥129, 特に⑭117f.）。確かにそれは事実であり（色川①346f.）、他の税を問題にする姿勢はよい[6]。だが地租ひいては小作料を俎上にのせなければ、不公平であろう。福沢が各種税金を問題視するのは、それらを排して租税を整理し、ひいては国権拡張のための増税（特に海軍の拡張を意図したそれ）に結びつけるためであり（⑮526f., ⑯230f., ⑯232f.）、またせいぜい、細かな租税を人民に課して「官尊民卑」を強める官を牽《けん》制するためである（⑯436）。だから、骨格となる地租を軽減する気は福沢にはない。要するに福沢にとって大本願は国権拡張であり、軍備拡張はそのために不可欠である。福沢には民生を第一とする考えはない。つまり福沢は「経世」は考えても「済民」は二の次に追いやるのである。

注

(1) 福沢は、当時の高利貸がいかにあくどい商売をしていたかを論じない。だが一年もたたないうちに借金が二・五倍にもなる(色川① 354f.)現実があったからこそ、秩父困民党の蜂起に三〇〇〇人もの農民が結集したのである(井上幸 85)。福沢が把握しているのは一般に年に一、二割(⑯ 662)か三割(⑨ 528)、はなはだしい場合でも年に五、六割の高利のみである(④ 330)。

(2) ただし自らの知識不足をいくらかは自覚していたのか、直後には、江戸期の方が「重からんとは信じがたきが故に、仮に前後軽重なしとする」などと福沢は記している(⑫ 116)。もっともその後はこの注記さえ忘れて、明治期の地租は江戸期より低いと一貫して主張するが(⑫ 548, ⑬ 580, ⑭ 116, ⑯ 228)、それが再調査した上での結論だという指摘はない。

(3) 福沢はもちろんこの相違を知っている(④ 561,563, ⑫ 412f.)。だが自らの結論重視姿勢を貫くために、この相違を不問に付す。

(4) 以前書いたことを忘れたのか自説に都合がよいように無視したのかは不明だが、かつて福沢は入会地が官有化されて農民が難儀している事実に確かにふれていた(⑫ 462)。

(5) 小作料に関しても、政治的判断からか、福沢は主張を変える。二年前には、小作料こそ問題であるかのように記していたのにである(⑫ 549)。

(6) 福沢は江戸期の農民が単に年貢(生産物地代)をとられていただけであるかのように(一方明治以降は各種の税をとられていると)記すが(⑭ 116,S. ⑮ 537f.)、彼らは他に多様かつ過重な労役・負担金を課せられていた（ノーマン83f.）。福沢は以前、江戸期に農民に課せられた「助郷《すけごう》」（人馬の夫役）にふれ（⑫461）、また以後もこれに言及する（⑯250）、が、ここではこれは見事に忘れられ、あるいは無視されている。

## 「資本主と職工との関係も地主と小作人に同じ」——父子のごとき関係に法律はいらない

地主と小作人との「父子のごとき」関係は資本主と職工との関係にも敷衍しうると、福沢は記す（⑮582）。これは、九〇年代に目立ち始めた労働争議、同盟罷業《ストライキ》、およびそれへの対応として明治政府が企てた労働立法に反対するための、福沢の布石である。要するに福沢は、父子間に法律がいらないように、資本主と職工とを法律で律する必要はないと主張するのである。

しかし上記のように、日清戦争後に労働争議、同盟罷工は頻発していた。すでに八〇年代頃から鉱山や工場で自然発生的なストライキが起きていたが（S.小山1）、そうしたストライキは長続きもしなければ、十分な成果もあげられない。それだけに労働組合の結成が焦眉の課題となる。九七年、労働者の組織化を促す「職工義友会」が結成され、一二月には有名な呼びかけ「職工諸君に寄す」が公表されている。翌九八年には「日本鉄道会社」の大規模なストが耳目を集めている（隅谷①95-9）。こうした流れを受け、明治政府も一定の労働法制——職工条例——の制定に向けた動きを加速させることになる。

だが福沢は、同条例は「官辺の書生輩」が企てたものであり欧州の条例の翻訳にすぎないと見なして、その必要性を軽視する戦略をとっている（⑯121）。もちろん、あまりの労働条件の厳しさに明治政府でさえ問題を見ざるをえなくなったからこそ、同条例が検討され始めたのだが、福沢は「雇主と雇人と間柄は西洋の国々における資本主と労働者との関係と同日の談にあらず」と、日本において資本主義的生産関係が主流になりつつあることを否定し、かつ日本の雇用関係においては、主従の観をなしつつも「情愛の自ずから温かなるものある」は地主と小作人との関係を見ても明らかだと、主張するのである（⑯125）。

さて、政府が問題視した項目は多い。九七年に出された日本初の政府報告書『工場および職工に関する通弊一班』（以下『通弊一班』）においては、工場の労働環境、機械装置がもたらす健康被害、労働時間、夜間労働、休息、年齢制限、児童の就学環境の劣悪さ（学校に通う時間がない、就学のための余暇時間がない）、解雇規定、労働災害等が問題として扱われている。奇妙なことにここには賃金問題は扱われていないが、最大の問題は――賃金問題をのぞけば（ただし以下で論究する）――労働時間および児童労働の制限である。だが福沢は、いずれについても法による制限を不要とみなす。

ただし福沢は、単に状況を現状のまま放置することを選んだのではない。この半年後には、従来あった「情誼」は消滅にいたるのは必然的と見て（⑯266）、一定の方策を検討することも忘れない。ストを起させないよう[1]、職工に貯蓄を奨励して事業に投じさせよと福沢は主張するのである（⑯268）。だが、そもそも満足な賃金も手にできない労働者が圧倒的に多いのに（次節）、貯蓄を奨励して資金を事業に投じさせるという提案は荒唐無稽だが（と同時に賃金を人質にとるやり方は策略的でありかつ非情である）、労働条件改善を図る気のない福沢には、結局そのように論ずるしか手立てはなかったのであろう。

注

(1) その福沢の思いは強い。日本中の資本主を震撼させた日本鉄道会社のストの際、建前論を書いてしまったために(⑯267)、悪影響を懸念せざるを得なくなり、裏では、社説記者・石河幹明らに、「同盟罷工決して恕《じょ》す〔=許す〕べからず。……かりそめにも世間の青年・書生にならい、罷工を見て称快〔=称賛〕の愚をなさざるようご注意くださるべく……」と指示している(⑱823)。

## 「昼夜を徹して器械の運転を中止することなきと、賃金の安きと」
### ——日本経済の絶対的有利

前記のように福沢は日本人の「順良さ」を称揚した。「わが日本国人が特に商工事業に適して他《ママ》の得て〔=とても〕争うべからざる次第を述べんに……性質順良にしてよく長上〔=上司〕の命に服し」云々、と(⑥170,S.⑭285)。つまり日本の労働者は、どんなに低賃金であろうとそれに対する不満も持ち出さず、二交代勤務制の導入という厳しい労働強化が図られても、それにも不服を言わずに黙々と従うという事実を、福沢は称賛の気持ちを抱きつつ眺める。「昼夜を徹して器械の運転を中止することなきと……賃金の安き」(⑥176) ——これは福沢にとって、西洋には見られない、日本資本主義にとって決定的に有利な好条件である。

昼夜の二交代制は八三年に大阪紡績会社が始めたという(細井120)。夜間に機械を止めておくのでは非効率と見なし、一日一二時間交代制を導入した（同社は、福沢と親しい渋沢栄一の創業による）。そしてこれが一般に広がった。夜業は午後六時から午前六時までだが、午前二時〜三時頃にひどい睡魔が労働者を襲う。そのために「夜間の生産高は、昼間と比して一割半ないし二割を減ず」という（横山189）。だがそれでも、福沢があからさまに記すように、「昼夜を徹して器械の運転を中止することなき」によって、全体として利潤を最大化できるのである。こうした非人間的な労働を、福沢はいとも簡単に合理化する、

そして「賃金の安き」もまた、福沢にとって賞賛の的である（⑭285）。『実業論』によれば、九二年一二月段階で、紡績職工の賃金は男女平均して一日一六銭五厘であったという（⑥177）。職工には独身者も含まれていようから、家族持ちの賃金はもう少し高かったはずだが、横山源之助が九六年の情報として記しているように、「一日一人につき七銭あらざれば生活する能わず」（横山131）というのが実態だとするなら、家族持ち（例えば四人家族）にとってはこの賃金ではほとんど満足に食べていけないことになる。なお九七年における大阪の紡績職工一万二〇〇〇人について見ると、当時でさえ、日給三〇銭以上はわずか三八七人にすぎず、一万人は日給一七銭以下だったという[1]（松尾5f.）。

欧米と比較したとき、賃金水準はどの程度なのだろうか。『実業論』で福沢は、紡績職工の場合、ニューヨークの「最低賃金[2]」さえ「日本の八倍以上、英国は同十倍以上、また最低廉なるイタリアにても日本の五倍余に当たる」と記しているが（⑥177）、その結論として福沢は賃上げをではなく、「英国と競争して必ずしも遅れを取らずとの立言も、空想にあらざるを証すべし」などと論じてすます

のである（同前）。だが、日本と欧米諸国では生活コストに差はあるとはいえ、それだけ日本の労働者の賃金が低いという事実は、これを上げることができるということを意味している。賃金差が五〜十倍もあれば、仮に賃金を二倍に引き上げたとしても、十分に「競争」に勝てるであろう。

注

（1）九六年の米価比は八七年の九九（基準年は不明）に対して一八九——福沢が使った資料では一九四（⑮605f.）［杉田の計算による］——であったが、九八年には二九一にも上がっている（横山357f.）。とすると、九六年時点で一人一日七銭必要だった生活費は、九八年以降はゆうに一〇銭を超えていたであろう。それにもかかわらず福沢は、九九年に、車夫や職工を始めとする貧民について、驚くべきことに、「労働少なくして報酬多く、飽食暖衣……」と記している（⑯556）。なお、米価が上がれば農民の収入は増えるが、すでに八〇年代にはデフレ政策を通じ、地租あるいは小作料の払えない中小自作農・小作農は、土地を失いあるいは農村から追い立てられて、都市の貧民街に移っていたのである（野呂42f.）。九〇年代には生産指数は飛躍的に伸び、指標とされる十二部門の平均でも約三倍に、綿糸では六倍にもなっている（隅谷①67）。それに伴って、都市貧民層がかなりの割合で拡大したと判断できる。また九一年から一二年間に、全農家戸数は七〇％から六四％に減ったというが（井上清②48）、福沢があげている九一年段階の人口（⑮348）を下に計算すると、大まかに見て一七〇万人を超える人が都市に集まった計算になる（ただし戸数が不明のため便宜的に人口で計算した）。

（2）ここで「最低賃金」は最低賃金制下の用語ではなく、単に最低の賃金という意味であろうが、フランスでは第二インターナショナル成立（八九年）後数年の間、メーデーにおいて八時間労働制とともに「最低賃金制」の要求が出されていたし（藤本16）、九六年には、オーストラリア・ヴィクトリア州で、非常に先進的な「最低賃金制」が導入されている（同9f.）。福沢はそれをどれだけ考慮したか。

## 「妻子とともに空腹を忍ぶの外なし」
## ――労働時間の制限は無用である

### 過酷な労働時間

福沢は労働時間の制限を無用と見なす。前節で賃金の低さにふれたが、もし労働時間が制限されれば賃金はさらに下がり、「妻子とともに手をむなしゅうして、空腹を忍ぶの外なし」(⑮587)と、福沢は主張する。なぜなら、十時間、十二時間もの労働は他の強迫によるのではなく、「みずから喜んで従事する」のであって、それは妻子を養うために必要だからである(だがこうした事態はふつう経済的強制の結果と言うのである)、もし法律で労働時間を八時間に制限するなら賃金は低下し、彼らを飢えさせるだけである、と。

横山によれば、当時男工の労働時間は一〇時間とのことだが、実際にその労働で生活がまかなえないため残業につくのが一般的であり(現在の日本でも同じ)、そのため結局彼らが手にするのは、「十三、四時間ないし十六、七時間の労働に服してかろうじて得るところの賃金のみ」である(横山252)。鉄工の場合、休暇は月二回が通例だったというが(同253)、いずれにせよ過度の労働に服さざるを得ないことになる。『通弊一班』では、労働日の休憩時間は十~十二時間労働の場合に三〇分ていどとされているが、紡績、製糸工場ではその間機械を止めないために、わずか五分の休憩ですぐ操業する場合があると指摘されている(隅谷② 55)。とすれば労働時間の制限は要求されて当然であろう。

だが福沢は、こうした当然の要求さえ断固として退ける。(1) 福沢には、横山源之助が有するような、「下積みのひとびと、はたらくひとびとが人間らしく解放されること」(立花402)を願うそれ自体人間的な姿勢が欠けている。経済学を学んだ福沢はミルを知っているはずだが、しかし福沢は、自由時間(leasure)が人間にとって決定的に重要であり人権の基礎でさえあるとするミルの主張(ミル②182, 池上74)から、何も学んでいない。

## 「女工」の場合

福沢には特に「女工」を論じた論説はないようだが、当時、女工の数は非常に増えていた。九〇年頃、三五万人におよぶ工場労働者のうち三分の二は「製糸・紡績などに働く女子労働者であった」というが、そのうち紡績業にかかわる女工は八三年以来導入された深夜業(前述)によって二交代制で働き、一二~一五時間もの労働を強いられたのである(加藤文108)。賃金は、渋沢栄一の大阪紡績会社では日給一〇~二〇銭のものが最も多く、年齢は一五~二〇歳が最多で、時には一五歳未満、はなはだしい場合には七、八歳の女児すら見られたという(同126)。福沢は「生糸商売」をくり返し論じたが(t.⑬541ff.,544ff.)、そこで働く「女工」についてはついに語らなかった。(2)

女工たちの労働条件は極めて劣悪であった。深夜業でなくとも労働は厳しく、未明より夜の十時までの労働が通例であったというが(横山115)、工場によっては「十一時まで夜業せしむるところあり、あるいは〔朝〕四時頃より起きて働かしむるところあ(り)」、と報告されている(同116)。だから、こんな歌がはやるのは当然である。「ねぼけまなこで　朝の五時から弁当箱さげて／工場通い

のいぢらしさ　娘ざかりを塵《ごみ》の中／晩にゃ死んだよになって寝る」。そしてこの歌は、工場の驚くべき実態を伝えている。「死んでしまおか　甘い言葉につい欺《だま》されて／来てみりゃ現世の生地獄　出たくも出られぬ鬼ヶ淵（鐘ヶ淵にかける）／どうせ生かしちゃ帰すまい」（大久保209f.）。この歌の舞台は、二〇〇八年まで「カネボウ」の名で存続した「鐘ヶ淵紡績」の工場である。この工場では、「工女の逃亡を防ぐための鉄格子がはめてあ（った）」という（同209）。

ひょっとすると福沢も、一定ていど職工・女工の現実を見ていたのかもしれない。「実業界の機誌的役割を担っていた[3]」（隅谷②6）と言われる『時事新報』もまた、争議の頻発した時期に「工場巡視記」なる記事を連載している（復刻⑯(5)-(6)）。もちろんこれは「政府の……動きに対応ないし対抗するためのもの」（隅谷②7）である。多くは資本主側の言い分を伝え、資本主に案内された記者が工場内の実情を見聞・報告し、最終的に現状を追認するものとなっている。なるほど職工や女工の言い分を載せる場合もあるが、議論は瑣末に流れている。おのずと現状のひどさをかいま見させる記事もあるが、特派員の最終結論に影響を及ぼすものにはなっていない。なおこの三三回にわたる連載記事（九七年九月～十一月）の後、『時事新報』は何ら関連社説を載せていないが、福沢は「職工条例」反対という姿勢はこの連載記事によって十分に後おしされた、と判断したのであろう。

### 福沢の人権論と所有権

福沢がかく労働時間の短縮を否定すると同時に、賃金の多寡に関する何らの議論も行わずにすませるとき、それは、権理通義（権利、人権）の発想がいかに借り物であり、福沢がその本質を理解していなかったことを、よく示している。福沢にとって権理通義は「生命・財産・名誉」であったが、福沢が「財産」（これが不適切に響くなら、生存手段あるいは所有物と言えばよい）を保障する道筋を満足に考えなかった事実を、ここで問題にしなければならない。

あらゆる人権について言えることだが、いかに権利を声高に叫んだとしても、それを有り様（現実）における権利侵害に対する批判的・是正的原理として機能させない場合、それは権利擁護の言説とみなすことはできない。官憲に礼状なしに逮捕されずまた拷問を受けない権利は、極めて重要な人身上の権利である。だが人がいかにそれを主張しようとも、（日本で一九三〇年代に見られたように）いとも簡単に官憲が容疑者を逮捕して拘束下におくのみならず、彼を拷問にかけて自白を迫るとき、それに何ら異議申し立てをしないならば、それは人身の自由を人権として擁護したことにはならない。抽象的な原則として人身の自由を語ることくらい、特高の高官でさえできる。

注

（1）福沢は職工の働きぶりについてふれ、「職工等の平生はしごく懶怠《らんたい》〔＝怠惰〕なるもの」（⑮48）と記す。そして軍需産業なら、ふだん職工が九時間働くところを一八時間働かせられるし、それがだめでも所定内時間の労働強化を図れば、「その働きを倍するは事実に争うべからず」（⑮49）とまで主張する。

（2）福沢の「女工」に対する無関心は、次章で論じる女性の労働権への無関心と通底する。女性が「一身独立」を実現するためには——知恵におけると同時に——財における独立（経済的な独立）が不可欠だが（③43）、そうだとすればおのずと、当時の状況下でそれを可能とする労働環境はいかなるものかが問われなければならないはずだが、しかし福沢はそうした不可欠的な問いを一蹴する。

（3）福沢自身それを認めている。『時事新報』は「大いに富豪をひいきするものにして……」（⑬142）と、福沢は記す。そもそも、「文明世界に国して……内の貧富の不平均などは我輩これを言うに暇あらず。富豪のますます富を増してその数のますます大からんことを祈る……」（⑬512,S.⑬596）というのが福沢の基本姿勢である。

## 「たとい工場に行かざるも、とうてい就学の見込みはあるべからず」
### ——福沢は児童労働の制限も不要とみなす

政府によって労働時間の制限と同時に検討されたのは、児童労働の制限である。上述のように、紡績業などに非常に若い「女工」が見られたが、若年労働者が特に多かったのはマッチ工場であるという。マルクスは、イギリスのマッチ工場において子どもが置かれた劣悪な労働条件を論じていたが（マルクス321）、日本でも事情は同じだったようである。

女工の場合は単に他の工場に比べて「細民の児女〔が〕多（い）」のみならず、[1]「職工に幼年者を見るは燐寸《マッチ》工場なりとす。職工の過半は十歳より十四、五歳の児童なり、中には八歳なるもあり、甚だしきは六、七歳なるも見ること多し」、と横山は記す（横山162）。この点は『通弊一班』の記述と一致する（隅谷②56）。ところで児童労働に関して福沢があげているのは、他ならぬこのマッチ工場の場合である。福沢はマッチ工場を子どもにふさわしいと見なし、「女《母》・子供に収容《ママ》して業を与うれば、些少ながらも一定の賃金を得て……喜んで業につくもの多しという」と、何ら批判的な論評なしに記している(⑮588)。要するに福沢は、労働時間の短縮のみか児童労働の制限をさえ認めようとしない。

明治政府が児童労働を制限しようとする背景には、いろいろな意図があったものと思われる。『通弊一班』を見る限り、児童の就学率の向上（これは一面では小臣民をつくるための配慮であろう）と児童の身体・精神の保護が最大の意図と思われる。福沢は年齢を制限して、「十何歳以下の児童は職工として雇い入るることを禁ぜんとするがごとき、一つには教育の時機を誤らざらしめ、また一つには幼者の身体を保護するの精神にで出でたるものならん……」（⑯124）と記しているが、後者についてはごく簡単にすませ、議論を主に前者にしぼる。ここには、福沢が最も危険とみなす「貧知者」の教育を阻もうとする福沢の姿勢が表れている。福沢は右にひきつづいて、「この種の児童はたとい工場に行かざるも、とうてい就学の見込みはあるべからず」（同前）、と論じている。要するに貧民児童は、工場労働を免除されたとしても「就学の見込み」はないと切り捨てるのである。[2]

その理由づけのひどさに、私は唖然とする。実際には、なるほどかなりの長時間を工場での労働に費やす結果になり、そのために学校にも通えない児童がいたのは事実だとしても、「半日学校に行き、半日工場に勤むるを得（る）」子どもも確かにいたのである（隅谷②56）。一面で福沢は、時間があっても授業料を払えない貧民の子は学校に通えないと言わんとしているのかもしれないが、それなら授業料を無償にする（あるいはせめて減額する）方向で改善をはかることはできるのである。「天は人の上に……」が本物の主張なら、おのずとそうせざるを得ないはずである。だが福沢は、「貧知者」を生まないために、授業料を無償にするどころか貧民が払えないようそれを高くせよ、と主張した（第二章）。こうして、貧民の児童が「貧知者」に成長することを妨げ、一方で彼らを低賃金で思うままに働かせることで最大限利潤を上げるためには、児童労働を従来どおり維持させることが一石二鳥であると福沢は考える。ここには、財界の御用番としての福沢の面目躍如たるものがある。

なお福沢は、職工の募集要領に記された文字を真に受けて（というよりおそらく真実であるという期待をこめて）、「工場によりては少年の職工のために教師を雇い入れて教育を授くる所さえなきにあらず」と能天気に記す（⑯126）。だが『通弊一班』には、「幼年徒弟または幼年職工に就学の時間を与うるの制なき」という現状が記されているし（隅谷②56）、横山源之助は大阪および一部東京の綿糸紡績業について「工場に職工教育なし」と断定している（横山216）。なお横山は「大阪私立教育会」による調査を下に論じているが（同209）、実は福沢は学校関係者として、少なくとも東京市下についてはあるていど事情を知っていたに違いない。なのに福沢は、自らの基本認識の過ちを認めることはない。

注

（1）他に比べてマッチ工場には細民が多かったという。それは、マッチ工場内には「燐毒」が充満しているからだという（マルクス321）。

（2）福沢は自ら資本主として子どもを『時事新報』発行のために雇っていた（⑳399f.）。福沢が執拗に児童の労働時間制限に反対した一半の理由はこれであろう。

## 「無数の貧民をその地に移して耕作に従事せしむる」
### ――貧民は朝鮮・台湾に移民させよ、中国も無限の広野

### 各種経験・社会改良への無関心

では、賃上げを拒否し労働時間の制限も不要と見なす福沢にとって、職工の労働条件改善ひいては「社会問題」解決のために、どのような対策がありうるのか。また職工のみならず、職人、小作人、都市の各種就業者を含むいわゆる広義の「貧民」に対し、福沢はどのような態度をとるのか。

「社会問題」解決のために求められる対策について言えば、ドイツで発達した各種労働保険や、日本の労働者による相互扶助組織等を通じた助け合いの経験が知られている。けれども福沢がそれらを検討する姿勢を見せることは、ほとんどない。福沢はかつて火災、水難、凶作、死亡の場合の保険を論じたことはあるが（④354ff.)、労働保険はそこに入らない。明治政府においては「社会問題」改善のための一定の提案は出されていた。その例として取りあげるべきは、林董《ただす》・兵庫県知事（第五章に記したとおり、林は福沢の次男の義父である）による公共事業計画の提案であろうか。福沢は林の名をあげてそれを紹介しかつ支持しているが（⑫447f.)、それを福沢が持論として発展させた形跡はない。

なるほど日清戦争終結の年、天候不順によって米価が高騰する可能性が濃厚になった時、富豪に向かって倹約に走るなと論じつつ、「社会の仕事を多くする」ために一時的に「公共の事業」を起こす必要に一言言及している(⑮274)。しかしこれの恒常化・制度化を福沢が提案することはない。福沢にとっ

て「貧知者」を生まないことが重要であって、そのためには、「移民」政策こそ最重視されなければならないからである（次項）。だから、福沢は――例えばニカラグア運河の土木工事のために貧民を移住させよと主張はするが（⑫628f.）――、別の事情から横浜港の築港のために土木工事の必要を主張しても、それを貧民救済に役立てようと論じることはない（⑫633f.）。

福沢はいわゆる「救貧」には関心がない。これはイギリスの事例を紹介した『西洋事情外編』（①438-40）以来の姿勢である（③121, ④126f.）。それどころか九〇年初頭の関連論説では、救貧は（ただしここでは慈善家によるそれ）「遊民をしてますます遊惰に流れしむるにすぎざるべし」と反対を表明している[1]（⑫444）。だが福沢が批判するイギリスでは、例えばグラスゴー市が都市計画を通じて貧民街を改善した事実などが知られている。グラスゴーでは貧民長屋を公設にし、労働者の家賃は賃金の五分の一を標準にすることで、彼らに住宅を提供している。水道を市有にして水の料金を下げ、下水の改良を通じて肥料を生み、塵埃《じんあい》を焼いて電力にする等の努力を通じて、貧民の食住環境の改善を図ったという（片山191）。これは一例だが、貧民街の改善の努力はイギリスなどには連綿としてあったのである（星野74f.）。だがこうした社会改良の努力から、福沢は満足に学ばない。なるほど福沢も衛生法の必要は認めている（t.⑧370, ⑫462）。けれども福沢がこれを貧民問題と関連させることはない。

### 貧民の海外移住――富豪のための「除害」

先に職工以外に、職人、小作人、都市の各種就業者を、広義の「貧民」と呼んだ。「都市の各種就業者」には、「内職仕事、職人の下に使役せられる日傭《ひよう》稼ぎ〔＝日雇い人〕・人足・車夫・車力《しゃりき》」、その他おびただしい人々が含まれる（横山24）。しばしば福沢は、「車夫人足」「車夫馬丁」「車夫雲助《くもすけ》」等と彼らを（あるいはこれらの言葉を使って朝鮮人などをも）侮蔑するが、彼らが当時の東京にあって多くの市民生活を支えていたのである。これら「貧民」は、資本制経済発展の結果、必然的に生まれる労働者群（職工）とはおのずと異なっている。だが全般的な資本主義経済への助走とともに、例えば職人層もまた「問屋資本の支配のもとに次第に賃労働化して」いかざるをえない（山崎五21）。

さて福沢はこれらの「貧民」を特に念頭におきつつ、しばしば彼らの海外移住――それによる「除害」（⑬26）――を提案する。福沢はすでに八〇年代から、北海道はもちろん（⑧421）、中国その他諸外国への人民の移住を提言していた（t.⑩45f.）。九〇年代前半には、国内・国際政治に関わる戦略的な意味をこめて移民を説いている。そもそも福沢は、「富豪の輩が、今日なおいまだ〔不平・不満に基づく〕事端の発せざるに先だちて、これを予防するは……国家の安寧を維持（する）……ものと言うべし」（⑬99）と記し、その方法として福沢は宗教奨励や「教育の過度」を防ぐこと（第二章）と同時に、貧民の国内外への移住の必要を力説するのである（⑬99-103）。「貧民の数を沙汰して〔＝定めて〕内地を寛にするは、富豪のために最も安全の策なり……近く北海道に未開の沃野あり、南北アメリカ、南洋の諸島、わが国民の移住に適するもの、はなはだ少なからざれば……」（⑬103）云々。[2] また福沢は、国内の熱（国会での民党と政府との激しい対立）を外に漏らすために「朝鮮政略」の必要を説き、朝鮮の咸鏡道《ハムギョンド》に「無数の貧民を……移して耕作に従事せしむる」必要を論じていた（⑬417＝36）。

その後、日清戦争勝利後に日本が台湾を領有すると、福沢は過剰な貧民の移住について改めて語り始める。前章で台湾政策を論じる際にふれたが、福沢は台湾領有の目的は土地であって人ではないと何度も力説していた。その意味は、一面では肥沃な（と福沢は解する）台湾を各種食料の供給地とすることだが、他面では日本の増えすぎた人口（貧民）をその地へと移住させることである。福沢は、人口は毎年五〇万人増え、今後一〇年間で五〇〇万人増える計算になると記す。そして「内にあふるる人口を外に移すは経世上の必要にして、ことに最も稠密《ちゅうみつ》なる〔＝人口の密集した〕九州辺より〔台湾に〕移住するは、はなはだ便利……」と、地名さえあげて論じている（⑮ 163＝297）。そしてその後は、安南（ベトナム）、タイまで名指しされるようになる（⑮ 351f.）。

## 海外移住の困難

福沢は、「日に飢寒の迫るを待つ」人民に向かって、「奮いて高翔を試みるこそ男子の事……」（⑨ 526）、「他国に移住すれば……栄達を致す」（⑨ 459）とけしかけるが、移住が人民にいかに多くの労苦を強いようが無関心である。渡航にあたってまとまった資金が必要である。それがなければ、移民は借金を背負うことになる。しかも海外の全く不慣れな地域で新しい生活を始めることが、そもそも困難である。渡航費以上の経費が当然必要になる。渡航先で言葉は容易に通じず制度も異なるため、移民はどれだけ苦労を強いられるだろうか。同胞で集団移住したとしても、他民族の中で（特に日雇いなどしか仕事がなければ）多くの差別を受けざるをえない。ふつう移民は、単に日雇いとして働くのではなく入植をめざす。だがそれもまたしばしば困難である。仮に入植できたとしても、土地が十分に農耕に適しているかどうかは容易にわからない。気候が合わなければ、農作業はおろか最低の生活さえ難しいものとなろう（高橋 43-5）。だいいちそれまで都市のスラムでしか生きてこなかった「貧民」が、なぜ急に農作業を生業《なりわい》とすることができると福沢は考えるのであろう。「貧民を……移して耕作に従事せしむる」(⑬417＝36)という福沢のもくろみは、机上の空論である。

福沢が日清戦争開戦時に「報国会」を組織したことは先にふれた。その目的は軍資を集めることだが(⑲720)、そこに福沢は一万円という全国で第二位の巨額の義捐金《ぎえん》を拠出している。当時の一万円は米価で比較する限り今日の一億円に達すると思われるが、それだけの金をポンと出せる人物が、「貧民」の生活実態をどれだけ理解できるのであろう。福沢がいかに貧民のことがわかっていないかは、特筆する必要がある。例えば日清戦争中に起きた「旅順虐殺」を合理化する際にも、台湾割譲後の台湾島民の抵抗を駆逐せよと主張する際にも(第五章)、その無知は如実に現れていた。日本軍が来るとわかればすぐにでも旅順を逃げ出せる(⑭668＝247f.)、日本への割譲後、法の厳重な執行がいやなら台湾島民はおのずから退去する(⑮163＝297)、などと福沢は気楽に記すが、金持ちにはいくらでもできるそうした対応を、貧民は貧民であることによってなしえないのである。

### 貧民に関する無理解

旅順が日本軍によって攻略された後、荒野に投げ出された貧民がどうやって生きていけるであろう。日本軍が迫った旅順で逃げまどう母娘四人(うち二人は幼い)の写真が残されているが(井上晴214f.)、彼女らは重い夜着をかついで(厳冬期が迫ったこの時期、これがなければ生きていけない)道でたたずむしかないのである。夜着が雨や雪でぬれれば、彼女らは翌日は寝ることもできずに体を衰弱させるだろう。幸いぬれなかったとしても、この重い荷物をどこまで抱えて行けるのだろう(3)。台湾島民も同じである。台湾は熱帯に近かったとしても、島民が島を抜けて大陸に渡った後（だいいちどうやって貧民に海が越えられるのか）、行きつく場所は都市のスラムしかないのである。そこで（時にはバラックで）、言葉も通じないままその日暮らしをせざるをえないが、その地域で彼らが差別も受けずに口を糊していけると、本当に福沢は考えているのだろうか。

日本の貧民も全く同じ状況にある。旅順以上に寒い朝鮮の咸鏡道で、どうやって貧民が実際に生きていけるのか。上記のように、スラムの住人だった貧民にとって、経験などないに等しい農業に関わることは容易ではない。福沢は富豪に拠金を呼びかけたり（⑬103）、政府に対し移民の渡航費を免除するよう提案したりもする（⑮372）。もちろん一定の資金が入る、あるいは渡航費が無賃になればそれに越したことはない。だがそれでは、苦労がいかほどか減るだけのことにすぎない。重要なのは貧民を海外に移すこと（それは問題解決の放棄にすぎない）ではない。そうではなく、幸徳秋水が主張したように、貧民問題は「経済組織と社会組織」の改良（幸徳98）——他に政治組織の改良も不可欠である——によって解決するしかないのである。

## 朝鮮人に累を及ぼす

以上に日本人移民の困難にふれたが、同時に日本人移民によって困難に陥《おとしい》れられるかもしれない他国人（特に朝鮮人）のことも記憶しなければ均衡を欠く。実際移民の歴史において、悪意のない善良な移民ももちろんいたであろうが、朝鮮のように政治的ヘゲモニーを日本政府が握っていた場合には、一旗あげようと移住した日本移民が他国人に加える思い上がった対応をこそ、むしろ問わなければならない（備仲 169ff., 高崎 38f.)。

また福沢の場合、移民論の背後に強い政治的な意図が隠されている可能性も、考慮する必要がある。福沢は晩年、対韓策として「なるべく多数の日本人をかの内地に移して、朝鮮人と雑居せしむる」必要があると論じた。これは「目下外交上の喫緊事」であると言うのに、また影響力の点からすれば漢城《ハンソン》への移住こそ効果的であるのに、奇妙なことに福沢は、移住地の候補として朝鮮の三南《サンナム》地方（全羅・忠清・慶尚）をあげていた（⑯ 330）。ここは朝鮮の穀倉地帯であり、東学《トンハク》の影響力が強かった地域である点を考慮したのであろうか。また朝鮮人との雑居はあくまで「外交上の喫緊事」と福沢は言うが、その基本条件たる治外法権の撤廃さえ語らないまま穀倉地帯で雑居を進めれば、それは、同地帯の土地を奪って――在韓日本人の半分は高利貸を通じて土地収奪に関わったという（高崎 8）――朝鮮政府の税源を掌握する試みに等しいように思われる。かつて福沢は日本での「内地雑居」と治外法権についてくり返し論じたが（⑨ 541ff., ⑪ 10,123ff.,st.）、朝鮮については雑居に伴って生じうる問題を考えることさえない。

注

（1）救貧法に反対する点でも、福沢は優生学者・ゴールトン（第二章）と同じ立場に立つ。

（2）福沢は気楽に「南北アメリカ」などと記すが、一方で例えば南米ペルーについて「ほとんど無政府の姿を呈し、例えばその常備兵というべき者にても実は日雇いの無頼漢にして……」と書いている（⑬ 424）。私は、自ら（富豪）の安寧のために貧民をそうした地域に駆り立てる福沢の無責任さ、非情さを、思わずにはいられない。

（3）福沢は清国との講和条約締結後、三ヶ月もしてから、遼東半島の無辜《むこ》の人民が「住むに家なく食うに物なく」

の状態であり、直ちに救済が必要だと論じるが（⑮179f.）、この偽善的な態度はいったい何なのだろう。国権拡張を意図し、取ってつけたような理由づけをして自ら開戦を合理化し、それを通じてこれら人民を塗炭の苦しみに追いこむことに加担した事実に、何ら反省の色はない。

## 「人民の食物は腐敗の悪物」
## ——貧民への冷淡さと「おためごかし」

最後に、二点にふれる。

福沢は貧民に対して冷淡・薄情な態度をとったが、福沢も貧民の生活を知らないのではない。「奥羽の片田舎、木曽・飛騨等の山奥などに住する人民の食物を見れば……腐敗の悪物、もとより選ぶに暇《いとま》あらず」（⑯123）と福沢は記す。これは、明治政府の職工条例案中に職工の食事を改善させるという項目があったことに関連して記された文章である。だが福沢は右の見聞を、職工の食事の改善は不要であるという主張の論拠として用いるのである。また福沢は、貧民が利用する木賃宿にふれて「料理食物の不整頓不潔のみならず……ごみをさい〔＝菜〕にして飯を食う者のごとし」（⑩419）とも記す。だがこれは貧民にとってはいかんともしがたいとあっさり見なし、こうした「不外聞」「醜態」は外国人の耳目にふれないようにせよと論じるのである（⑩419f.）。福沢といえども、時には小作人や労働者の貧しい生活について、同情をもって語ることがある（t.⑯550f）。これは当たりまえの人間的感情の発露であろうが、その言論活動の全体を見たとき、この種の発言は例外的なものと言わなければならない。

一方、貧民のためと称しつつ富豪・中等社会の利益を謀ろうとする態度（いわゆる「おためごかし」）も見られる。例えば酒税増税は福沢の持論である。論説「日本臣民の覚悟」（第五章）を公表した時期に、軍事力増強を目指して清酒に対する課税の必要を説いたが、貧民が多く利用する焼酎・濁酒への課税は、維持もしくは下げよと主張した（⑭538）。これは一見、貧民の生活を考えた主張のようである。だが、一方で所得税増税には反対する（⑭525）。それは所得税の徴収税額が絶対的に少ない（同前）等の理由からだが、税率を低くすえ置けば徴収税額が少ないのは当たり前である。要するに福沢は、中等社会・富豪がその資力に見合った当然の税金を満足に支払わないのに、低額とはいえ貧民の飲酒に税を課すことを是とするのである。ところで福沢の主張通り、その後九六年に酒税増税は実現した。造石高《ぞうこくだか》一石《こく》（＝約一八〇リットル）の税額は、清酒七円に対して濁酒は六円とわずかに低いとはいえ、焼酎は従来通り八円と清酒・濁酒より高くすえおかれた（Wiki.「酒税」）。だが福沢はこの措置について何の反論もしなかったのみならず、それまで福沢は「下流社会には焼酎または濁酒を用いる者多き」と書いていたのに（⑭579）、増税実現以降は、貧民の飲酒について語る際に濁酒だけの言及に止めるようになる（⑮547）。

なお福沢は晩年にも、所得税は廃止せよ（⑯347）、あるいはただの名目だけにとどめよ（⑯407）と主張し、また会社税増税についての議論は一蹴する（⑯239）。会社税増税に反対するのは、「〔企業の株主に含まれる〕孤児・寡婦に重税を課するもの」だからである（同前）。こうして福沢は孤児・寡婦に名を借りて（孤児・寡婦のなかにどれだけ株主がいるのであろう）、富豪の膨大な所得に対する課税制度を葬り去ろうとする。

# 第七章

# 「男女を同権にするがごときは衝突の媒介」

## ——女の領域は家、その美徳は優美さ

福沢は、男女関係については他の問題とは異なる評価を受けることがある。例えば、「福沢の説は後年になって保守化してくるものもありますが、この婦人隷属の打破という点だけは……終生変わらない」、と丸山眞男は記す（丸山② 112）。第二章で教育論について論じた際、福沢の「女子教育」論を紹介したが、これだけ見ても丸山の福沢評はとうてい維持できないことは明らかである。女子教育論以外の一般的な女性論においても同様である。だが、晩年の『女大学評論』（以下『評論』）やその他の著書・論説の片言隻語だけを見ている限り、一見福沢は、丸山が言うように「婦人隷属の打破」を図ったかのようである。例えば――

（一）「一人前の男は男、一人前の女は女、自由自在なる者……」（③ 31）、（二）「男も人なり女も人なり」（③ 81）、（三）「男女格別に異なるところは、ただ生殖の機関のみ。……男子のなす業にて女子にかなわざるもなし」（⑤ 480）、（四）「夫婦……一家を二人の力にて支え、その間にいささかも尊卑・軽重の別なき……」（⑤ 499）、等。だが福沢は、これらで本当に「婦人隷属の打破」を図ったか。

## 「さしむき自力をもって殖産に従事せんとするも難きこと」
## ――労働権を軽視する福沢女性論は男女平等論とは無縁である

（一）は『すすめ』に記された言葉である。「一人前」と言うが、『すすめ』でも他でも女性の「一身独立」は何ら考えられていない。一身独立とは、知恵および財における独立であった（③ 43）。だがまともな「女子教育」は構想されず（第二章）、福沢では女性における知恵の独立はありえない。

財における独立もありえない。福沢は女性を伝統的な性別役割観の下におくからである。にもかかわらず女性について「一人前」と形容するとすれば、それは（ただの比喩でなければ）限定的な形容句であって、「一人前の女」とは、親の遺産によって財産権を確保しえた一部の特権的な女性にすぎない（後述）。そうした女性について語ったからといって、女性一般について何事も語ったことにはならない。

（二）は男女の対等をではなく、直後に記されたように男女がこの世にあって、互いに「欠くべからざる用をなす」（③81）点の前置きにすぎない。伝統的な性別役割に固執する男女は特に互いに「欠くべからざる」と感ずるであろう。外でもっぱら収入を得る夫は家事・育児はできず、一方、家事・育児に明け暮れる妻は、自ら収入を得る道がないのであるから。（二）は、一見男女の平等を語っているように見えても、平等とは無関係である。仮に（二）によって――以上のような意味を離れて――一見男女の平等が語られているように見えたとしても、公娼制の下で多くの女性が人としての自由を奪われることを積極的に認める以上、[1]「女も人なり」は福沢が無責任に切った空手形にすぎない。

（三）に関連して重要なのは女性の労働権である。だが福沢は、それをいとも簡単に一蹴する。女性が関わっている各種の職業に言及しても、「さしむき〔＝さしあたり〕、〔女性が〕自力をもって殖産に従事せんとするも難きこととなるべ（し）……」（⑤468）、と。『評論』で福沢は確かに「男子のなす業にて女子にかなわざるものなし」を論ずるが、逆に、〈女子のなす業にて男子にかなわざるものなし〉と見なして、固定的な性別役割分業から女性を解放しようとする発想は、ついに見せなかった。

（四）は男女に「尊卑・軽重の別なき」と記すが、女性の労働権を否定しておいて、いかなる意味でそれが担保されるのか。労働権が否定されれば、結局女性は「主人」たる男性の支配下に置かれざるをえない。福沢自身、「財産の権柄も男子の手に握りて……自ら主人と名乗り」云々と記しているが（⑤487）、実際『評論』で経済力を持つ男が「主人」であることを否定していないし[2]（⑥480）、そもそも「総じて婦人の道は人に従うにあり」という『女大学』の文言をも否定しない。[3] 福沢は一般に独立は銭の取得によって可能になると力説している（t.⑩271）のに、である。福沢は最晩年、「醜行男子」に抗議できない妻の非をあげつらう（⑯658ff.,⑯677）。だが妻が経済的に自立しえていなければ、夫の「醜行」に異議を申し立てられないのは当然である。

　これだけ見ても、福沢が「婦人隷属の打破」を図ったというのは誤読であることが明らかである。[4]

注

（1）以下、女性について「労働権」を、社会権的な意味（政府に対して労働の機会を要求する権利）においてではなく、自ら働く権利といった意味で用いている。

（2）福沢も「主人」という言葉を当然のように使う（t.⑥244,265,⑥449）。たしかに福沢はこの呼称は現状だと不平等をうむ、もしくはそれを固定化・強化することを知っている。だが夫が妻を「親愛」し、時に「君《くん》に事《つか》うるの礼をもってこれに接す（る）」なら問題はないと、この呼称を擁護しさえする（⑤637）。他方福沢は女性を呼び捨てする習慣を問題視するが（⑥457）、「親愛」があればこれも問題ないことにならないか。

（3）それどころか、「人の意に逆らうことなき」は「女性の本領」と福沢は見なす（⑥282）。さらに「夫につくす」（⑯429,S.⑧357f.）ことをも。これは形式的には事実判断だが、直ちに価値判断に転化する。

（4）宮地正人も、福沢の「独立独歩の自立した男女の個的確立を総ての根底に捉える発想は……〔生涯を通じて〕微動だにしていない」などと記すが（宮地 191）、宮地は、女性の「一身独立」＝知恵および財における独立を不可能にする福沢の論理を、見そこなっている。初歩的な教育しか与えられず（第二章）、一方、固定的な性別役割にがんじがらめに縛られた女性にとって、どのような意味で「独立独歩の自立した……個的確立」がありうるのであろう。

## 「男女を同権にするがごとき平均論は衝突の媒介」
### ——良妻賢母主義の原形

細かな検討は以下にまわすが、そもそも福沢の女性論は、伝統的な性別役割分業を死守することを事実上めざしている。そうした女性論が、いかなる意味で女性解放論になりうるのか。なるほど晩年の『評論』はおもしろい。だが『女大学』を評論したその先に福沢が作り上げた世界は、性別役割分業を前提した旧態依然たる世界にすぎない。その意味で、「新」がつこうが結局福沢がめざしたのは、形を変えた「女大学」の世界である。

なるほど『女大学』は、その後も長きにわたって女性を縛った。だが、それ以上に女性を縛ったのは、むしろ近代国家の編成に合わせて再編された「女大学」たる「良妻賢母主義」なのであり、福沢の『新女大学』はむしろそれを用意する思想的な源泉となったのである。岩波版全集「後記」によれば、『女大学評論・新女大学』は、「大正の末頃〔＝一九二五年頃〕までに五十版ぐらいまで行われた」ばかりか、「結婚などの贈答用に製せられた」上製本も出回ったというが（⑥603）、さぞ新郎新婦の良妻賢母主義を強めるのに役立ったことであろう。要するに『新女大学』は、「多少の教育と、多少の自由と、自己の地位を楽しむ余裕」（山川②34）を与える点で封建社会の『女大学』とは異なるが、女性を「良妻」「賢母」に縛る点ではなんの違いもないのである。(1)

だから例えば平塚らいてうは、そうした固定的役割を強いる結婚制度を批判して、こう記していた。「妻と呼ばれている幸福な婦人達」のうちには、「愛なくして結婚し、自己の生活の保証を得んがために、終生一個の男子のために……下婢としてその雑用に応じ（る）……ことを肯《がえん》じている」女性がいかに多いかと論じ、今日の社会制度では結婚は「一生涯にわたる権力・服従の関係」であり、妻は「未丁年〔＝未成年〕者か、不具者〔＝成年被後見人〕と同様に扱われ、財産の所有権も親権ももっていない（平塚30f.）、などと。そして、らいてうはさらに福沢が女性に強く要求する「女徳」（後述）なるものが、しょせんは男の便宜のためのものだということを、見抜いていた（同29f.）。

要するに、男女の伝統的役割観――「女徳」の押しつけまで含んだそれ――に彩られた『新女大学』を書いたという事実自体が、福沢がすでに「婦人隷属の打破」と無縁であることを示している。前記のように、伝統的役割によって「財」における独立は果たされず、女子教育が旧態依然のままに放置されることによって（第二章）、女性は「知恵」における独立も阻まれる。いやそれどころか福沢は、男女間の「知愚・強弱の異なる」（もちろん男が知、女が愚）ことこそ親愛の元であり、そうでなければ衝突を免れないと論じて（⑥301）、むしろ男女に能力差（そのうち多くは福沢も同意する「女子教育」の貧弱さの帰結であろう）があることが家庭の平和の元であると、主張しさえする。福沢にとっては、「男女を同権にするが如き一切の平均論は……衝突の媒介」なのである（⑥303）。

注

（1）儒教主義一般の場合でもそうだが、福沢にとっては「極端論」（⑬576）に陥ることが問題なのであって、「文明」の要素を含んだ、つまり近代的に再編成された「女大学」は、決して福沢の否定するところではない。

## 「裁縫の嗜《たしな》みなき者は女子にして女子にあらず」
### ――家事・育児は女の天職

伝統的な性別役割分業を当然視するのは、比較的早い時期からの福沢の一貫した姿勢である。いくつか引用する。

「娘《女》の子には……襦袢《じゅばん》〔＝和服の下着〕の仕立て方、ついで反物を裁ちて男女の衣服を製するの芸を覚ゆるこそ緊要なれ」（④319）。「哺乳・煦《く》〔＝暖める〕育の労はもとより婦人の責任なれども……」（⑤449）。「成長すれば……針持つ術を習わし……日常の衣服を仕立て……また台所の世帯万端、もとより女子の知るべきことなれば……飯の炊きようはもちろん、料理献立、塩噌《えんそ》の始末にいたるまでも、事細かに心得おくべし」（⑥506）。「女子は家の内事を司るの務め……妊娠出産に引き続き小児の哺乳・養育は女子の専任にして……」（⑥507）。

以上は八〇年代のものだが、九〇年代も同様である。「古来我が国の女流に最も重んずるところのものは裁縫の一事にして……いやしくもその嗜《たしな》みなき者は女子にして女子にあらず、ほとんど一種の片輪ものとして世に擯斥《ひんせき》〔＝排斥〕せらるるほどの次第……」（⑬564）。「女子には懐妊・出産の大役あるのみならず、〔下女を雇えない〕中流以下の家にいたりては、幾人の子女を養育するその上に、自ら一切の家事を始末せざるべからず」（⑮439）。「婦人の妊娠・出産はもちろん、出産後、小児に乳を授け衣服を着せ、寒暑・昼夜の注意心配、他人の知らぬところに苦労多く……」（⑥505）。「今後日本の女子に衛生、経済、法律等の思想を養わしめ、男子を助けて居家・処世の務めに当たらしむる……」（⑯526）。

## 女性役割への固定

こうして福沢は、女性を頑迷固陋なまでに「女性役割」に固定する。それがいかに女性の隷属を強めるかには、見事なほどに思いがいたらない。前近代社会では、男女ともに身分によって生き方が決まった。だがそれでも男性は、身分の範囲内ではまだしも多様な生き方が可能だった。けれども女性はそうではなかった。どんな身分にあっても女性は一人前とみなされず、一人前になるための教育機会も与えられなかった。そして家庭という小天地に役割を極限された。農民にあっては田畑作業に女性もかかわった。だが家庭・養育への義務が同時に女性に課せられたのである。

近代社会にあって人は身分による束縛から解放され、生き方を自由に選びうるようになった。女性がそれまでにない生き方を望むことも可能になったし、教育機会に恵まれた女性もいた。だが全体として見れば、女性は人生の多くを相かわらず家庭という小天地に閉じこめられたままであった。

一家を切り盛りするには大変な労力がいる。子ども（中でも幼い子ども）がいれば、求められる時間は膨大になる。子どもはそれ自体財産であると見なされて多産は当然視され、そうでなかったとしても、女性は、男たちに配慮がない（それが当たり前だった）ために、ひっきりなしに出産が求められた。

そうした状況下では、女性の生きる場が家事・育児という固定的役割に極限されているという事実自体が、問われなければならなかったはずである。かく極限されれば、女性は男性に経済的に依存せざるをえない。そうなれば女性は自ら主体的に生きることはできず、結局男の意思に従わざるをえない。福沢は女性の従属はその無知の帰結だと見なして「女子教育」（もっとも女性を家庭に縛りつけるだけの）についてくり返し論じるが（第二章）、そうではなく女性の従属は、何よりも経済的無能力の結果である。福沢は男性についてはは「他の財によらざる独立」（③43）を語っても、女性については、それを満足に語らない。女性の一身独立を図るためには、家庭にとどめ置かれて自らの生活の資さえ得られない状況をどう社会的・経済的に変えていくかについての展望が語られなければならないが、それは論じられない。女性が生きる社会的・経済的状況に関する満足な分析はなく、「従属」の意味も何ら原理的に考えない。『女大学』を評論したからといって、あるいは男女の平等を主張する抽象的な文言を各所に記したからといって、福沢が女性解放論者になるのではない。

## あるのは資産家への関心のみ

なるほど福沢も、女性の独立にとって一定の財産が不可欠であることは理解している（⑤453）。だが福沢が考えているのは、遺産として譲り受けた、あるいは資産家が婚資として持たせた財産のことだけである。いわく。「父母の遺産を子に伝うるに不動産は必ず女子に譲るものと定め……公債証書の記名なども必ず女子に限るとするも……」（⑤468）、「家に財産あらば……女子にも分け前を取らせてその始末を任せ（る）……は、最も大切なることにして」（⑤500）、云々。[1]

こうして福沢は、女性が一個人として労働に従事しそれを通じて経済的に独立する可能性を、無視する。だが、福沢が論外におく圧倒的に多くを占める「下流の社会」（⑤457）に属する女性は、とうに労働に従事しているのである。もちろん彼女らの賃金はきわめて低く、それゆえ経済的な独立など満足に図れる状態ではない（第七章）。だが福沢は、彼女らの低賃金をいかにすべきかという問題意識を欠いており（というより低賃金に甘んじさせなければならないと、福沢は資本主の立場に立って考える）、だから中等社会の女性に関する展望もおのずと狭いものとなる。福沢は、現状を変えるために、前記のように「不動産は必ず女子に譲るものと定め……公債証書の記名なども必ず女子に限るとするも……」（⑤468）などと論ずるが、他に見通しはない。おまけに論述の対象を特権的な一部女性に限定する。だから「我輩は……娘の結婚には、衣装万端支度《したく》の外に相当の財産分配を勧告する者なり」と果敢に宣言したにもかかわらず、直ちに「生計不如意の家庭はさておき」（⑥523）と記して、圧倒的多数の女性をいとも簡単に切り捨てて疑わない。

もちろん福沢は、女性が多様な職業分野に進出しうる可能性を承知している。『すすめ』でミルの『女性の隷属』に言及し、男女の役割はほとんど天然のごとくだが、ミルは「万古一定動かすべからざるのこの習慣を破らんことを試みた」（③124）と記すばかりか、八〇年代には、福沢自身、アメリカの女性が、実際に「電信の技術そのほかさまざまの職工」、「医師」、「商人・会社の書記」、「政府の官員」に就いている事実を伝えている（⑤480）[2]。だがここでも福沢は直ちに、「日本にては、いまだこれを試みざるのみ」と記して話を転じてしまい、結局のところ職業を通じた「財」における女性の「一身独立」の可能性を追求することは、他日の課題にしてしまうのである（S.⑪52）。

### 国権拡張への従属

福沢のこうしたかたくななまでの姿勢は、女性の出産を「一国のため」（⑤494）に重視する国権主義的な発想に由来する。福沢にあっては、あらゆる議論が国権拡張のために組み立てられている。本来なら私事として扱うべき出産もまた同様に扱われ、これに経済的独立よりもはるかに大きな意味が付与される。女性には「懐妊出産の大役」があり、その健康いかんは「国民の体力に大関係あるものなれば……真実国民の母たるべき女子を造るを目的と定め（よ）」（⑮438f.）、と福沢は主張する。いわば「軍国」（t.⑬418＝36,⑮481f.）の母たることこそ、結局福沢が女性に求めた最大の役割である。

なるほど福沢は、男児を生んだ妻に「賞典品」を与える男にふれて、これは「婦人を器《うつわ》視したるの処置」と記しているが（⑤450,S.⑤464「器械視」）、福沢自身、「好子孫を求めん」（⑤448）がために女性を利用しようとしている点は否定できない。賞典品を与えた男は妻を直接に器視したが、福沢は女性を間接に器視した点で五十歩百歩であろう。なお福沢は体育を重視したが（⑮438）、それは少なくとも女性については、「母体強壮ならざれば、その子もまた強壮ならず」（⑤466）という、非科学的な遺伝論にもとづく発想である。

注

(1) ここには、「なおその上にも何か一芸を仕込みて、ゆくゆくはその芸をもって一身の生計《スギワイ》を叶うようにあらしむる」(⑤500,ルビは福沢)という文言も見えるが、この種の議論は敷衍されることはない。

(2) さらに九〇年の『時事新報』記事では、ニューヨークの女性が「裁縫師となり、帳簿係となり、速記者となり、教師となり、新聞記者となり、昨今諸科の女医も出で来たり、年来司法部内にかまびすかりし女代言人さえ現れて……」(復刻⑨(2)423)とアメリカ社会の劇的な変化を伝えている。なお、『女大学評論・新女大学』が十分に普及したころ、「母性保護論争」(一九一八～一九年)を通じて女性の職業問題が真剣に論じられており(香内編81ff.)、それを一顧だにしない同書は内容的に見て時代遅れの代物となった。

## 「新家族の苗字に中間一種の新苗字を創造して至当ならん」
## ――偕老同穴論が前提されている

### 新苗字の創成と偕老同穴論

そうした旧態依然たる論陣を張る中で、唯一注目に値するのは、福沢が夫婦別姓論議に関連する主張を行ったことである。現在でさえ、結婚する男女のほとんどが男性の姓を名のるという根強い現実があるとき、自由に新苗字をこしらえてよいという提案(⑤467)――「中間一種」などと記して、両者の姓から一文字ずつとれという含みがあるとはいえ――は、確かに一面では先駆的である。

だがこの提案の下には、夫婦は同一姓であるべきだという発想が隠れており、それは(特別な場合をのぞく）離婚の否定、つまり「偕老同穴」論（⑥511）と結びついている。とすれば、福沢の提案を手放しでほめるわけにはいかない。福沢は「民法の編製などあらば、この辺――「婦人を引き上げ、ついに己（＝男性）と平等の位に上《のぼ》らしむる」（⑤500, 杉田注）――にもっぱら注意せられて、婦人のために利益《ママ》すること多かるべし……」（同前）と記していた。その民法（明治民法より近代的だった旧民法）は、別姓がふつうだった[1]それ以前の習俗に手を加えて夫婦同姓の規範を作り上げたが、福沢はその民法を形の上で（のみ）先取りするかのように同姓を当然視したのである（民法問題は後述）。

## 春情解放論と偕老同穴論

この儒教的な「偕老同穴」論――これは「啓蒙期」以来の福沢の持論である（⑳160）――は、福沢女性論のつまずきの石である。例えば福沢が、『日本婦人論』（八五年）で女性の「春情」（＝性欲、それは当時、多様な言葉で表現された）の解放を主張したのはよい（⑤454-7）。だが、後述する公娼制が認められていた状況（福沢はこれを積極的に支持する）下で偕老同穴にこだわると、妻の春情の解放はしばしば不可能になる。なぜなら公娼制の容認は、男性にとって「快楽用の女性」と「生殖用の女性」とを区別することにつながり、一般女性、特に妻は生殖用の女性とみなされて快楽から切り離される傾向を生むからである。

また、はるかに重要なことは、春情の解放さえ福沢にあっては「人種改良」を目的としたものにすぎず――『日本婦人論』冒頭のことばは「人種改良」である（⑤447）――、したがって事実上その価値が低められる、ということである。当時「春情」は、基本的に生殖と結びつけられていたにせよ（避妊技術・知識が十分に普及しない限りそうならざるをえない）、春情自体の価値はあるていど追及されていた（赤川 102f.）。そして春情に関する議論は、当時、比較的話題性の高い主題だった。関連本もよく出ており（同 88f., 小田 20-2,31）(2)、ちまたでよく読まれていたと判断できる。だがそうした春情を「人種改良」と強く結びつけようとした点で（⑤454）、福沢の議論はむしろ反動的である。(3) そもそも世間的には、福沢が思うほど女性の春情が抑圧されていたわけではない。少なくとも出版物を通じて日常社会に流れ出した通俗的な言説からはそう理解できる（赤川 82）。「明治」期のセクシュアリティ言説においては、「女性の性欲の存在と価値を完全に否定するような言説は存在しない」（同 104）。その点では「明治」期は確かに「文明」の恩沢を受けており、「生殖用の女性」（妻）には制限があったとはいえ、そうではない市井の女性にとって性の解放は、あるていど進んでいたのである。だが江戸期を彷彿《ほうふつ》とさせる、福沢の公娼制の容認と偕老同穴論は、それに楔《くさび》を打つ。

注

（1）旧民法の起草者（ボアソナード等）にはキリスト教的な一夫一婦論（これに夫婦同姓が伴う）はあったが、福沢式の偕老同穴論は民法案に持ちこまなかった。だが福沢におけるように、夫婦同姓と偕老同穴論が、しかも女性の労働権を無視する形で結合されれば——おまけに福沢は次節に見るように男女の非対等を当然視した民法案を全面的に支持する——、妻の夫に対する経済的・社会的従属は強まらざるを得ない。

（2）小田では七五年～八四年に出された関連書約三〇が、赤川では約四〇があげられる（小田 20-2, 赤川 88ff.）。

（3）人種改良を重視する福沢の志向は並ではない。「体質の弱くして心の愚なる者には結婚を禁ずるが、または避孕《ひよう》〔＝避妊〕せしめて子孫の繁殖を防ぐ」といった、ナチの優生思想に類する考えを提示してさえいる（⑥344）。福沢はこれを「漫語」と断っているが、そう記した後もさらに「性質とうてい物の用に適せ（ざる）」人民を殺しつくす例をあげる（⑥345）執拗さを思うと、ただの冗談として一蹴できない。

## 「夫婦間の権利については、条文の規定一点の疑いを容るるところなく」——福沢は「明治民法」に全面的な賛意を示す

### 明治民法の絶対視

福沢女性論における最大の問題の一つは、福沢は明治民法の条文を——あたかも明治憲法のそれのように——絶対視し、それを批判的に見る視線を欠いていたことである。明治民法成立以前から、関連する問題を福沢はあるていど論じていた。だが福沢は、明治民法の内に見られる女性差別を結局批判しなかった。その不統一はにわかに信じられない。福沢女性論の観点からすれば、明治民法には批判すべき規定は多い。いくつか事例をあげる（【】内はかつて、あるいは明治民法施行後に、それを問題にした福沢の論究箇所である）。

・子は父の子である（第七三三条）。かつ子はその親権に服す（第八七七条）[1]。【⑤452,⑤489】
・婚姻後、妻は（夫に対する服従の証として）「夫の家に入る」（第七八八条）[2]。【⑤452】
・妻の財産の「管理」権は夫にある（第八〇一条）[3]。【⑤487,493,⑪52f.】
・裁判離婚の事由たる「姦通」は妻にだけ適用される（第八一三条）[4]。【⑥476f.】

・強固な家制度が作られ、家督はまず戸主から男へと伝わる（第九七〇条二）。【⑤491f.】
・庶子・私生児の遺産相続分は嫡出子の二分の一である（第一〇〇四条）。【⑯544】

福沢は明治民法を批判しなかったばかりか、それに明確な賛意を示した。その条文は「明らかに夫婦の関係を規定して条理整然、真実文明主義の法律として見るべし。……夫婦間の権利、すなわち離婚の条件、財産の処置法等については、条文の規定ははなはだ明確にして一点の疑いを容るるところなく、国民一般に遵守すべきもの」[5]と福沢は記している（⑯509）。こうして福沢は、自ら論じた、あるいは論ずべき右記の諸項目について批判的な論評を行わないまま、明治民法に全面的な賛意を表明したのである。これは見事な「官民調和」と言わなければならない。

## 旧民法廃止の要求

一方、旧民法（これを全面改訂することで明治民法が制定された）は、ボアソナード草案を基にしているだけにまだしも「近代的」な枠組み・法規定をもっていた。それは、親族関係の起点に婚姻規定をおいていたからであり、明治民法のように結婚によって妻が夫の家に入りかつ夫との同居義務をもつのではなく、同居義務は夫婦対等なものだからであり、そして戸主権の規定は若干あるものの、明治民法のそれと全く比較にならないほどの権限しか戸主に与えていなかったからである[6]（星野編2-5）。この民法は、九〇年に二回に分けて公布された。

だが福沢は、そうした中身を一切問題にしないまま、「職工条例」の場合と同様に（第六章）、これを「翻訳法律」（⑫208）と批判し、「独立の大義」（⑫207）という言葉さえ出して、その施行延期を主張した。

そして、「国俗民情のいかんに照らし合わせ」て(⑫ 206)、言いかえれば「西洋文明の法論を皮に(する)」としても「日本固有の習慣を骨にし」て法典編纂にあたらなければならないと主張し(⑫ 239)、事実上、親族関係に関わる前近代的慣習を優先してしまうのである。そしてこの慣習が、後の明治民法・親族編の基礎となった。絶対主義天皇制を核とした明治憲法が制定された以上、家族法は、憲法とあくまで整合的な家族主義に基づかなければならないと、福沢は判断したのであろう。

注

(1) 福沢は、話題をさらったある華族の事件について、「夫人は所生の子女を残して里方に帰りたる……跡に残されてあたかも孤児となりたる子女の不幸……」云々(⑯ 510)と記している。福沢は明治民法に一切ふれないが、夫人が子を残さざるをえなかったのは、同第七三三、八七七条の帰結である。

(2) 注(1)の事件で女性が家を出ざるをえなかったのは、この第七八八条による。

(3) 注(1)の事件について福沢は、「今日のごとき有様〔=女性が自分の権利を守る事柄を教えられない〕においては、女子の財産はあたかも夫郎のために遊蕩費を供給するの結果あるべし」と記すが(⑯ 511)、そうではなくこれも第八〇一条の帰結である。

(4) ここで福沢は離縁の条件を論じており、その際驚くべきことに福沢は「妻が姦通をなしたるとき/夫が姦淫罪によりて刑に処せられたるとき」という第八一三条を引き合いに出し、「現行法律の旨に背く」か否かを事柄の判断材料としてさえいる(!)。ちなみに福沢は、姦通罪を女性にのみ科した明治刑法および同治罪法を、「ほとんど完全無欠の法律」と書く(⑪ 36)。

(5) 正確に言うと福沢は一点に批判的である。「その民法にな《ママ》お庶出の子女を認めたるは我輩の意を得ざるところ」と記している（⑯509）。福沢は妾子・私生児は厚遇せよと論じ（⑯534ff.）、そのために、庶子の「始末につきては、嫡出の子女と一所に養育して待遇を同じうするがごときは断じて避け（よ）」（⑯504）と主張するが、右記のようにこの文脈で「始末」（S.⑯535）という言葉を用いることに私は違和感がある。貧民についてもこの言葉が使われていた（⑬26）。相手を厄介者扱いするとき、それは容易に差別視を生む。実際福沢は庶出の子に罪はないと記すが（⑯534ff.,⑯654）、一方で「妾腹」であることを侮蔑した例もある（⑯559,S.⑯655）。

（6）それにもかかわらず宮地正人が、「修身要領」は、「社会結合の起点を、子の父への孝を出発とする『家』ではなく〔、〕蓄妾制を否定した――だがその供給源を福沢は断固必要とみなした（杉田注）――一夫一婦制の夫婦が築く家庭に据える」（宮地204）などと記すことができたのは、驚きである。福沢が「修身綱領」で示した最も大きな関心は、帝室の「恩徳」なるものに臣民を関係づけることである。だから、「一夫一婦」を唱導したその場所で、一夫多妻に基づいてしか維持されえない「万世一系」の帝室（明治天皇も大正天皇も側室の子である）を前面に立てることができたのであろう。

## 「家会を開設し、婦人女子に家政参与の権を与えたき」――女に参政権はいらない

さて福沢にとっては、女性の経済的自立（労働権）はもちろんその国政への参与（参政権）は問題にもならない。先に言及したミルの『女性の隷属』が女性参政権を論じていたのに（ミル①114f.）、またアメリカではすでに六〇年代末から女性参政権獲得運動が始まっており、日本でも八〇年代には

土佐で、民会においてとはいえ女性戸主の参政権が獲得されたのに(1)、これらの事実に福沢は関心を示さない。「輓近《ばん》〔=近年〕は女子参政の権を争うものさえ世に現れて、その論勢、日に盛んなりと言う」、と記したこともあったが(⑤453)、それは例によってただの前置きにすぎないのである。

総じて福沢は、選挙権をもつのは、一定の知力と資産を有する中等社会の人士でなければならないと考えていた(第三章)。そうであれば、福沢にとって一部の特権的な女性をのぞき、知力もなければ(と福沢は解釈する)資産も有しない女性の国政への参与などは、始めから考えられなかった。福沢は記す。「そもそも国会とは、日本国中の人民が国の政事《まつりごと》に参りて、政府の法律ならびに歳出・歳入を相談議決することにして……(2)」、と(⑤503、ルビは福沢)。だが、「日本国中の人民」は、知力・資産の問題をおいても結局は男だけであるという事実に、福沢はなんら疑いを持たない。

とはいえ、福沢はなんらかの意味で女性を「政事《まつりごと》に参《あずか》らしめ、世間一般の事情・時勢を知らしむる」ことに意義を見出している。だがその政事とは「家の政事」にすぎない(⑤500、ルビは福沢)。「国会」開設が日程にのぼり、誰が参政権の担い手であるべきかが真剣に論じられている折、福沢が求めるのは、「家会」を開いて女性に「家政参与の権」を与えることにすぎなかったのである(⑤504)。福沢は親による配偶者の選択を当然視し、「全体を概して言えば〔この〕婚姻法の実際につき、女子に大なる不平はなかるべし」と記していたが(⑥510)、生涯にわたり大きな影響をもちうる配偶者をさえ自由意思で選べなくてよいと考えるとすれば、直接的な影響の点で配偶者選択には及ばない議員の選出など、権利とは認めえないのであろう。

とすれば、いかに好意的に受け止めても、福沢が終生「婦人隷属の打破」を図ったという丸山流の解釈は、成り立たちようがない。福沢が一般に女性についてどのように語っているかを見れば、それははるかに明瞭である（次節）。

注

（1）一八七六年には、浜松で行われた県会議員選挙に女性戸主が投票した事実も知られている。

（2）福沢が当たり前の解説をしているのは、この文が記された著書（『日本婦人論後編』）において、女性に、参政権をではなく最低の知識を与えようとした結果である。

## 「無遠慮なるべからず、差し出がましく生意気なるべからず」
## ——「女徳」へのこだわり

福沢は『すすめ』で「女子と小人は近づけ難し」という孔子の言葉を批判的に論評していた（③111）。だが後には、「婦女子の姑息」（⑤93）、「婦女子の痴愚・窮屈」（⑩100）、「婦人相応の小策」（⑮9＝216）、「婦人・女子の愚痴」（⑭249）、「少量にして心胆豆のごとくあたかも婦女子の心をもって……婦女子的嫉妬」（⑭254）、「婦人の嫉妬に彷彿《ほうふつ》たる」（⑮509）などといった言葉を、前後の脈絡とたいした関連なしに——ここには福沢の根深い下意識がかいま見られる——綴ることがある。漫言においてだが、「女子と小人とは始末におえぬの古言と違《たが》わず、婦人の執念深きはまた別〔＝格別〕のものにして……」（⑧585）、と語ることもある。福沢の女性観のゆがみは大きい。

男女関係にかかわる著書・論説で、福沢が家事・育児以外にくり返し女性に求めたものは各種の「女徳」である。それを欠いた女性を福沢は非難する。八〇年代、「女徳修まら（ざる）」西洋人女性にふれて、その、「往々男子を軽蔑し、心身ただ鋭敏にして、しかも内行〔＝家庭内の行動〕はなはだ汚れ、家事を事とせずして浮世に飄々《ひょうひょう》たる〔＝あてどもなく歩く〕がごとき」を問題にして、こうした振る舞いは「断じて日本女性の模範にあらず」（⑤472）と記している。また「〔日本女性の〕女徳の凛《りん》然〔＝勇ましい〕たるがごときは、世界万国に対して独歩出色とも称すべきもの」とも（⑪441）。こうした傾向は実はすでに「啓蒙期」にも見られ、「西洋諸国……無頼なる細君が跋扈《ばっこ》して〔＝のさばって〕良人を苦しめ……るの俗に、心酔すべからず」（③129）、と論じていた。

## 女徳・優美さの要求

こうして福沢は、「優美」さ（福沢にとって最も重要な「女徳」）を女性にくり返し求めた。一般に福沢は西洋の文物・習慣を「文明の流儀」と見なしてほぼ無条件で受け入れるが（弱肉強食、貧民の増加まで）、女性観についてだけは「日本の風習かならずしも捨つべからず」と主張する（⑬350）。八〇年代、学問を通じて（日本）女性が「生意気婦人」となって「女性に固有する優美の本色を失（う）」云々と記すこともあれば（⑪45）、良家の貴女が「貧困の賤女」「微陋《ろう》寒賤の朋友」と同じ学校で学び寄宿すれば[1]「はたして女子温良の淑徳を傷つくるの恐れなきかいかん」（この故に貧民を排除した選別教育が再び主張される）、キリスト教女学校で学べば「夫婦長幼の関係……衣紋・髪飾」を忘れて世間からはずれ、「温和良淑の美徳を欠くの観あるがごとし」（⑪321f.）とも記す。

晩年においてもこの傾向は変わらない。「女子は最も優美を貴ぶ」という前提を置いた上で、だから学問をしたからといって「男書生のごとく朴訥《ぼくとつ》なるべからず、無遠慮なるべからず、不行儀なるべからず、差し出がましく生意気なるべからず」（⑥507）、と福沢自身、差し出がましく女性にあれやこれやを要求する。ここで「女子は最も優美を貴ぶ」は一見事実命題のようであるが、そうではなくそれは当為命題なのである。だがその根拠はどこにも記されない。この種の女らしさの要求は、『女大学』批判の文脈でさえ記される。「いわゆるおてんばは我輩の最も賤しむところなれども……」、「我輩とてもあえて〔女性の〕多弁を好むにあらざれども……」（⑥485）といった留保の言葉を、福沢は記す。

この傾向は行きつくところを知らない。「議論するにもその口調に緩急・文野の別あれば、その辺は格別に注意すべきところ……かりそめにも過激・粗暴なるべからず。その顔色を和らげその口調をゆるやかに〔する〕」ことが、「女子の品格を維持するの道」であると（⑥507f.）。だから福沢は、大手を振って闊歩《かっぽ》し言葉も荒々しい「武骨・殺風景」な女性に向かって、「一見嘔吐を催すべきもの」、あるいは「変性女子」（⑮440f.）などという言葉を投げつける。[2] また優美さを身につけるために、音楽、茶の湯、生け花、歌、俳諧、書画等を等閑にすべからず（⑥508）と、細々としたことを指図する。

福沢の場合、挙動・言語に対する「女らしさ」へのこだわりは、非常に強い。だがそれを福沢は、伝統的な女らしさへの要求とは異なるという論理を使って合理化する。例えば、「婦人は柔順を貴ぶという。……〔柔順は〕我輩のあくまでも勧告・奨励するところ……女徳の根本、唯一の本領……」（⑥520）と記した上で、この場合、柔順は「言語・挙動の柔順にして、卑屈・盲従の意味にあらず」と福沢は記す。だが、言語の柔順であれ挙動の柔順であれ、やはり伝統的な女徳・女らしさを押しつけている点で変わりはない。しかもそもそも言語・挙動が、「卑屈・盲従」傾向を生む大きな力になっていることも、めずらしくない。言語・挙動は女性当人が選ぶべきものだとしても、「卑屈・盲従」を否定しつつ、言語・挙動に関する規範を押しつけるのは大きな矛盾である。

言語における柔順という点でいえば、福沢は「子宮」という言葉が使われるようになった事実に非常にいらだち、「甚だしきは婦人の口より〔これが〕漏るるなどの奇談も時としてはなきにあらず」と記している（⑥518）。女性にとって、いわば「一身独立」の生を生きるためには、己の身体に関する正確な知識は決定的に重要であろう。なのに子宮という言葉は「生命を賭しても発言せざるべし」（同前）などという理不尽な言い方が、なぜできるのか。

## 纏足《てんそく》の効用

要するに福沢はいろいろな理由をつけて女性が独り立ち（一身独立）することを、ひいては家事・育児という「婦人の天職」がおざなりになることを、嫌っているのである。だから女性が家庭をおいて世間をふらつくことを福沢は望まない。前述のように、「家事を事とせずして浮世に飄々《ひょうひょう》たるがごときは、断じて日本女性の模範にあらず」（⑤472）と福沢が記していたことを、思い出していただきたい。[3]

だがそうした要求・願望が高じると、纏足《てんそく》さえ（！）、効用があると福沢は思い始める。『時事新報』にはしばしば英文を下にした「笑話」が掲載されていたが、福沢自身がいくつかその翻訳をしていたことが知られている。その中に、「纏足」の効用を論じた一文がある。「この……残忍非道の習慣の中にも、おのずから道理の存するものあり。かく足を不具にするは、その児が成長の後、あッたら大切なる半生の時を費やして、無益の買い物に店先をコッツキ歩く悪習を未然に防がんがためなり」(⑳353)、というのがそれである。

福沢は日清戦争後の講和を通じて台湾が日本に割譲された際、台湾島民に残る纏足を「野蛮の風習」として強く非難した(4)(⑮269＝303)。だが、女性が「自由自在」に街を出歩くような「悪習」をなくすためならば、纏足さえ有用であると見なす。いかに英文の小話とはいえ、これを選んだのは、以上の言説を思えば全くの偶然とは思われない。ところで「無益の買い物に店先をコッツキ歩く」女性がいるのはなぜか。家庭という小天地への抑圧がその最大要因であることに、福沢は気づかない。

注

(1) 福沢は、下宿屋住まいあるいは学校に寄宿する女子は、「婦人たるの徳操を損ずるの恐れ」があり、そうでなくても将来家庭に問題を起こすと主張する(⑬348f.)。「良家子女《じょし》」が、「みだりに門より出」たり、「同伴のものなき」まま一人で歩き回るなどということ(⑬348)は、福沢には許せることではない。

(2) 最晩年にいたると、福沢はもはや変化は抑えられないと理解したようである。女子が「変性男子《へんしょうだんし》」となるのは「社会進歩の際の免かるべからざる現象」と、福沢は書く(⑯527f., ルビは福沢)。なお「変性男子」は法華経の言葉(読みは「へんじょうなんし」)で、女性は男性に変性することで初めて成仏できると解されている。

(3) かつて福沢は男女交際の必要を論じ、不十分ながら戸外でのそれにさえ説き及んでいた(⑤601-4)。だがそれも「婦人の天職」がはたされる限りの話のようである。

(4) 福沢は清国人に対して罵倒の限りを尽くすが（第六章）、その清国人が、福沢が『すすめ』や『概略』を公刊した頃から、纏足をなくすためにどれだけ地道な努力を積み重ねていたかを（夏23,28-38）福沢はなんら知らない。福沢を不当にもちあげる宮地正人も同様である。福沢は朝鮮人・中国人を野蛮・半開として蔑視し続けたが、「彼〔=福沢〕のポイントは〔、〕内発的に変革するエネルギーがそこに存在しているかどうかにかかっている」などと、宮地は記す（宮地205）。つまり福沢の蔑視の背景には、「内発的に変革するエネルギー」が存在していないという認識がある、と宮地は言いたいのであろう。だが福沢はそもそも朝鮮・中国内部の変革的なエネルギーなど、見る気もなければその能力もないのである。その点は、朝鮮における「東学」の評価に如実に現れていた。

## 「内実は不品行を犯すとも、これを秘密にして世間の耳目に隠すべし」
## ——妾を囲ってもそれを隠して体面を保てばよし

福沢が男女関係に関わる最重要課題として再三論じたのは、「一夫多妻」問題である。

最初に記すが、一夫多妻制——公娼制・蓄妾制・後宮制(1)——は、女性支配の結果であって、その原因ではない(2)。もちろんそれ自体大きな問題をはらむし（後述）、しかも結果を現象的に変えることは、原因に反作用を及ぼすこともあれば、他の面に関する問題意識の醸成・社会変革に波及する可能性も高い。その限り一夫多妻制を変える努力には疑いもなく大きな意義がある。けれども、これを変えさえすれば男女の平等が帰結するかのように福沢が考えている点は問題である。おまけに福沢が言う一夫多妻とは、明治の元勲を始めとする社会的に有力な男たちのそれ、すなわち「蓄妾」（⑯544,st.）であって、多数の男性のそれではない。福沢は一般男性の一夫多妻制すなわち「公娼制」を必要悪とみなすばかりか（⑨219ff.,⑯494）、貧民の海外移住促進のための手段として積極的に擁護しさえする（次節）。

そもそも「蓄妾制」と「公娼制」を別扱いする根本矛盾を、福沢は見ようとしない。本質的に女性を性的な対象物へと極限する二つの「一夫多妻」的なシステムに異なる対応をとる以上、福沢の一夫多妻制廃止論（廃妾論）は本気なのかと疑わざるをえない。実際福沢は、有力男子の一夫多妻制についてさえ、結局、「その紊乱《びんらん》（＝日本男児の品行のなさ）を撥《はっ》して（＝除いて）正《せい》に反《かえ》らしめんと欲するは至極の願いなれども……これを実地に行われしむるは、はなはだ難し」として、その解決の課題は遠い将来に先送りしてしまう（⑤55f.）。すなわち、「まずもって……不品行の痕跡を隠して表を装う、これを第一段として、第二段は……数十百年の後に好結果をまつのみ」、と（⑤556）。したがって結局福沢は、一夫多妻制的なシステムを事実上二つながら許してしまうのである。

こうして福沢は、単に「醜行」を隠せと主張する以上のことは、ついにしなかった。[3] こうしたみじめな結果に陥ったのは（伊藤博文、井上馨、北里柴三郎を含めて福沢と深い関係にあった政治家・学者らがその当事者だったという事実を別とすれば）、福沢の国権主義的な原則ゆえである。福沢が何より重視するのは、結局国の名誉・栄辱の問題にすぎない。「いかんとなれば、われわれ日本人もまた、今の文明開化の中におり……もって自国の体面を維持せんと欲する者なればなり」、と福沢は記す（⑤557）。そして「独立国の体面を張らんとするには、虚実両様の尽力なかるべからず」（⑤627）と記し、要するに嘘でいいから「蓄妾」の事実を隠して、西洋諸国に対してひたすら体面を保つよう求めるのである。

この発想はすでに「啓蒙期」からのものである。福沢は、男女同権論を論ずるのはむずかしいが「男女同数論」で行けば一夫一婦が当然である。もっともこれが時期尚早なら蓄妾を許すが、「ただこれを内緒にして、人に隠すべし。人に隠すは恥じるの初《ママ》めなり」云々（⑲ 552）、と論じていた。そしてこの姿勢は晩年になっても変わらない（⑥ 448f., ⑯ 495ff., ⑯ 504）。

注

（1）福沢は後宮制については「そっと静かにして置いて」と記して話題を転ずる（⑥ 442）。これを論ずれば、帝室の「一系万世」（⑥ 6.,S.16f.）の由来が明らかになってしまうからである（前述したように、明治天皇も、後の大正天皇も側室の子である）。福沢は帝室が日本臣民の道徳的な中心であるべきと見なすが（⑤ 280）、一系万世が真実なら、帝室はただちに道徳的中心たる資格を明け渡すであろう。

（2）例えばエンゲルスは一夫多妻を女性の経済的従属の帰結であると論じた（エンゲルス 62,69）。だからこそ、女性解放へ向けた有効な展望を提示しえた（同 161-2）。後述するように、福沢にはその種の理解は皆無である。だから福沢は男女の固定的な性別役割分業を何ら疑うことができなかった。

（3）吉原が歌舞伎演目の主要な舞台となる事実（⑮ 653ff.）にふれて、福沢が演劇改良を主張したことを、私は評価する。だが歌舞伎の実態を通じて知るべきは、男たちの「醜行」ではなく、眼前の人身売買と、女性たちが望まずに娼妓にならざるを得ない現実ではなかったか。

## 「娼妓に依頼して社会の安寧を保つの外あるべからず」——良家の娘を守るために公娼制は不可欠

上記のように、福沢は（少なくとも表面上は）蓄妾制を批判するが、「一夫多妻」制のもう一つの構成要素たる公娼制は、必要悪と称して積極的に容認する。福沢が前者を論ずる際に念頭においた「明治の元勲」伊藤博文は、九六年、英字紙『デイリー・ニューズ』のインタビューを受けて日本における公娼制について発言したが、その際伊藤は、「道徳上より立論するも、これを置くことは、〔それを廃止するより〕はるかにまし」と述べた（村上８）。そしてこの理屈をより具体的に論じてみせたのが、福沢である。

### 明治の経世論への同調——福沢は廃娼論を黙殺する

伊藤のインタビューの真意は必ずしも明らかではないが、それは、公娼制のおかげで男の性欲は「平和に処理され」（同91）、これによって市井の女性たちの性が蹂躙《じゅうりん》されずにすむ、という意味であろう。この論理は明治社会にあっておそらく一般的なものである。そしてこれを流布せしめたのは、ふつうは売春業者である。だが救世軍の運動家・山室軍平がいみじくも論じたように、遊郭で女性を犯すその経験がむしろ一般社会ににじみ出るおそれ（山室147-52）をも、考えるべきなのではなかったか。特に世間が女性の人権を重大視せず、それが侵されてもとりたてて大きな関心を示さなかった時代に、むしろ山室が懸念する事態の方こそ、蓋然性が高いと言うべきであろう（後述）。

　だが福沢の主張も、右記の明治社会の通念とほとんど違わない。文明の進歩を通じて貧富の差がはなはだしくなって独身者が非常に増えている――貧人は貧なるため、富人は「虚飾の欲に忙わしくして婚するの暇を得（ざる）」ため（⑤564）――現状にあって、公娼制をなくせば、「満都の獣欲、おのずから禁ずることあたわず」、と福沢は主張する。そしてその帰結は、「良家の子女の淫奔」、「寡婦の和姦」、「密通・強姦」、「勾引《かどわかし》・欠《か》け落ち」だと言う（⑤565）。だから、「娼妓に依頼して、社会の安寧を保つの外あるべからざるなり」（同前）、と。

　「良家の子女の淫奔」「寡婦の和姦」というのも可笑しいが、こうしたずさんな議論に終始できたのは、福沢が例えば新島襄の盟友・湯浅治朗らに代表される群馬県の「廃娼運動」（村上102）や巌本《いわもと》善治の『女学雑誌』における廃娼論（吉見43）を無視したことによる。福沢は、「今日にいたりては、いかなる偏屈論者も、世の中に娼妓の種を除かんなど言う者は絶えてあることなし」（⑤564）と書くが、これは事実を完全に偽る言い分である。福沢は、優勝劣敗は、したがって貧富の懸隔は文明発展の帰結だと見るが（⑬99,S.⑫358）、それゆえ公娼制自体も文明発展の自然的＝必然的帰結であると理解するのであろうか。だが、ちょうど国権拡張が文明の進展によって自動的に実現するのではなく官民の自覚的努力があって初めて可能となるように、貧富の懸隔も娘の身売りも売春業者の繁茂も、同時代人の人為によって初めて現出するのである。とすればその種の「文明」は変革可能なはずだし、実際そう主張する論者への目配りは当然求められよう。だが福沢はそうした配慮を一切拒む。これは、福沢が男女の本質的な平等を語る資格に欠けることを、よく物語っている。

後に、廃娼県・群馬の影響を受けた各地の運動（そこには植木枝盛率いる土佐県会における運動も入る）あるいは「婦人矯風会」の活動のかいもあってか（村上 103f., 吉見 44ff.）、福沢も廃娼論の存在をついに認めるにいたる。だが、遊郭を廃せば「無妻の者が困るであろう」（⑫ 639）という主張に変わりはなく、最晩年にいたっても「廃娼など思いもよらず」と記している（⑯ 494）。

## 侵される女性の「名誉」

そもそも女性がその意思に反して自由を奪われ、容易に逃げ出すことのできない非人間的な状況に置かれ続けたという点において、公娼制の廃止は女性解放運動にとって極めて重要な目標である（山川① 27）。

公娼制下にあって娼婦はいかなる仕打ちをこうむるのか。彼女らはしばしば借金の形《かた》として売買され、「おしょうばい」の何たるかを誤解し、しかし事実を知ったものの逃げられない自らの運命を嘆きつつ、死ぬ思いをして楼主と客の暴力に耐えていることが多い。なのに福沢はその事実を見ようとしない。「本人の心身ともに最も苦しきものなり」と記すこともあるが、直ちにそれを「といえども」と否定し、結局「今の人間社会の組織においては、万々これを廃すべからざるのみか、わずかにこれに依頼して秩序を維持しきたり」と、女性の苦しみなどなきがごとくに論ずるのである（⑤ 565）。

これは、福沢がいかにご都合主義的に、自らの原則をさえ無視しているかの明証である。女性に対する性的蹂躙は、女性の名誉を汚す犯罪[1]（例えば独語では強姦を「名誉への鞭打ち」Ehezüchtigung と表現する）と呼ばれてきた。だから「貞操」を汚されそうになった時は懐剣によって自害するという行動が称賛されたのだが、だが娼婦は借金の形として楼主・客によって日々に名誉を侵され続けるのではないか。福沢が娼婦は「すでに女子たるの栄誉を失（った）」と見なす（⑤566）のは、そのためであろう。だが重要なのは、彼女らに対する名誉の侵害という現実に蓋をすることではなく、くり返し出来《しゅったい》する侵害を社会的・法的に防止する手立てを探ることであろう。にもかかわらず、命や財産よりも名誉を重んじてきた（⑯508, ここでは特に「婦人の名誉」が問題にされている）はずの福沢は、決してそうはしないのである。

なるほど福沢も、例えば「報恩」「孝行」を理由に、親娘ともども身売りを合理化する風潮を問題視することはある。すなわち、「大節《たいせつ》〔＝娘・妻が身売りされる事態〕に臨んでは、親子……も会釈に及ばず」（⑥433）、と。[2] だが福沢は、そもそもなぜ身売りが行われるのか、それはどのような社会的・経済的事情に由来するのか、公然と行われる身売りの下にどのような社会的不正や政治的な作為・不作為が隠れているのかを、見抜く努力をすべきではなかったのか。「わが国においてかかる〔＝身売りを孝行と見なす〕悪習を生ずるに至らしめたる原因」を尋ねて、小説・芝居、「孝女」に関する新聞記事に責任がある（⑨208f.）という論評はあまりに物悲しい。しかも福沢は「世上婦女子に向かいて〔頂門の〕一針を呈し」（⑨219）たと記すが、一針を呈する相手がまちがっている。

### 経済・社会的状況への無関心

上記のように福沢は蓄妾制をくり返し問題にしながら、一方では公娼制の必要を積極的に主張した。[3] だが、両者が本質的な点で通底する制度であることを、福沢は見ようとしなかった。当時、女性がいかにしても満足に食べていけない状況下で生きる（前章）からこそ、少なくない女性が性をひさがざるをえなかったのだが、「妾」はその中でも、身受けされた、相対的に「恵まれた」立場の女性であるにすぎない。妾になれた女性がいる一方、その背後には、遊郭に監禁されて不特定多数を相手にしなければならない、妾になれないたくさんの娼婦がいた。両者の発生する基盤は同一である。妾も娼婦も、彼女らを生む経済的・社会的状況と、その状況ならびに女性の労働権が、福沢を含む社会的・政治的に影響力のあった男たちによって満足に問われさえしない（それどころか福沢のように「女工」の低賃金を当然視する者さえいる）という「男中心社会」の、共通の犠牲者なのである。

注

（1）強姦は、女性の人格権を侵害する犯罪と呼ぶべきであろう。性と人格との結びつきは強い。近代社会が人間の尊厳を前提する以上それは必然である。「性と人格を切り離せ」と主張する論者がいるが、彼らは議論の前提を見誤っている（杉田① 129ff.）。

（2）この主張は一見もっともである。しかし問題も多い。親娘ともども合理化する風潮云々と福沢は言うが、それと知らずに親が娘を送り出し、あるいは娘が送り出される場合も多い。そこには女衒《ぜげん》・口入れ屋の巧みな詐欺まがいの行為がある。そして報恩で「合理化」するのは、真実を知った後の（特に娘にとっては）やむにやまれぬ行為であって、始めから親娘ともに納得づくであるかのように言うのは事実に反する。しかも、「大節」の際に子は断固として親にあらがえと記しつつ一方公娼制を必要と見なす以上、福沢は、かく断固あらがえずに娼婦になる女性が出るのは必要と見なしていることになる。はなはだしい自己撞着である。

（3）一九〇〇年九月、廃娼運動家・山室軍平と救世軍のイギリス人「将校」が、宣伝行為のさなかに袋だたきにあって負傷するという事件が起こった。問題が国際化しないようにするために警視庁は公娼規則を改正して自由廃業を認めたが（村上141）、これを論じた福沢は、娼妓にならざるをえない女性たちの苦境についてはすぐに話を終えてしまい、「紳士紳商」たちの金の要る新しい花柳界に空想をはせるだけである（⑯634ff.)。

## 「内地においてさえ娼婦の必要は何人も認むるところ」
### ——娼婦の出稼ぎは人民の移住に伴うべきもの

福沢は、蓄妾・妻妾同居について、国家としての体面の悪さをしきりに問題にした。だが公娼制は西洋諸国にもある故、その体面の悪さは問題にする必要はないと論じていた（⑮363)。だから、公娼制と本質的に地つづきの娼婦の海外出稼ぎについても、体面問題を論ずる論者に公然と反対するのみならず[1]、むしろそれは、国民の海外移住を容易ならしめるために不可欠だとさえ主張する[2]（⑥286, ⑮363f.)。

海外移住の困難さについては前章でふれた。けれども福沢は、移住者が経験するであろう多様な労苦に報いる（？）ために、彼らの慰み者として貧しい女性を送り出し、彼女らの犠牲の下にガス抜きをしようと策を練るのである。だが、渡航を奨励される女性たち自身の労苦を、福沢はなんと考えるのであろう。彼女らの多くは移住者以上の困難に出会い、あるいは売春業者による拘束・監禁下で人間らしい生活も送れぬまま、現地で、もしくは現地への渡航（しばしばそれは密航である）中に死ぬか（モルフィ 30, 森崎 119,123, 山崎朋 149-53）、そうはならずに幸いぶじに帰国できたとしても、過去の経歴を伏せ周囲に隠れて——「からゆき」の主要な送り出し地域となった天草でさえそうである（山崎朋 129,143）——生きざるをえない。福沢の生きた時代においてさえ、想像力を働かせればその現状は理解できたはずである。何しろちまたには、福沢のように、貧しい女性の労働権などは眼中になく、また娼婦を一般女性から徹底的に排除せんと、烙印を押すばかりか、悪しざまにののしる（次節）人々には事欠かなかっただろうから。彼女らは幸い借金抜けして帰国できても、こうして働く場が得られずに、あるいは周囲の目に気がねして、しばしば再び「からゆき」として渡航せざるをえなくなるのである（山崎朋 130,134-6）。(3)

## 現実を見ない根拠なき美化

しかし福沢は、娼婦に烙印を押し悪しざまにののしる自らの態度は不問に付して、「現に外に出稼ぎして相応の銭を儲け、帰国の上、立派に家をなしたる輩も多きよし」と、ただの伝聞を根拠として、自らの娼婦出稼ぎ推奨論を合理化してさえいる（⑮ 364）。福沢の気楽な物言いには唖然とせざるをえない。

それにしても、出稼ぎ娼婦に対する福沢の言い分は無慈悲である。「賤業婦として外に出づるものは、内地においてもいずれ同様の境界にあるものにして、〔出稼ぎを〕あえて苦とせざるのみ」と福沢は論じているが（⑮ 364）、ここには、内において（さえ）女性がこうむる非人間的な扱いについて思いをめぐらす人間的感覚は、全く見られない。女衒《ぜげん》・口入れ屋の組織は日本中に根を張っており、時事新報社の情報網を使えば、その実態をあるていどつかむこともできたであろう。甥でかつての同社社主、そして福沢の少なくない書物の筆記者でもあった中上川《なかみがわ》彦次郎・日本郵船取締役（当時）に事情を聞けば、日本郵船の船に、女十数〜数十人と男数人が一団となった奇妙な乗客がしばしば確認されたであろう（山室 255-7）。『時事新報』[4]紙上においてさえ、娼婦を海外に送り出そうと暗躍する誘拐団の動きが伝えられることがあったのに、福沢はいったいどこを見ているのか。

福沢の時代、少なくない女性が娼婦として海外に渡っている。だが、それは自ら渡ったというより、借金の形《かた》にとられ、あるいはだまされて渡らされたケースが圧倒的に多いと判断される（村岡 52,57,st.）。前借金で家族・本人をがんじがらめにしばりさえすれば、売春業ほど「儲かる」商売はない。明治政府が公娼制と身売りを公然と認める以上、あくどい売春業者がその周りに繁茂するのは必然であって、業者は年端《は》もいかない無邪気な娘たちをかすめて、莫大な利益を上げたのである。特に日本政府の手が及ばない海外にあって、それははるかに容易である。仮に日本政府が治外法権をもち、日本人を日本の法律で裁くことができたとしても、同様であろう。海外で娼館をいくつも経営し、コーヒー農園を開き、日本人会を組織して名望家となって巨万の富をなした村岡伊平治のような女衒が生まれえた事実（村岡 142ff.,st.）に、それはよく現れている。

以上の娼婦の海外出稼ぎ論には、国権拡張のため、またそのために内の熱を逃がして「社会」の安寧を保つためとあらば、人民の権利や生活を二の次においてかまわないと考える、国権論者・福沢の面目躍如たるものがある。

注

（1）もっとも「内地雑居」をひかえた時期になると、遊郭とそこに群がる男たちの「醜態」は外国人の目にふれぬようにすべきだと福沢は論じている（⑯494f.,S.⑮546）。

（2）安川寿之輔は、福沢が一九四〇年代まで生きていたとしたら、日本軍性奴隷（いわゆる従軍慰安婦）制度を認めたかどうかという問題を提起したが（安川②232）、もちろん福沢は認めたであろう。福沢は海外移住を容易にするために娼婦の海外出稼ぎの必要を論じる際、西洋の例をあげて、海外の駐屯地にはかならず娼婦がいると論ずる。そして、もしいない場合には、「政府の筋よりひそかに賤業婦の往来に便利を与えて必要に応ずると云う」、と（⑥286）。ここで福沢は、「兵士の気を荒くするの害は〔娼婦が与えるの害より〕さらに大なるものあ（り）」（同前）と論ずるが（日本軍＝文明の軍隊という建前を維持したい福沢は、日本軍の強姦事件だけは避けたかったのであろう）、そもそも生命の安全が保障されない前線に近い場所に娼館が設置されなければ、軍自ら現地女性（彼女らは福沢の目には日本女性よりも低い位置に置かれている）の「慰安婦」を置く必要は、福沢にとって論理必然的に帰結するであろう。

（3）同時に問うべきは、すべからく娼婦は梅毒の危険にさらされているという事実である。福沢は北里柴三郎の細菌学を評価したが（t.⑬524ff.）、そもそも梅毒――いつ発症するか分からない重篤かつ不気味な疾病（山崎朋172）――の大きな危険にさらされた女性の存在を合理化する自らの姿勢を、深刻に問うべきだったろう。

（4）九四年六月の『時事新報』は、横浜税関で一人ずつ箱づめされた女性四人の密航が露見した事実を伝えている（復刻⑬（3）402，森崎90）。またそもそも「明治年間の新聞には、女子誘拐の『密航婦』（からゆき）の記事が多く散見される」という（金一229）。森崎和江も、明治期の新聞に見られる非常に多くの事例を紹介している（森崎25-54）。なお福沢は「日本より娼婦を輸入して……」とこともなげに書いているが（⑮364）、人を人と見ないその姿勢に驚かされる（次節）。

## 「人間以外の醜物」、「人類の最下等にして人間社会以外の業」
### ——薄幸な貧しい女性をそこまで指弾するか?!

公娼制を社会的に必要不可欠だと見なす福沢は、では娼妓にどういう態度をとるのか。福沢は娼妓を「濁世《じょくせ》のマルタル」と（ただしある西洋の学者の説として）記している（⑤566）。マルタルとは、殉教者・受難者を意味するイギリス語のmartyrであるが、福沢はこれを「身を棄てて衆生済度に供するの仁者」と説明する（同前）。だが福沢は、そう記しつつも、本質的な部分では彼女らに烙印を押し、口汚くののしるのである。

「賤しき女輩」（⑥518）、「下等不倫の婦女」（⑭209）、「ああいう汚い賤業婦」（⑥460）、「人間の中で最も賤しき女郎」（⑫85）から始まって、驚くべきことに「人非人」（⑥434）、「人間以外の醜物」「賤しみてもなお余りある者」（⑥519）、「社会の暗黒底に擯斥……（すべき）醜物」（⑮544）、「その業たる〔や〕最も賤しむべく最も憎むべくして、しかも人倫の大義に背きたる人非人の振る舞いなり」「人非人の境界に陥りて畜生道に戯るる者」（⑤566）、「〔その営みは〕人類の最下等にして人間社会以外の業」（⑤573）、「無知・無徳・破廉恥の下等婦人」「甚だしきは夜叉・鬼女と名づくべき者」「女中の破戸《ゴロツキ》」（⑤577、ルビは福沢）、「穢多《えた》・非人以下の種類」（⑯655、後述するようにここでは「穢多・非人」に対する差別視もひどい）等と、福沢は彼女たちに罵倒の限りをつくす。他に、「泥」（⑤574f.）、「毒婦・奸女」「無頼・放恣の婦女」（⑨220）、「徳義上の死物たる醜行・不倫の女子」（⑤634）、「糞桶を砂磨きに洗うたるごとし」（⑳403）、等。

それにしても、外的な事情（しばしばそれは強制である）によって自らの意思と無関係に、いや時には意思に反してさえ、身をひさぐ営みに関わらざるを得なかった薄幸な女性たち（もちろん状況にめげずに活き活きと生きた女性もいたと思うが）を、ここまで悪しざまに罵倒することが、人権感覚をもった人物にほんとうにできるのであろうか。[1] かつて「啓蒙期」には、「妾といえども人類の子なり」とひとまず記していた事実があるというのに（③82）、この変貌ぶりはいったい何なのだろうか。

## 福沢の根強い差別者的な目

以上に関連して記すと、福沢の差別者的な目はその他の人々へも容赦なく向かう。

「下等の穢多」（⑧19）、「社会よりこれ〔＝遊郭〕を視ること、あたかも封建時代の穢多村のごとく……」（⑤576）と記すばかりか、驚くべきことに、「〔腐敗僧侶に父母妻子を渡すは〕穢多・非人に渡すと同様……」「穢多・非人に等しき僧侶輩……」（⑯595）、「本来人の妾となるほどの婦女子は、無恥無操、銭のために男子に玩弄物視さるるものなれば……穢多・非人以下の種類」（⑯655）などと、あたかも「穢多・非人」自体が実際に穢《けが》れた存在であるかのように記す。[2] このどこに、「天は人の上に人を造らず、人の下に人を造らず」という言葉から感じられる平等観があるというのだろうか。

福沢の差別視は、他にも及ぶ。

「意外の瘡痕《かさあと》も現れて、見るにたえざる醜体」（⑤567）、「面に瘡《もがさ》〔＝天然痘〕跡あれば、世間に痘跡の仲間あるを嫌わず」（⑤570）、「趁跛《ちんば》〔＝びっこ〕に迫りて走るを促す……趁跛千人また千人の世の中に……その趁跛の不具なるゆえんを明らかにして、これを戒むるの教えさえなき……」（⑤555f.）、「めくら・つんぼうは、かたわなり」（⑳69）、「目も鼻もなき不具の者……片輪者」（⑧561）、「聾野郎《つんぼう》……聾のくせに……」（⑧337, ルビは福沢）、「佝僂《せむし》……すなわち不具の人……不具の国……不具社会」（⑪574-6）、「素《す》町人・土《ど》百姓」（t.⑤531, ⑩277,st.）、「無腸〔＝腹の座らない〕の動物……土百姓・素町人の賤境に……」（⑥377）、「素町人……土百姓……これらの人種は論ずるに足らざれども……」（⑫511）。

他にも、貧民女性について「下は片田舎の草刈る賤女《しづのめ》」（⑥282）、いわゆるできの悪い子どもについて「暗愚凡々たる豚犬たち」（④414）、一定の富を有する農民・商人について「死富、死財、死金、死銭、死蔵、死店、死田畑、死身代……死主人、死旦那、死百姓、死町人……死人」（④448）などという、「教育者」のものとは思えない言葉も見出される。高齢者に対する雑言も目をおおわずにはいられない。「老物淘汰」（⑬623）、「老朽の老物」（⑯389）、「衰老の老物……老して老耗の極、前後不揃いの容体……かかる老物……老耗の醜態……」（⑯373）。

福沢は、「元来人の私行を摘発して、これを攻撃するは我輩のはなはだ好まざるところ……」と書いているが（⑯598）、個人を名指さないとはいえ、また私行の摘発ではないとはいえ、以上のような福沢の品格を欠いた差別視は、とうていまともとは言えない。世界広しといえども、これだけ下劣なことを書くことのできた人物を、その国の最高額紙幣の肖像画として四半世紀も掲げている国は、他にないのではないか。

注

（1）なるほど当時は廃娼家といえども、娼妓に対する差別的な視線があったことは認めなければならない。山室軍平も彼女らを一貫して「賤業婦」と記す（t. 山室 18,st.）。だが、福沢の差別的視線は群を抜いている。

（2）「新平民」についても福沢の差別的な視線は変わらない。「新平民・旧穢多の娘にても〔＝であっても〕、新華族・旧諸侯の奥方たるべし」（⑧358,S. ⑧660）。

# 終章

# 天は人の下に人を造る、人の上に人を造る

## ――「福沢諭吉神話」を超えて

近年、明治以降の流れを総括して、「明るい明治」に「暗い昭和」を対置させる「司馬遼太郎史観」がもてはやされている。これは丸山眞男にならったものであろう。だが私に言わせれば、「暗い昭和」は〈暗い明治〉（司馬が言う「明るくない明治」）から生まれたのである。「昭和」の歩みに新たな要因として加わった要素があるとしても、その原型はしばしば「明治」にある。そしてその流れを作るのに、福沢は大きく貢献した。

福沢は、明治政府や財界の中枢を担う人物や社会的影響力を有する名望家と、終始、緊密な関係を持ちつづけたし、また日々の論説を通じて取るべき政策・対策を提示しつづけた。福沢は「官」に加わらなかったという意味で「民」の立場に立ったが、それだけに官が担う公的性格を顧慮することなく提言を行い、その限りしばしば明治政府以上に強硬な姿勢を貫いた。特に対外政策においてそうである。明治政府が外交上の配慮から表立って言えなかった事柄を、福沢は強硬に主張し、時に朝鮮・中国の主権侵害・保護国化・外戦に向けて明治政府の政策を先導しかつ扇動してやまなかった。また国内の政治的・経済的・社会的・文化的な諸問題にも、多かれ少なかれ何らかの関わり（何も発言しないという不作為の関わり方を含めて）をもってきた。福沢はそのようにして、明治――〈暗い明治〉――の露を払い、水路をつけ、そして棹《さお》をさすという役割を果たしたと言えよう。

## 「〔明治〕政府のお師匠様」——福沢は一九四五年にいたる枠組みをつくった

福沢が晩年ふり返って自らを「〔明治〕政府のお師匠様」（⑳414）と総括したのには、十分な理由がある。福沢は〈暗い明治〉体制のイデオローグであった。したがって福沢は、一九四五年にいたる「暗い昭和」（この被害を最も強く受けたのはアジア諸国である）の枠組みを作るのにも寄与した。それを第一〜七章で詳しく論じたが、それでも不十分なままとなった論点——国内論の場合でも特に対外論に関係するそれ——を補いつつまとめると、以下のとおりである。

**国内論**

・**天皇制・教育勅語体制**　福沢は八〇年代から「政治社外」論を通じて絶対主義天皇制を称揚し、明治憲法体制成立後もその姿勢は貫かれた。それればかりか実際の政治過程において、明治憲法の規定以上に天皇制の絶対性を擁護した。教育勅語に対しても発布当初から全面的な支持を表明し、生徒が「時々これを奉読」するよう提案した。

・**天皇の軍隊・軍人勅諭体制**　福沢は国権拡張のために軍人勅諭体制を支持した。日清戦争勝利の下にはその「一旦緩急〔＝緊急の場合〕あれば……死は鴻毛《こうもう》〔＝鴻《おおとり》の軽い羽毛〕よりも軽し」と同等の精神が、つまり「戦場に斃《たお》るるをもって武夫《ぶふ》〔＝軍人〕の本分となし……生を毫毛《ごうもう》〔＝細い髪の毛〕の軽きに比したる大精神」（⑮321＝235）があったと理解する。また、「上官の命を承ること……直《じき》に朕が命を承る義なり」という軍人勅諭の非合理な命令をも、事実上承認し合理化した（⑤308）。

・**報国尽忠の徳義・臣民の形成**　福沢は国家を支配契約説に立って論じた。この図式では最初から政府・人民が立てられ、政府の存在理由は何かに関する原理的な問いが、ひいては国家を相対化する観点が生じえない。人民の「分」（分限・職分）＝義務が前面に出され、納税・遵法（③39）、兵役（⑤395）から、「報国尽忠」「報国致死」までが臣民の義務とされるようになる。福沢は来たるべき新たな戦争を視野に置き、靖国神社（⑮341）において天皇が祭主となって戦死者の勲功を賞する祭典をとり行うことで、「君国」のために死ぬ臣民を形成できると主張した（⑮322＝236）。

・**自由権**　福沢において自由権は人権とは認められない。それゆえ明治憲法が自由権に大幅な制約を課したにもかかわらず、福沢はそうした憲法を称賛し続けることができた。「大本営発表」を絶対視し、また各種規制法を容認することで報道の自由を放棄した。民党の議会内における言論（⑭313）や、「乱俗」記事（⑭362）、中でも外交上不利になる言論（⑯632）の取り締まりを当然視した（S.⑨205f.）。

・**教育権**　福沢は人民の教育権（教育を受ける権利）を全く認めず、特に貧民を、授業料値上げ・官公立学校の私立学校への再編等を通じて、ごく限られた下等教育以外から締め出そうとした。教育内容については、自らの国権拡張に資する、天皇制に整合的で「教育勅語」に沿った儒教教育を当然視し、教育権を政府の有する権限におとしめた。したがって、教科書検定・修身教科書編纂に関しても、事実上政府（文部省）によるそれを認める立場に立った。

**・有産男性のみの制限的な参政権**　福沢は有産男性による制限選挙を当然視した。社会的に事を行うには世間の信用が、信用を得るためには品行・年齢・家柄・身分等が重要であるとみなし、「通俗世界においては、その貧富に関すること最も大な（る）」（④587）ものと認識するばかりか、自らそれを承認して、参政権には財産資格が不可欠であると主張した。

**・労働条件**　福沢は労働時間や児童労働を制限しようとする明治政府の方針に反対し、劣悪な労働条件をそのまま維持するよう強く主張した。そもそも地主‐小作人間、資本主‐職工間にある階級的な関係を無視し、（不在）地主および資本主の利益を守ろうとした。

**・女性政策**　福沢は「男尊女卑」を問題にしながらも男女の伝統的な役割を当然視した。福沢は、他の選択肢があることを承知しながらこの役割観を疑わなかったばかりか、『新女大学』を書いて、この役割観を前提しかつ強化する良妻賢母主義を称揚した。女性問題としてはほぼ一貫して一夫多妻を論じたが、「公娼制」はむしろ必要であると積極的に主張した。

**対外論**

**・外戦の鼓吹・皆殺しの容認**　国内の各種軋轢《あつれき》の熱を外に逃がすために、またそれを通じて国権拡張を図るために、福沢は外戦の必要をくり返し呼号した。日本がしかける外戦によって塗炭の苦しみに陥る他国人民のことに、満足な配慮は示さなかった。それどころか、例えば中国人民たる「清兵」について、「腐敗政府の下に生まれたるその運命の拙きを、自ら諦むるのほかなかるべし」と論じてその皆殺しを当然視した（⑭492＝198）。おそらく同じ理屈から、東学に集った朝鮮農民や抵抗する台湾人の皆殺しも合理化された。

・**軍事力の利用**　福沢は各種の外交場面で兵力の有効性をくり返し主張した。「金と兵とは……無き道理を造るの器械」（⑤108,S.⑩242）と力説し、実際の外交交渉進展のためにそれを主張した（t.⑧290ff.=72ff.,⑭434f.=176f.）。時にはそれが実際に効を奏したことを誇っている（⑧329=81）。だから今後の外交的勝利のために兵力を見せつける必要があると（⑳242,⑧273）、またひとたび派兵した軍を容易に撤退させるなとも論じている（⑭416=173）。そして、兵力で相手国政府を威圧せよ（⑭435=176f.）、必要なら兵力を行使して戦争に訴えよ（⑭480f.=187f.）、とも。

・**軍拡の主張**　福沢にとって国権拡張は相対的な概念であり、最終的には西洋の帝国主義諸国に匹敵するところまでの拡張を必要と見なす。重要なのは「外交上に平均を保つ」（⑮520）ことであり、それがひいては「東洋の海上権」（⑮526）、「東洋の覇権」（⑮125）の獲得を可能にする。これを得るために福沢は常に軍備拡張を要求する（t.⑯221）。日清戦争を通じて得た償金（遼東半島の返還分を含む）は先立つ時期の国家予算の四～五倍に達するが、その大部分を（⑮168,⑮235）、あるいはすべてを（⑮614）軍拡のために、特に軍艦製造費に使えと要求した。また他の諸税、特に酒税を標的にして（t.⑮193以下の四つの論説）くり返し軍拡推進を主張した。福沢は実業・貿易の発展を重視し、それを通じた富国強兵を説いたが、他面では強兵を通じて国権拡張を図り、それがひいては富国をもたらすと考える。その限り、福沢の立場は「富国強兵」というより「強兵富国」である（安川③162ff.）。

・**朝鮮・中国人民に対する差別視**　福沢は日本を「文明」（「啓蒙期」には「半開」という自覚があったにせよ）の位置に置き、朝鮮・中国を「野蛮・半開」とみなすことで、両国およびそこから脱し得ない両国民を侮辱しつづけた。また両国民を野卑な言葉で呼び習わし、偏見と憎悪をあおった。

・**虐殺の隠ぺい**　福沢は日本軍＝文明の軍隊と妄信し、それが犯した（犯しうる）反文明的な行動の隠ぺいに加担した。特に旅順での虐殺を隠ぺいせんとし、そればかりか台湾では各種の虐殺事件を合理化することで、後の「平頂山」「南京」の可能性を準備した。

・**朝鮮支配への向づけ**　福沢は朝鮮を自力では独立し得ない無気力な国家とみなし、その主権侵害へ向けた明治政府の動きを合理化しかつ先導した。福沢自身は土地の併呑には利益がないことに時にふれたが、主権侵害とヘゲモニー獲得を通じた朝鮮支配を是とした。

・**利益線構想**　山県有朋第三代首相の「朝鮮＝利益線」論（山縣① 196f., ③ 231）は日本の対外政策の基となった。山県はこれを伊藤博文に講義を行ったシュタインから教わったというが（原田 52）、一定の関係を維持した福沢の「朝鮮＝藩屏・防衛線」論（⑪ 175-7＝147-9）もこれに影響を与えたと思われる（後述するように他の点でも両者の主張は近い）。福沢にとって「防衛線」はとめどもなく広がりうる。「朝鮮を援護する」（⑭ 659＝291）ためには朝鮮に接する清国の三省（⑭ 511＝293）が、なかでも盛京省（＝遼寧省）一帯が（⑮ 41）防衛線となる。南西方面では台湾も日本の防衛線である（⑭ 659f.＝291）。そして台湾を領有した後は、福沢は台湾対岸の中国・福建省（⑯ 325）およびフィリピン（⑯ 414）をも防衛線として意識し始める。

・**「東洋の盟主・先導者」論**　福沢は日本を東洋の盟主であり文明の先導者であると見なす（⑧ 30）。「東洋の列国にして文明の中心となり他の魁《さきがけ》をな（す）……ものは、日本国民……」、「アジア東方の保護は我が責任なり」（⑤ 186）。日本人は「東洋攻略の素志を達して、文はすなわち開明の魁をなし、武はすなわちアジアの盟主たらんこと……」(⑧434)。「東洋文明の先導者たるわが日本が……」(⑭516＝49)。――これらによって、東洋(朝鮮・中国)に対する政治的介入、ヘゲモニーの獲得、そして開戦を合理化する。この「東洋の盟主」論を前記山県有朋が主張し、それとの関連で「利益線」構想が説かれた(山縣①198, 山縣③230f.)。

**・独自な反帝・反封建運動の鎮圧**　日本がアジアの盟主なら、各地に独自な開明的運動が起こってもそれを尊重する意思を福沢はもたない。というより、わき起こる運動がそのような意義づけをなしうるか否かに関心をもたない。だから、東学農民軍が有する歴史的な意義を見ようとしない。アヘン戦争についても、「世界中にイギリスを咎《とが》むる者はなくして、ただ唐人をわらうばかり」と記すが(①21)、歴史的な評価はこれとは逆である。太平天国に関しても、「長毛賊〔＝太平天国徒〕……いわゆる頑固者流にして……」(⑤215)、「長髪の賊、勢いますます盛強にして……もとより烏合の衆」(⑲11f.)と、下からわき上がる人民の変革力を理解することができない。フィリピン人民による独立運動に対しても、「かの〔＝フィリピンの〕未開の土人輩に独立の力なきは言うまでもなく……」と切り捨てて米の介入を喜び(⑯414)、義和団についても同じかたくなな姿勢から出ることはなく、日本の軍事的介入を賛美するだけである(⑯620ff.)。

**・資本の輸出**　植民地化に直接結びつくとは言えないとしても、帝国主義的なそれの主要な契機である資本輸出(レーニン123ff.)、つまり借款供与[1]および対外投資(いずれも朝鮮に対する)の必要を福沢はくり返し主張した(借款：⑨7, ⑨8f., ⑬417＝35, ⑮10＝218, ⑮232; 対外投資：⑬417＝35, ⑭413＝167f.)。福沢は軍備拡張のために外国資本の導入を主張するが、「いたずらに外国の資本を〔日本に〕

入るときは……ついに彼らの干渉を招きて、独立の実を傷つくる……」という反対論について、そうした懸念があてはまるのは「朝鮮のごとき未開国の事のみ」（⑯204）と記す。してみると福沢は、朝鮮への資本輸出の必要を、朝鮮の「独立の実を傷つくる」ことを承知で論じ続けたのであろう。

**・鉄道事業**　鉄道事業は経済的・政治的進出を可能にする一大要因だが、これ自体資本輸出を必要とする理由でもある。福沢は国権拡張のために鉄道事業展開の必要を説いた（⑤181, ⑧343ff.,st.）。それは朝鮮に関しても主張されている。明治政府は朝鮮王宮占領後に朝鮮での鉄道敷設権を手に入れたが（海野95）、福沢は占領に先立つ時期にそれを手に入れるべきであると論じた（⑭412f.＝166f.）。山県有朋が「朝鮮政策上奏」で鉄道敷設を強力に推したのは、その五ケ月後である（山縣②224f.）。

**・日本人の移植**　同時に、あたかも福沢の主張（第六章）に呼応するかのように山県が推したのが、朝鮮への日本人の移植である。朝鮮人民が「暗愚」であり「生命・財産の安固ならざる」状態にいるだけに、日本人の手による鉄道敷設と同時に、「枢要の地に邦人を移植す〔る〕こと」が急務だと山県は主張した（山縣②224）。

注

（1）日本政府の借款は、実際朝鮮にくり返し投じられた（海野99,203）。対外投資には第一銀行（渋沢栄一）・三井組（三井八郎衛門）・大倉組（大倉喜八郎）・三菱商会（岩崎久弥）などが強く関与した（井上清②100, 中塚①34, 高崎12,17）。ここに記した各財閥の領袖は、福沢と多かれ少なかれ関係があった。大倉喜八郎をのぞき他の三人は、九四年に福沢とともに「報国会」の結成を呼びかけた人物である（⑲720）。

## 「天は人の下に人を造る、人の上に人を造る」——「有様」を変えがたいものにする天与の条件

これまで、福沢において「天は人の上に造らず……」はただの前置きである上に、抽象的な命題の域を出ず、「有様」における不平等を変革するための原理にはなっていないこと、それどころか福沢の思想の核心はむしろ「天は人の下に人を造る、人の上に人を造る」であると論じた（第一章）。ここでは、第二〜七章を踏まえた上で、後者のように主張する論拠をあらためてまとめておきたい。

福沢は多様な人々に対して根強い差別視を見せるが、それは、有り様（現実）において彼らが差別されているという事実とは別に、福沢の固有の価値観に基づく。しかも、単に人間が彼らの劣等な状況を作ると見る（それなら「人は人の下に人を造る」である）のではなく、その状況は何らかの意味で自然性（天然）に基づくと福沢は判断する。その「自然性」は、遺伝、固有の文化によって歴史的に培われたエートス、性、身体、天然の性情などである。

### 「天は人の下に人を造る」——階級と遺伝

「天は人の下に人を造る」。それは第一に、「天賦遺伝」（⑳154）による。中等社会（士族）には独自の血統があり、それは遺伝によって伝わる。下等社会は、遺伝によって基本的に下等・無知・貧以外ではありえない。これが福沢の基本認識である。

『すすめ』において福沢が文明進展の担い手としての期待を「中等社会《ミッヅル・カラッス》」に寄せていた事実は何度も記した。その姿勢は、『すすめ』『概略』が出されて間もない時期（七五〜六年）により明白になっている。その時期、福沢は遺伝絶対論に立ち、中等からは中等が生まれるが下等は下等以上にはなりえない、と宣言する。「人の能力には天賦遺伝の際限ありて、決してその以上に上《のぼ》るべからず」と原理的な理解を示した上で、「上知と下愚とは移らず」と両極の変わりがたさを論ずるのみか、その間に位する多様な能力も、「中知、中愚、幾百千段の優劣は、すでに先天に定まりて決して動かざるものなり」（⑳154,S.⑥321）と、やはり変化しがたいものであると主張する。後に福沢は『時事小言』（八一年）で、中等・下等から中等・下等が生まれる点を、「ガルトン氏」（第二章）の非科学的な優生論を持ち出して詳しく論じたが（⑤225-31）、さらにその後（八七年）も、同じことを慶応義塾の学生に向かって「教育者」の立場から語っている。「人の天賦においてその心の才・不才は、その身体の大小・強弱に異ならず。その発達すべき約束の点に届きたる上は、さらに一毫《ごう》一厘〔＝少しも〕もこれを超過すべからざるものなり」、と（⑪199）。

現実には、仮に遺伝的に能力開花が期待できないと見なされたとしても、能力は教育によって変化しうる。それが教育者の一般的な立脚点であろう。だが福沢はほとんどそれを信じない。いや、むしろそれを否定する。「教育の要は、人生の本来になきものを造りてこれに授くるにあらず。ただ有るものを悉皆《しっかい》〔＝すべて〕発生せしめて残るところなからしむるにあるのみ」（⑳155）と。これは「啓蒙期」の発言である。九〇年代には遺伝絶対論の観点をより前面に出して、こう記す。「教育の効能はただ天然に備わる能力の発生を助けて……達すべきところまで達せしむるにあるのみ」（⑥270,S.

⑥320ff.)。なるほど福沢は、遺伝による無知や貧困も社会組織のあり方によっては変わりうることを否定しない(1)。だが、「今の社会の組織」にあってはそれは極めて困難である(⑬70)と主張し、また福沢自身がこの社会組織——別な箇所の言葉では「文明世界の組織」(⑬73)——の改善を拒否するのである。

福沢は人の平等をひとまず口にするが、「有様」において貧人・下人となった人民を教育・社会組織の改善・整備等を通じて地道に育てる努力を重ねるどころか、むしろ社会の安寧を得るためと称して、「天賦遺伝」を盾として彼らの成長の可能性を積極的に閉ざすのである(福沢においては天賦論とあれば、人は天賦人権論(第一章)だと思うであろう。しかしそうではなく、福沢においてそれは「天賦遺伝」論であり、ひいて言えば天賦不平等論なのである)。かくて、福沢にとって、遺伝を通じて「天は人の下に人(=貧民・被抑圧階級)を造る」。

なお、「穢多・非人」について福沢がどのような発言をしていたかは第七章に記した。それを見れば、おそらく福沢は「穢多・非人」は、したがってその後の「部落民」(新平民)もまた、その穢《けが》れを「遺伝」によって受けつぐと認識しているのであろう。その限り彼らもまた、福沢にとって「人の下」に造られた人にすぎない。

## 「天は人の下に人を造る」——民族とエートス

第二に、朝鮮人・中国人はやはり遺伝において、そして教育の伝統のために野蛮・未開状態に沈淪《ちんりん》し、日本が特別な文明注入をしないかぎり、そこからもはや抜け出すことはできないと福沢は主張する。

すなわち、「遺伝・教育の旨に同じからざるところのものあるか。……この二国〔＝支那・朝鮮〕の者どもは一身につき、また一国に関して、改進の道を知らず」、と（⑩239＝18,S.⑩49）。

民族に関する遺伝説は、その一〇〇年も前からかまびすしかった。アフリカ大陸の「黒人」や他の「未開民族」は、その本来の・固有の能力において「白人」に劣ると、少なくない欧米人が本気で信じた。ヘーゲルは本来的に「黒人」は野蛮で無能であると理解し（ヘーゲル159ff.）、カントは、アボリジニーやフェゴ島人はその固有の能力から文明化できないと見ていた[3]（カント①313, 杉田③167）。この種の発想は、後に野蛮・未開・文明という発展段階を想定した歴史観を通じて、広く人々に信じられた。またユダヤ人を始めとする特別な民族に対しても、同様の先天的特質——おそらくその民族が置かれた宗教的・歴史的かつ経済的・社会的条件に由来するエートスという形で——が問題にされてきた。福沢の時代にも（社会進化論を通じて）それは根強く生きていた。福沢が依拠したゴールトンの主著も『遺伝的才能』と題されていたが、その第二〇～二一章では人種改良論議（後にこれをゴールトンは優生学と呼ぶようになる）が扱われている（Galton 336ff.）。そこでは、黒人やアボリジニー等は、アングロサクソン（白人）よりはるかに平均的な知的水準が劣ると記されている（同338f.）。

驚くべきことに現代でもその亡霊が生き残っている。二〇〇一年に石原慎太郎・東京都知事（当時）が、『産経新聞』紙上で述べたことは、少なくない人々に衝撃を与えた。石原は中国人による凶悪犯罪事件にふれた上で、「こうした民族的DNAを表示するような犯罪が蔓延《まんえん》することでやがて日本社会全体の資質が変えられていく」と、論じたのである（石原99）。石原は前年に日本国内で「三国人」が犯罪をくり返していると発言して騒ぎを起こしたが、おそらくその発言を根拠づけようという意図もあったのであろうか、あまりにも露骨な表現に世界が震撼した。世界中にネオナチは多いが、ここまであからさまな表現はなかった。ここでは「DNA」という言葉が使われているが、これは福沢が言う「遺伝・教育の旨」とほぼ同趣旨であるように思われる。何より石原も遺伝的素質を意味しているであろうが、それは俗流の物言いであってもちろん厳密な話ではありえない。むしろ同時に中国人の「教育の旨」、つまり固有の文化によって歴史的に培われたエートスをこそ、石原は考慮に入れているはずである。

福沢の前記引用文では「遺伝・教育」[4]と記されていたが、一般に福沢は朝鮮人・中国人について その愚民・卑屈ぶりをあげつらっても「遺伝」は口にしない。この点では日本の貧民に対する場合とは違いがある。その理由は簡単である。朝鮮人・中国人の場合には、「遺伝」と言ったとたんに、日本の「責任」(⑤186)だと福沢が主張する文明の注入は不可能になるからである。日清戦争が「文野の戦争」であるためには、野蛮といえども「文する」(文明化)ことができるのでなければならない。だから、朝鮮人・中国人の頑迷固陋は先天的なものではなく、歴史的に作られたエートスに基づくのでなければならない。

ところで福沢において朝鮮人・支那人のエートス(教育の伝統)として名指されているのは、「儒教主義」である(⑩239)。表現こそ違え、「儒教主義に飽満して腐敗をいたしたる」(⑨11)、「周公・孔子の末流にして、腐敗の極に沈みたる」(⑭435＝177)、また「数百年来、儒教の中毒症に陥りたる」(⑯132)等と福沢は朝鮮人について記すが、要するに伝統的な儒教が形成するエートスはとうてい「文明」とは相いれず、だから日本が絶え間なく介入しなければならないと福沢は主張する。

なお福沢は、時には「遺伝」とも「教育」とも言わずに、無条件で、例えば「朝鮮人にてあらん限りは……」(⑮10＝218)、「支那人と言えば一種人外の人種にして……」(⑨405)などと書く場合もある。そうした表現に、遺伝によるにせよエートスによるにせよ、人為的にはもはや容易に超えがたい、朝鮮人・支那人の体内に染みついた性《さが》(社会的性格)の意をこめているのである。朝鮮および支那(福沢がこの言葉を使うとき一定の差別視がまぎれこんでいるようである)が一国をなす以上、その国民は形式的には朝鮮人・支那人と呼べるにせよ、こうしてその呼称がそれぞれの国民の性格(と当事者が見なすもの)を含意する言葉として用いられることがある。福沢も例えば『自伝』で江戸期の武士が「本藩(＝自分が所属する藩)に対してはその卑劣、朝鮮人のごとし」と書いているが(⑦210)、ここでは朝鮮人は単なる朝鮮国の国民を指すのではなく、「卑劣」の代名詞として使われている。遺伝によるにせよ、固有の文化によって歴史的に形成されてきたエートスによるにせよ、「朝鮮人」という言葉にその社会的性格が含意されている(「支那人」については第五章)。

こうして福沢にとって、遺伝もしくは民族のエートスを通じて、「天は人の下に人(＝朝鮮人・支那人等)を造る」。

## 「天は人の下に人を造る」――性《ジェンダー》(女性)と性《セックス》・身体

第三に、女性は男性と平等だが(一応福沢はこの物言いを認める)、女性にとっては出産、哺乳、子の養育、家事は「(固有の)職分」である。哺乳は「天然の約束」であり、その時期がすぎても子に対する飲食・衣服への心配り等の養育は「天職」である。また、女性は月経によって毎月「心身の自由」を妨げられるのみか、妊娠・出産はもちろん、それに「引き続き小児の哺乳・養育は女子の専任」であるために時を失うことが多く、「学問上に男子と併行すべからざるは自然の約束」である(⑥263, ⑥506f., ⑥515f.)。——こう福沢は主張する。

だからといって必ずしも女性を「高尚の門」に入れることは不可能ではないとするが、それさえ福沢は「今後十年、二十年の短日月」には困難であろうと見ており、ましてや「学問上に男子と併行」することは不可能と理解する(⑥507)。とすれば、福沢が男女の間に根源的な不平等があって当然であり、それは解消できないと考えているのは確かと言わなければならない。だからこそ、前記のように女性が国政に関与することは不可能だと福沢は見なすのだが、同時にだからこそ、女性が経済的な資力を得るための各種職業につくのも困難であると見るのであろう(第七章)。

福沢はアメリカの女性が各種職業についている事実にふれつつも、「ただ日本にてはいまだこれを試みざるのみ」と記すが(⑤480)、その後、女性論をいくつも書きつつ、ついに女性の労働権について語らなかった事実からすれば、福沢が日本人女性にとって(少なくとも比喩的な意味で)先天的と呼びうる特質を考慮に入れていたと言わなければならない。文字通り日本人女性に(だけ)現出する遺伝的特性を上げることは困難であろうが、ちょうど福沢が日本人全般について語った「順良さ」と同じ意味での特質として、文化を通じて歴史的に形作られた日本女性のエートスを念頭に置いているということは、十分ありうる。もとより実際そのようなものがあるかどうかは疑問だが、福沢はそれを確固として信じているように見える。さもなければ、アメリカ女性の各種職業について具体的に語りつつ、「いまだこれを試みざる」といった取ってつけた理由で、職業進出の可能性を一蹴できるとは、私にはとうてい思えない。

いずれにせよ、福沢にとっては性・身体の構造の観点から（ただしここで「性」にはセックス＝自然的性差ばかりかジェンダー＝文化的・社会的な性差・役割観も入りこんでいる）、「天は人の下に人（＝女性）を造る」のであろう。

## 「天は人の上に人を造る」――天皇制と日本人の天然の性情

以上、貧民において（階級）、朝鮮人・中国人において（民族）、女性において（性）見られるように、福沢にあっては「天は人の下に人を造る」。だがまた同時に、福沢にとって「天は人の上に人を造る」。「上」に置かれるのは「帝室」である。すなわち、日本は「一系万世」（⑤263，⑥6）の、もしくは――明治憲法に追随した表現を用いれば――「万世一系」（21 353）の帝室をいただくが、これは「数百千年来、君臣の情誼中に生々したるもの」（⑤267）であり、言いかえればそれを貴ぶのは、あたかも日本人、特に「下等社会」の順良・卑屈なるのと同様に、「ほとんど日本国人固有の性に出でたるがごとくにして、古来今にいたるまで疑いを容るる者なし」、「ほとんどその天然の性情に出るもの……」（⑥5）と、あるいは、帝室の神聖を「尊拝」する習慣は、「国人の骨に徹して天性をなし、今の帝室を尊崇・敬愛するはただ人々の性に従うのみ」（⑥61）と、福沢は主張する。なるほど「啓蒙期」にあって福沢は、「新たに王室を慕うの至情を造（る）……はすこぶる難きこと」と記していた（④187）。だが後には、帝室に忠を尽くすのは「万民熱中の至情〔＝自然・当然の人情〕」（⑧72）等と主張し始めるのである。その後に、右に見られる各種の言い方がなされるようになる。ここでも帝室への尽忠の自然性が強調されている。その意味で、福沢は自覚的に「天は人の上に人を造る」と主張するにいたる。

いま日本人の柔順さと対比させて述べたが、この柔順さとの関連で、「およそ遺伝なるものは……教育もこれを導くべからず、命令もこれを止むべからず一種微妙の能力」、と記されていた（⑫46）。もちろん、仮に順良さが日本人固有の性だったとしても、そうした性格と帝室に対する尊崇の念とはおのずと異なる。だが、ここで福沢が言う性質順良とは、「長上〔＝目上〕に服従してその制御を受け、成規〔＝目上・先祖をうやまう〕習慣を遵奉してその界《さかい》を超えず」（⑫43）という性格を指しており、そしてその長上の頂上には帝室がある。[5] 本段落で論究したのは、明治憲法発布直後に公表された「日本国会縁起」と題する論説中の一節である。この論説で福沢は、国会開設後に予想される軋轢発生の可能性を論じ、以上の理由から一時的に「軽挙・暴躁」があろうと、それはおのずと収束すると論じている。特に、「わが社会の上辺には帝室の神聖ありて下界に降臨す（る）」が故に、おのずから人は順良になると（⑫46）。つまり帝室への尊崇の念は、こうした「上下の名分」に親和的な日本人の固有の順良さ――これは「遺伝」によると福沢はくり返し強調する（同前）――からも帰結する、と福沢は見る。

その意味で、「天は人の上に人〔＝天皇〕を造る」。そして天皇の下には、下に置かれる限りにおいて相互に平等な臣民がいる。日清戦争のさなか福沢は慶応義塾の学生に向かって、「国辱《はずか》しめらるれば身死するのみとは、国中の貴賤貧富、男女老幼、その地位にかかわらずその職業を問わず、平等一様の決心にして……」（⑮30）と論じているが（しかもそこで福沢は、これは「わが国民先天の固有、遺伝の武士道により」太古から確固として不動のものであると言う）、たとえ「天は人の上に人を造らず、人の下に人を造らず」という、一定の平等を含意しうる言い方が一面で成り立つとしても、それは天皇の下に置かれ、その命の下《もと》に死を賭して戦場におもむく（あるいはそれを助ける）臣民である限りでの平等を指すにすぎない。

なお、先の「朝鮮人にてあらん限りは……」という表現で朝鮮人の先天性を主張していたように、福沢は同様の意味をこめて、「日本国民は……」「日本国人は……」「わが国人は……」といった言い回しを時に用いる。「日本国民はただこの一帝室に忠を尽くして他に顧みるところのものあるべからず」、と（⑨288）。これが遺伝に由来するものと考えるにせよ、民族の場合と同様に文化的・歴史的に形成されてきたエートスによると考えるにせよ、やはり日本国民の「祖先遺伝の性質」（⑫46）を念頭におき、それを通じて日本人は、頂上におかれた帝室に尊崇の念を抱き続ける、と福沢は言うのである。

## 文明国・中等社会の男性のみが平等・諸権利を享受する

以上に、階級、民族、性《ジェンダー》、そして帝室に関する、「天は人の下に人を造る、人の上に人を造る」という福沢の本来的な主張について論じた。帝室を除けば、「人の下」に造られる人々は三つのカテゴリーに区分されるだけだが、だがこれらの人々はおそらく人類の九割五分以上を占めるであろう。福沢にあっては、文明国の、中等社会以上に属する男性だけが、「天は人の上に人を造らず、人の下に人を造らず」という文言で表現されうる平等や諸権利を享受する。その他の階級、民族、性に属する個人は、彼らの利益のために、彼らの下におかれ続けることを福沢は当然視する。いや他民族の場合には、仮に文明化（近代化）したとしても、もしそれが親日的であり日本のヘゲモニー下にある文明化（第六章）ではないならば、その中等社会の人士は、彼ら「文明国の中等社会男性」の仲間入りはさせられない。とすれば福沢の構想においては、九割五分どころかさらに多くの人たちが、「人」（＝福沢を含む特権層）の下に置かれ続けるであろう。

注

（1）福沢はあやしげな遺伝論を用いて、「無学文盲貧賤の子も……昇進の道ある……〔それには〕およそ三、四代の歳月を要する」などと、わけ知り顔に記す（⑥ 322f.）。一方、「好男子・美女子に生まれたるその子孫は……必ず半死半生の青瓢箪《ひょうたん》たるを免れず」なども（⑭ 338）。

（2）後述するユダヤ人の場合を含め、「遺伝」という術語を使うかどうかは問題ではない。科学的方法に基づくメンデルの学説（その研究が世に知られるようになったのは、ほとんど福沢没後である）以前にも、遺伝は、特殊な家系あるいは民族について、通俗的にもしくは一定の学問的な体裁の下に論じられた。

（3）ただしカントもヘーゲルも、福沢のような伝統的な王朝をまで「野蛮」視する極端な「文明」絶対論には立っていない。それればかりかカントは、「ヨーロッパの野蛮人」（カント② 232）によるアメリカ先住民――福沢にとっては「無知蒙昧の蛮民」（⑮ 266）――に対する、商業上の詐欺、言語を絶する野蛮な殺戮・土地収奪・植民の事実を厳しく批判していた（杉田③ 187,167ff.）。植木枝盛も、アメリカの黒人奴隷制、ヨーロッパ列強による他国の植民地化などを「大野蛮」と見なしていた（植木② 162-3）。

（4）ここでは「遺伝・教育」と中黒を打ったが（S. ⑪ 337）、「遺伝教育」は古くから伝えられた教育（⑤ 115, ⑧ 550, ⑭ 47）を意味する可能性もある。

(5) 福沢は「長上」を頂上の意味で用いることもあるが(t.⑤268)、一般にはやはり目上を指すようである(t.⑫43)。

## 一万円札からの引退を!
## ——真実の福沢像が理解されれば引退は当然である

福沢の肖像が、日本の最高額紙幣に四半世紀を超えて掲げられてきた。○四年に千円札、五千円札の肖像が入れ替えられた際に、一万円札だけは手を加えずに放置された。

だが真実の福沢像が直視できれば、事態の異常さが理解されよう。紙幣には、その国の誇るべき人物の肖像が掲げられるのがふつうであろう。だが、福沢は「誇るべき」人物ではありえない。対内的にもだが、対外的には特にそうである。アジア諸国に対する主権侵害、アジア諸国の保護国化、アジア諸国との外戦、アジア諸国への侵略を公然と主唱した人物を、最高額紙幣の肖像とすることは、アジア諸国民に対する大いなる侮辱である。○四年には、従来の研究に抗してすでに安川寿之輔の地道な研究(安川②③)が読みやすい形で公表され、いかに日本人が「福沢神話」に呪縛されてきたかがかなり明らかにされていたのに、一万円札の改定がなされなかったのは、返すがえすも無念である。この期に及んでも福沢をもちあげ続ける体たらくは、断じて続けるべきではない。それを放置すれば、私たちの戦後責任が深刻に問われうる。

福沢に引き比べて私が思い出すのは、○四年から肖像の人となった樋口一葉と野口英世である。

## 貧民を救わんとした樋口一葉

樋口一葉(1872〜1896)は、福沢が言う典型的な貧民として社会の底辺を歩みつつ、たった二四歳で亡くなった。一葉が、自らにも増して厳しい底辺を生きる貧民の生活に思いをよせながら、家族を背負って家業(荒物・小間物屋)を切り盛りし、借金をし、空腹に泣き、そのかたわらに名作を書き続け、けっきょく肺結核で命を落とすさまは、強く胸を打つ。

一葉はいくつかの日記を残している。それらは、作家としての歩みをふり返りつつ一葉が成長する様を、かいま見させてくれる。『水の上日記』等と名づけられた日記で一葉は、何度か朝鮮にふれている。なかでも東学についてはは何度もふれている。「東学党」とまるで賊徒のように(旛田175)呼ばれた彼らを、どのような人たちであると思っていたのか。箇条書きに近い記述からは詳らかではない。最後に出るのは九四年六月である。一葉は東学にふれ、清国との争端にふれ、そして「これらは女子の得《え》(=全く)よくしるべき事にもあらず」と記している(西尾238f.)。その行間からは、「女子」をおいて外戦へと突っ走る男たちに対する、そこはかとない距離感がにじみ出ている。

日記『しのぶぐさ』には雑感等が記されているが、その最後、九六年二月に、一葉は「清艦隊の提督・丁汝昌《ていじょしょう》」にふれている。丁は、清国北洋水師(艦隊)が日本艦隊によって全滅した際、清兵の助命と安全な帰郷を求める嘆願書を書いて自ら命を絶っている。勝海舟も惜しんだその丁の自害を、一葉は、「かたきなれどもいとあわれなり。さばかりの豪傑をうしないけんとおもうに、うとましきはたたかい也」と記して、かたわらに歌を書きつけている。「中垣《なかがき》の隣の花のちる見ても、つらきははるのあらし成《なり》けり」(西尾279f.)。ただしその「はるのあらし」は、彼女の生きる国の側から強引に起こしたものであることを、一葉は知らない。

また一葉は『しのぶぐさ』に、「かれ〔＝富豪〕も人也《なり》……これ〔＝娼婦〕も人也」と記している。そして、「万物おのおの所に随いて〔貴賤なく〕おい立ちぬべきを〔＝生い立ったはずなのに〕、何物《ママ》ぞ、はかなき階級を作りて貴賤という」と記しているが（西尾281）、これはまるで、富豪・中等社会の目線で娼婦を賤民視し、これ以上思いつきようのない非情な言葉で指弾しつづけた福沢（第七章）に向けたかのようではないか。そして一葉は、ついに踏み出せなかったとしても、横山源之助と交流しつつ（西尾440,476,521）、貧民とくに貧しい女性たちのために何かできぬかと心を配る。そもそも一葉の作品自体が、娼婦を含む世の貧民の不如意な生活を描いている。『にごりえ』『たけくらべ』は娼婦の、『おおつごもり』は「下女」[1]の生活に関わる。『十三夜』は、子をおいて家出せざるをえなかった妻と、福沢が侮辱してやまない車引きの思いが主題である。

そのようにして当時の現実を見、日々に社会のあり様に思いを走らせた一葉は、自らが貧民であるにもかかわらず（だからこそ）何とか彼女らの力になりたいという志をもちつつ、それを十分に発揮できぬままに若くして亡くなったが、その一葉と比べたとき、弱い者の立場を思い図るどころか彼らを窮地におとし入れて恥じない福沢の人間性の欠如に、私は目を伏せざるをえない。

## 人類を救わんとした野口英世

あるいは、野口英世（1876～1928）。彼もまた、一葉と同じくの貧民の出身である。しかも士族ではなく、福沢がしばしばその卑屈さを罵倒した農民の出である。だから福沢の発想からすれば、野口はその天賦において「賢人」たりえず、したがって「貴人」にも「富人」にもなりえない、下等社会の一員にすぎない。実際、野口は貧しい東北地方の高等小学校しか出ていない。八二年、福沢は「北海道の土人〔＝アイヌ先住民〕の子」はいくら苦労して教えても「慶応義塾上等の教員」（福沢自身のことであろう）にはなれないと記していたが（⑧58）、そのように「教育者」福沢の意見が表明されたころ、野口は未来への淡い夢を見つつ、やっと東北寒村の尋常小学校に入ったのである（そして一葉はその頃小学校高等科を卒業し、貧しさゆえにもはやそれ以上の教育を受ける機会はえられなかった）。

だが幸いなことに、野口の周辺にいたのは福沢のような尊大な人物ではなかった。それどころか彼らが、早熟な野口少年を支え、励まし、時には基金までつのって、医学への精進を可能にしたのである。その野口は彼らに支えられつつ、自らの絶え間ない努力によってついに医師になった。周知のように野口は幼い時に重度の火傷《やけど》を負ったが、後に医術によってその苦しみからいくらかでも解放されたことで、その時の感謝の気持ちから医学を志して、不幸な人々を救おうと決意したに違いない。とはいえ、苦学の末に資格をとったものの火傷の後遺症のために左手が十分に使えず、患者の「打診」ができない恐れに野口は悩んだと思われる。そのため野口は、むしろ医学研究に従事するのならその不利を補えると見たのか、ちゅうちょせずにその道へと突き進んだのである。

そして野口は、まだ二十代の若い時代に患者の体内からペスト菌を発見し、その後渡米し蛇毒を研究して毒液に対する血清製造への道を開き、「痴呆症」（認知症）患者から梅毒スピロヘータ菌を発見して精神病治療の可能性を広げ、人類の疾患中もっとも恐れられた黄熱病の研究にとりくみ、そしてアフリカでその病の研究のさなかに五二歳で命を落とした。野口の墓には、「その努力を科学に捧げ尽くして／人類のために生ける彼は／人類のために死せり」、と記されている（星234）。己の命を投げ出しても人類を救おうとした野口の博愛主義を思う時、アジア諸国民を見下し、国内の貧民を蔑視し、芸娼妓としてしか生きられなかった女性に烙印を押しつづけた福沢が、いかに小粒の人間だったかが分かる。

福沢は、細菌学者・北里柴三郎の仕事を高く評価したようである（⑬600ff.）。だが野口は、その北里の下で研究もしていたのである。よもや福沢は、自ら尊敬する北里の伝染病研究所で、高等小学校しか出ていない貧民が研究に従事し、後に世界的な業績を上げるなどということは、想像もしなかったであろう。福沢は「社会の安寧」（当人が認めているように要するに「富豪」の財産の安寧）を侵すに違いないと見て、「貧知者」の誕生をひどく恐れたが、だが貧知者であるからこそ野口は——ちょうど一葉が、社会の底辺をはって生きざるをえない人たちを、人間的な思いをもって見ることができたように——不治と言われた病に苦しむ人々に、共苦の思いを向けえたのではなかったか。もちろん「貧知者」でもそれとは異質な者もいれば、逆に「中等社会」に生まれても温かな人間性を示す人物はいるであろう。それが人間である。だが、だからこそそうした多様性を信じることなしに、貧民だからといって最低の教育以外は不要と見なす福沢には、一葉や野口のような高貴な人格は、とうてい理解できないであろう。

## 一万円札からのすみやかな引退を

樋口一葉にしても野口英世にしても、長らく日本の高額紙幣の肖像として残すに値すると私は信ずる。彼らを思うと、福沢という狭量・小粒な人物の肖像画が、両者を上回る最高額紙幣のそれとして、しかも四半世紀を超えて飾られているという日本の現実は、あまりにも物悲しい。一葉も野口も、貧民・人類を救わんとした偉人として世界に紹介しても恥ずかしくないが、「人の下に人を造ろうとした福沢諭吉は、とても他国人の目にさらすことはできない。福沢を西日で引き伸ばされた影をもって理解する愚は避けようではないか。日本の将来のために、福沢を一万円札から早く引退させることを私は強く望む。

注

（1）福沢は下女・下男を「下賤なる奉公人」（⑨ 464）、「下僕・小廝《こもの》（＝身分の低い使用人）」（⑧ 558, ルビは福沢）などと形容した。後者では続いて彼らを車夫・馬丁とともに「卑賤なる奴僕輩」とも表現し（⑧ 559）、さらに「奴僕輩は人間に生まれて、はたしてよく人間に終始しうるやの懸念なきをえず……」とさえ書き記す（⑧ 560）。そして、「奴隷僕の賤業」「奴僕下郎の社会」（⑧ 560f.）とも記している。福沢はかつて、子ども向けの文書で職業に貴賤はないかのように語ったが（④ 307f.）、その子どもらにどういう言い訳をするのであろう。

# 文献一覧（あいうえお順）

## 新聞・報告書・ネット資料

ウィキペディア（Wikipedia）……「Wiki.」と略記
「官吏服務紀律の一部を改正する勅令」（国立公文書館「アジア歴史資料センター A06050072700」http://www.jacar.go.jp/siryo/ichiran/K_S01/m12440.html）……「アジ歴」と略記
『工場および職工に関する通弊一班』→隅谷②所収
『時事新報 復刻版』（龍渓書舎、1986-）……「復刻」と略記し、その後に巻・号・ページ数を「⑧（2）125」のように記す。
「張嬪と題する小説発売差止めの義に付上申（一八九五年二月五日付）」（国史編纂委員会大韓民国教育部国史編纂委員会『駐韓日本公使館記録』第七巻第十二号、大韓民國文教部國史編纂委員會、1989）……「公使館」と略記

## 一般文献

赤川 学『セクシュアリティの歴史社会学』（勁草書房、1967）
有賀長雄『日清戦役国際法論』（陸軍大学校、1896）
B・アンダーソン『想像の共同体――ナショナリズムの起源と流行』（リブロポート、白石隆・白石さや訳、1987、原著は 1983 刊）
安藤昌益①『統道真伝 糺聖失巻』（『安藤昌益全集 第八巻』所収、農文協、1984-5、執筆時期は 1740-50 年代頃）
――②『統道真伝 糺仏失巻』（同前『第九巻』所収、同前）

家永三郎①『革命思想の先駆者——植木枝盛の人と思想』（岩波新書、1955）
——②『太平洋戦争』（岩波書店、1968）
——③『歴史の中の憲法　上』（東京大学出版会、1977）
池上　淳『経済学——理論・歴史・政策』（青木書店、1991）
石河幹明①『福沢諭吉伝　第一巻』（岩波書店、1932）
——②『福沢諭吉伝　第三巻』（同前）
——③『福沢諭吉伝　第四巻』（同前）
石堂清倫『20世紀の意味』（平凡社、2001）
石原慎太郎『日本よ』（扶桑社文庫、2004）
市井三郎『歴史の進歩とはなにか』（岩波新書、1971）
一ノ瀬俊也『旅順と南京——日中五十年戦争の起源』（文春新書、2007）
井上角五郎（井上角と略記）「朝鮮事変に就いて」（『明治文化研究』第五巻第四号、三省堂、1929）
井上勝生（井上勝①と略記）「日本軍による最初の東アジア民衆虐殺——東学農民戦争　精算されない加害責任」（岩波書店『世界』、693号、2001）
——（井上勝②と略記）「日本軍最初のジェノサイド作戦」（中塚明他『東学農民戦争と日本人——もう一つの日清戦争』所収、高文研、2013）
井上　清（井上清①と略記）『日本の歴史　中』（岩波新書、1965）
——（井上清②と略記）『日本の歴史　下』（岩波新書、1966）
——（井上清③と略記）『日本の軍国主義』（岩波書店、2004）
井上幸治（井上幸と略記）『秩父事件——自由民権期の農民蜂起』（中公新書、1968）
井上晴樹（井上晴と略記）『旅順虐殺事件』（筑摩書房、1995）

井原西鶴『武家義理物語』（『定本西鶴全集　第五巻』所収、中央公論社、1977、原典は1688刊）
色川大吉①『日本の歴史21　近代国家の出発』（中央文庫、1974、単行本は1966刊）
——②『自由民権』（岩波新書、1981）
植木枝盛①「普通教育論」（『植木枝盛選集　第三巻』所収、岩波書店、1990、原著は1877執筆）
——②「世界大野蛮論」（同前所収、原著は1870公表）
内村鑑三「宗教の大敵」（山本泰次郎編『内村鑑三信仰著作全集 第14巻』所収、教文館、1963）
内海愛子他『ある日本兵の二つの戦場——近藤一の終わらない戦争』（社会評論社、2004）
M・ウルストンクラフト『女性の権利の擁護——政治および道徳問題の批判をこめて』（未来社、白井堯子訳、
1980、原著は1792刊）
海野福寿『韓国併合』（岩波新書、1995）
U・エッゲルト『日本振農策』（『明治大正農政経済名著作　第三巻』所収、農山漁村文化協会、1975、原著は1881刊）
F・エンゲルス『家族・私有財産および国家の起源』（『マルクス＝エンゲルス全集　第二一巻』所収、大月書店、
村田陽一訳、1971、原典は1883刊）
大江志乃夫『兵士たちの日露戦争』（朝日新聞社、1988）
大久保滋泉『うたでつづる明治の時代世相　下——明治三〇年から明治の終焉まで』（国書刊行会、1968）
大谷　正『近代日本の対外宣伝』（研文出版、1994）
小田　亮『一語の辞典　性』（三省堂、1996）
呉《オー》　知泳《ヂョン》『東学史——朝鮮民衆運動の記録』（梶村秀樹訳注、平凡社東洋文庫、1970）
小股憲明『明治期における不敬事件の研究』（思文閣、2010）
戒能通孝『小繫事件——三世代にわたる入会権紛争』（岩波新書、1964）
夏　暁虹「『纏足をほどいた女たち』（藤井省三監修、清水賢一郎他訳、朝日選書、1998）

片山　潜『自伝』（岩波書店、1954）
加藤弘之（加藤弘と略記）『真政大意』（『日本の名著　第34巻 西周・加藤博之』、中央公論社、1984、原著は1870刊）
加藤文三（加藤文と略記）『日本近現代史の発展　上』（新日本出版社、1994）
ガルトン→ゴールトン（Galton）
川島武宜他編『入会権の解体　III』（岩波書店、1968）
韓　相一他→韓《ハン》　相一《サンイル》他
I・カント①『判断力批判』（『カント全集　第八巻』所収、理想社、原佑訳、1961、原著は1790刊）
――　②『永遠平和のために』（『カント全集　第十三巻』所収、理想社、小倉志祥訳、1988、原著は1794刊）
杵淵信雄『福沢諭吉と朝鮮――時事新報社説を中心に』（彩流社、1997）
金《キム》　一勉《イルミョン》（金一と略記）『遊女・からゆき・慰安婦の系譜』（雄山閣出版、1997）
金《キム》　文子《ムンジャ》（金文と略記）『朝鮮王妃殺害と日本人――誰が仕組んで誰が実行したのか』（高文研、2009）
木村　幹『高宗・閔妃――然らば致し方なし』（ミネルヴァ書房、2007）
琴《クム》　秉洞《ビョンドン》『金玉均と日本――その滞日の軌跡』（緑蔭書房、1991）
香内《こうち》信子編集『資料　母性保護論争』（ドメス出版、1984）
幸徳秋水『二十世紀の怪物　帝国主義』（『帝国主義』、岩波文庫、2004、原典は1901刊）
呉　知泳→呉《オー》　知泳《ヂョン》
小林和幸（小林和と略記）『谷 干城――憂国の明治人』（中公新書、2011）
小林直樹（小林直と略記）『憲法講義〔新版〕上』（東京大学出版会、1980）
小山弘健『日本労働運動史――抵抗と解放のたたかい』（社会新報、1968）
F・ゴールトン（Galton）『遺伝的能力』（*Hereditary Genius*,1869, http://galton.org/books/hereditary-genius/text/pdf/galton-1869-genius-v3.pdf）

M・コンドルセ「公教育の全般的組織についての報告と法案」(コンドルセ他『フランス革命期の公教育論』所収、岩波文庫、阪上孝編訳、2002、原著公表は1792)
芝田進午編著『生命《いのち》を守る方法――バイオ時代の人間の権利』(晩聲社、1988)
杉田　聡①『レイプの政治学――レイプ神話と「性＝人格」原則』(明石書店、2003)
――②『「日本は先進国」のウソ』(平凡社新書、2008)
――③『カント哲学と現代――疎外・啓蒙・正義・環境・ジェンダー』(行路社、2012)
――④「福沢諭吉と明治絶対主義天皇制――福沢は天皇制とたたかったか」(『帯広畜産大学学術研究報告』第33巻、2012) http://ir.obihiro.ac.jp/dspace/bitstream/10322/3553/1/sugita.pdf
――⑤『「買い物難民」をなくせ!――消える商店街、孤立する高齢者』(中公新書ラクレ、2013)
杉田　聡編『福沢諭吉　朝鮮・中国・台湾論集――「国権拡張」「脱亜」の果て』、明石書店、2010)
鈴木　淳(鈴木淳と略記)「資料紹介『雲揚』館長井上良馨の明治八年九月二九日付け江華島事件報告書」(財団法人史学会『史学雑誌』111巻第12号、2002)
隅谷三喜男①『日本の歴史22　大日本帝国の試練』(中央公論社、1966)
――②『生活古典叢書3　職工および鉱夫調査』(光生館、1970)
高崎宗司『植民地朝鮮の日本人』(岩波新書、2002)
高橋幸春『日系人　その移民の歴史』(三一新書、1997)
竹内良知「『ヘゲモニー』の概念について」(伊藤成彦他編『グラムシ研究国際シンポジウム報告　グラムシと現代』所収、御茶ノ水書房、1988)
立花雄一「横山源之助小伝」(横山源之助『日本の下層社会』所収、岩波新書、1949)
田保橋　潔『近代日鮮関係の研究　下巻』(文化資料調査会、1964復刻、原典は1940刊) http://dl.ndl.go.jp/info:ndljp/pid/1276051

趙《チョ》　景達《キョングル》『異端の民衆反乱——東学と甲午農民戦争』（岩波書店、1998）
富田正文『考証・福沢諭吉　上』（岩波書店、1992）
R・トロイマン『モナルコマキ——人民主権論の源流』（学陽書房、小林孝輔他訳、1976、原著は1895刊）
中塚　明①『日清戦争の研究』（青木書店、1968年）
——②『歴史の偽造をただす——戦史から消された日本軍の「朝鮮王宮占領」』（高文研、1997）
——他（中塚③と略記）『NHKドラマ「坂の上の雲」の歴史認識を問う——日清戦争の虚構と真実』（高文研、2010）
中山治一「『廿世紀之怪物』帝国主義」（同編『世界の歴史13　帝国主義の時代』、中央公論社、1961）
西尾能仁『全釈一葉日記　第三巻』（桜楓社、1976）
新渡戸稲造『武士道』（岩波文庫、矢内原忠雄訳、1938、原著は1899刊）
H・ノーマン『忘れられた思想家——安藤昌益のこと　上巻』（岩波新書、大窪愿二訳、1950）
野呂栄太郎『初版　日本資本主義発達史（下）』（岩波文庫、1883、原典は1930刊）
朴《パク》　宗根《ヂョングン》（朴宗と略記）『日清戦争と朝鮮』（青木書店、1982）
朴《パク》　孟洙《メンス》監修（朴孟と略記）『東学農民革命100年——革命の野火、その黄土の道の歴史を訪ねて』（つぶて書房、信長正義訳、2007）
旗田　巍（編集代表）・朝鮮史研究会編『朝鮮の歴史』（三省堂、1974）
馬場辰猪『日本の政治状態』（『馬場辰猪全集　第三巻』所収、岩波書店、1988）
原田敬一『シリーズ日本近現代史③　日清・日露戦争』（岩波新書、2007）
韓《ハン》　相一《サンイル》他『漫画に描かれた日本帝国——「韓国併合」とアジア認識』（明石書店、2010）
平塚らいてう『平塚らいてう評論集』（小林登美枝・米田佐代子編、岩波文庫、1987）
ひろさちや『仏教の歴史7　普遍への目覚め——聖徳太子・最澄・空海』（春秋社、1991）

備仲臣道『司馬遼太郎と朝鮮――「坂の上の雲」もう一つの読み方』（批評社、2007）
M・フェスカ『日本農業論』（『明治大正農政経済名著集2』所収『日本地産論』、農山漁村文化協会、1978；原著は1890刊）
福澤諭吉『福澤諭吉全集』（全二一巻、岩波書店、1958-63）……巻を①〜㉑と記す
福地櫻痴『張嬪――朝鮮宮中物語』（『明治文化全集 第十四巻時事小説篇』所収、日本評論社、1992、原典は1894刊）
藤村道生『日清戦争――東アジア近代史の転換点』（岩波新書、1973）
藤本 武『最低賃金制』（岩波新書、1967）
G・W・F・ヘーゲル『歴史哲学講義 上』（岩波文庫、長谷川宏訳、1994、講義は1824-31頃実施）
朴 宗根→朴《パク》 宗根《ヂョングン》
朴 孟洙監修→朴《パク》 孟洙《メンス》監修
星野 通編『民法典論争資料集 復刻増補版』（日本評論社、2013）
星野芳郎『技術と文明の歴史』（岩波ジュニア新書、2000）
星 亮一『野口英世――波瀾の生涯』（三修社、2008）
細井和喜蔵『女工哀史』（岩波文庫、1954）
T・ホッブズ『リヴァイアサン』（『世界の大思想 ホッブズ』所収、河出書房新社、水田洋他訳、1967、原著は1651刊）
堀尾輝久①『現代教育の思想と構造』（岩波書店、1971）
――②『新版 教育の自由と権利――国民の学習権と教師の責務』（青木書店、2002）
P・マイエット『日本農民の疲弊およびその救治策』（近藤康男編『明治大正農政経済名著集3』所収、農山漁村文化協会、1975、原著は1893刊）
松尾 洋『日本労働運動史』（日本労働協会、1954）

K・マルクス『資本論 第一巻　第一分冊』（大月書店、マルクス＝エンゲルス全集刊行委員会訳、1968、原著は1864刊）
丸山眞男①「超国家主義の論理と心理」（『丸山眞男集　第三巻』所収、岩波書店、1995、原典公表は1946）
――②『「文明論の概略」を読む　上』（岩波新書、1986）
――③『「文明論の概略」を読む　下』（岩波新書、1986）
――④『福沢諭吉の哲学』（松沢弘陽編、岩波書店、1996、原著公表は1942-92）
宮地正人『国民国家と天皇制』（有志社、2012）
――他「生きた思想とは――近代啓蒙主義と自由民権」（『季論21』第七号、本の泉社、2010）
J・S・ミル①『女性の隷属』（岩波文庫『女性の解放』、大内兵衛他訳、1957、原著は1861刊）
――②『経済学原理（四）』（岩波文庫、末永茂喜訳、1961、原書は1848刊）
陸奥宗光『蹇々録《けんけん》』（『日本の名著　陸奥宗光』所収、中央公論社、1984、原著出版は1929）
村岡伊平治『村岡伊平治自伝』（講談社文庫、1987、執筆は1936-7頃）
村上信彦『明治女性史⑷――愛と解放の胎動』（講談社文庫、1977）
村田静子『福田栄子――婦人解放運動の先駆者』（岩波新書、1959）
森崎和江『からゆきさん』（朝日文庫、1980）
森山茂徳『日韓併合』（吉川弘文堂、1992）
U・G・モルフィ『石つぶての中で――モルフィの廃娼運動』（不二出版、小川京子訳、1984）
安川寿之輔①『増補版 日本近代教育の思想構造――福沢諭吉の教育思想研究』（新評論、2002、初版1970）
――②『福沢諭吉のアジア認識――日本近代史像をとらえ返す』（高文研、2000）
――③『福沢諭吉と丸山眞男――「丸山諭吉」神話を解体す』（高文研、2003）
――④『福沢諭吉の戦争論と天皇制論――新たな福沢美化論を批判する』（高文研、2006）

――⑤『福沢諭吉の教育論と女性論――「誤読」による〈福沢神話〉の虚妄を砕く』（高文研、2013）
山縣有朋①「外交政略論」（『明治百年史叢書16』所収、原書房、1966；執筆は1890）
――②「朝鮮政策上奏」（同前所収、上奏は1894）
――③「軍備拡充意見書（上奏）」（同前所収、上奏は1895）
山川菊栄①「日本婦人の社会事業について伊藤野枝氏に与う」（『山川菊栄評論集』岩波文庫、鈴木裕子編、1990、原文は1916公表）
――②「明治文化と婦人」（『山川菊栄集3』所収、岩波書店、1982、公表は1921）
山崎五郎（山崎五と略記）『日本労働運動史』（改定増補　労務行政研究所、1966）
山崎朋子（山崎朋と略記）『サンダカン八番娼館――底辺女性史序章』所収（筑摩書房、1972）
山住正己「『修身要領』百周年」（福澤諭吉協会編『福澤手帖』一〇六号、2000）
――編『福沢諭吉教育論集』（岩波文庫、1991）
山辺健太郎①「『甲申日録』の研究」（朝鮮学会編『朝鮮時報』所収、17輯、1960）
――②『日本の韓国併合』（大平出版社、1966）
山室軍平『社会廓清論』（中公文庫、1977）
横山源之助『日本の下層社会』（岩波文庫、1985改版；原著は1899刊）
吉田傑俊『近代日本思想論①　福沢諭吉と中江兆民――〈近代化〉と〈民主化〉の思想』（大月書店、2008）
吉見周子《かね》『売笑の社会史』（増補改訂版、雄山閣、1992）
J＝J・ルソー①『人間不平等起源論』（『世界の名著　ルソー』所収、中央公論社、小林善彦訳、1966、原著は1755刊）
――②『社会契約論』（同前所収、井上幸治訳、原著は1762刊）
――③『エミール――もしくは教育について』（『世界の大思想　ルソー』所収、河出書房、平岡昇訳、

1966、原著は1762刊）

И・В・レーニン『帝国主義論』（光文社古典新訳文庫、角田安正訳、2006、原著は1916刊）

J・ロック『市民政府論』（『世界の名著 ロック』所収、中央公論社、大槻春彦訳、1968、原著は1689刊）

＊外国文献から引用する際、訳書の訳にはかならずしもしたがっていない。

＊本書は基本的に書き下ろしであるが、第四〜五章で杉田④⑤を一部用いていることをお断りする。

# 引用著書・論説一覧

本文中に出典を細かに明示するときわめて読みにくいものになる。それゆえ、本文中では、岩波版全集の巻数とページ数を記すにとどめる。ただし、文脈上、公表年あるいは著書・論説名があった方が便利な場合は、それをも記した。

以下、岩波版全集の巻ごとに、かつ年代順に記す(第19巻はのぞく)。福沢の最晩年を除いてすべて一八〇〇年代のものであるため、最初の二桁は略して記す。

19‒20巻に見える〔 〕は、無題の論説などに岩波版全集編者が便宜的につけた題である。

**第1巻①**

① 12-23「唐人往来」(62年頃)、① 275-382『西洋事情初編』(66年)、① 383-481『西洋事情外編』(67年)、① 483-608『西洋事情二編』(70年)

**第2巻②**

② 211-231『兵士懐中便覧』(68年)、② 281-451『洋兵明鑑』(69年)、② 579-668『世界国尽』(69年)

**第3巻③**

③ 21-144『学問のすゝめ』(72‒76年)

**第4巻④**

④ 1-212『文明論之概略』(75年)、④ 213-229『学者安心論』(77年)、④ 231-298『分権論』(77年)、④ 299-385『民間経済録』(77・80年)、④ 387-535『福沢文集』(78‒79年)、④ 537-566『通貨論』(78年)、④ 567-597『通俗民権論』(78年)、④ 647-673『通俗国権論二編』(79年)

**第5巻⑤**

⑤1-61『民情一新』（79年）、⑤63-93『国会論』（79年）、⑤95-231『時事小言』（81年）、⑤233-255『時事大勢論』（82年）、⑤257-292『帝室論』（82年）、⑤293-348『兵論』（82年）、⑤349-363『徳育如何』（82年）、⑤365-390『学問之独立』（83年）、⑤391-420『全国徴兵論』（83年）、⑤421-444『通俗外交論』（84年）、⑤445-474『日本婦人論』（85年）、⑤475-507『日本婦人論後編』（85年）、⑤509-544『士人処世論』（85年）、⑤545-578『品行論』（85年）、⑤579-605『男女交際論』（86年）、⑤607-639『日本男子論』（88年）

**第6巻⑥**

⑥1-29『尊王論』（88年）、⑥31-70『国会の前途』（90年初出、92年出版）、⑥71-95『国会難局の由来』（92年）、⑥97-112『治安小言』（92年）、⑥113-142『地租論』（92年）、⑥143-194『実業論』（93年）、⑥195-384『福翁百話』（93–94年執筆、96–97年公表）、⑥385-436『福翁百余話』（97年執筆、97–1900年公表）、⑥437-460『福沢先生浮世談』（98年）、⑥461-503『女大学評論』（99年）、⑥505-526『新女大学』（99年）、⑥527-591『明治十年丁丑公論・瘠《やせ》我慢の説』（77年／91年執筆、1901出版／94年公表）

**第7巻⑦**

⑦1-260『福翁自伝』（99年）、⑦655-689『覚書』（75–78年）

**第8巻⑧『時事新報』論説**

82年

⑧5-10「本紙発兌《はつだ》の趣旨」、⑧19-20「一利一害」（漫言）、⑧28-31「朝鮮の交際を論ず」、⑧56-62「遺伝の能力」、⑧62-64「故社員の一言今なお〔わが社中の〕精神」、⑧64-67「圧制もまた愉快なるかな」、⑧68-73「立憲帝政党を論ず」、⑧80-83「神官の職務」、⑧111-160「藩閥寡人政府論」、⑧180-200「時勢問答」、⑧216-237「局外窺《き》見」、⑧243-249「朝鮮の変事」、⑧259-260「喉笛に食いつけ」（漫言）、⑧264-273「朝鮮事変続報余論」、⑧290-292「出兵の要」、⑧294-296「朝鮮の事に関して新聞紙を論ず」、⑧296-305「日支韓三国の関係」、

⑧313-322「支那国論に質問す」、⑧326-329「朝鮮事件談判の結果」、⑧337-338「聾者疑念深し」（漫言）、⑧343-349「鉄道論」、⑧357-360「妻妾区別の説」（漫言）、⑧362-367「政治の名分」、⑧394-402「廃県論」、⑧402-417「天下自省すべきものあり」、⑧419-422「北海道の遺利惜しむべし」、⑧427-443「東洋の攻略はたして如何せん」、⑧465-470「徳育余論」、⑧470-471「私塾誤り証文の事」（漫言）

83年

⑧507-516「支那朝鮮の関係」、⑧522-523「つがもない〔＝ばかばかしい〕」（漫言）、⑧558-561「正直は芸にあらず」、⑧573-579「富豪の進歩を妨ぐるなかれ」、⑧582-583「時候の挨拶またその由縁あり」（漫言）、⑧585-586「常に昇りて室に入るなかれ」（漫言）、⑧622-639「攻防論」、⑧660-662「買い物に法あり」（漫言）、⑧662-665「儒教主義の成跡甚だ恐るべし」

## 第9巻⑨『時事新報』論説

⑨5-7「朝鮮政略の急はわが資金を彼に移用するにあり」、⑨7-10「日本の資本を朝鮮に移用するも危険あることなし」、⑨10-12「朝鮮国に資本を移用すれば我を利すること大なり」、⑨21-23「誠に目出たし」（漫言）、⑨96-100「朝野新聞に答う」、⑨100-108「世態論時事新報に呈す」、⑨118-120「高等法院の福島事件公判」、⑨172-184「士族の授産は養蚕・製糸を第一とす」、⑨192-204「外交論」、⑨204-207「学者の議論」、⑨207-210「婦女孝行論」、⑨219-222「婦女孝行余論」、⑨222-225「安南朝鮮、地を換えば如何なりしか」、⑨268-277「儒教主義」、⑨277-294「徳教の説」

84年

⑨351-353「国を富強するは貿易を盛大にするにあり」、⑨377-390「海外ご巡幸」、⑨391-398「私立学校廃すべからず」、⑨448-450「東洋にビスマークなしと言うことなかれ」（漫言）、⑨460-463「人を容るること甚だ易し」、⑨469-472「経世に高尚論は無用なり」、⑨489-503「開鎖論」、⑨503-525「条約改正論」、⑨525-528「奮いて故郷を去れ」、⑨528-529「全国の富を専有すること甚だ易し」（漫言）、⑨541-545「なお早し、すでに晩《おそ》し」、

⑨564-567「華族の資格如何」、⑨567-570「華族の資産如何すべきや」

**第10巻⑩『時事新報』論説**

⑩33-36「清朝の秦檜《しんかい》・胡澹庵《こたんあん》」、⑩42-48「支那を滅ぼして欧州平らなり」、⑩49-52「支那風擯斥すべし」、⑩52-58「宗旨宣布の方便」、⑩67-70「国の名声に関しては些末の事をも捨つべからず」、⑩72-80「東海の波蘭《ポーランド》」、⑩80-100「貧富論」、⑩101-104「米の値段」、⑩113-132「通俗道徳論」、⑩155-158「軍費支弁の用意大早計ならず」、⑩158-162「戦争となれば必勝の算あり」、⑩162-168「国民の私に軍費を醵《きょ》集するの説」

85年

⑩181-184「敵国外患を知る者は国亡びず」、⑩184-187「ご親征の準備如何」、⑩189-192「なお未だ万歳を唱うるの日にあらず」、⑩192-195「遣清特派全権大使」、⑩206-210「官報再読すべし」、⑩213-215「我輩の所望空しからざるを知る」、⑩238-240「脱亜論」、⑩275-278「日本をして銭の国たらしむるに法あり」、⑩316-326「日本の水害ははたして不治の病なるべきや」、⑩379-382「朝鮮人民のためにその国の滅亡を賀す」、⑩402-414「内商外商」、⑩418-423「工商社会に栄誉権力を重んず」、⑩554-557「成学即身実業の説、学生諸氏に告ぐ」、⑩567-569「教育の方向如何」

**第11巻⑪『時事新報』論説**

86年

⑪35-38「法必ず信」、⑪40-45「米麦作を断念すべし」、⑪45-56「男女交際余論」、⑪63-65「離婚の弊害」

87年

⑪175-178「朝鮮は日本の藩屏なり」、⑪183-208「社会の形勢学者の方向、慶応義塾学生に告ぐ」、⑪268-270「日本の華族」、⑪299-302「国民の教育」、⑪305-313「教育の経済」、⑪318-323「耶蘇教会女学校の教育法」、⑪329-331「衛生論」（漫言）、⑪332-340「政略」、⑪375-390「私権論」、⑪413-415「官民調和論」、⑪416-418「今後を如何せん」

88年

⑪ 423-434「施政邇言《じ》」、⑪ 439-441「徳風の衰えたるは一時の変相たるに過ぎず」、⑪ 441-444「徳教の要はその実施にあり」、⑪ 466-468「官立公立学校の利害」、⑪ 469-472「教育組織の改革を祈る」、⑪ 485-488「博士会議」、⑪ 488-496「公共の教育」、⑪ 535-543「条約改正敢て求めず」、⑪ 554-556「内閣責任の有無如何」、⑪ 556-565「政府において国会の準備は如何」、⑪ 574-577「立国の背骨」

**第12巻⑫『時事新報』論説**

89年

⑫ 15-17「保安条例の廃止」、⑫ 20-46「日本国会縁起」、⑫ 49-52「伊藤伯の演説」、⑫ 62-66「貧富知愚の説」、⑫ 74-76「政治の進歩は徐々にすべし急にすべからず」、⑫ 82-84「後藤伯の入閣」、⑫ 92-94「保安条例」、⑫ 104-128「国会準備の実手段」、⑫ 154-156「掘る者あれば埋むる者あり」（漫言）、⑫ 200-207「条約改正、法典編纂」、⑫ 207-210「法典編纂の時機」、⑫ 218-221「文明教育論」、⑫ 238-243「法典発布の利害」

90年

⑫ 332-336「帝国議会」、⑫ 358-359「違約の徳義」（漫言）、⑫ 372-386「少壮生の始末を如何せん」、⑫ 411-415「みだりに米価の下落を祈るなかれ」、⑫ 443-450「貧民救助策」、⑫ 450-470「安寧策」、⑫ 484-497「尚商立国論」、⑫ 497-502「神仏を論じて林政に及ぶ」、⑫ 511-512「官尊民卑、傍聴札の色」（漫言）、⑫ 545-552「地租軽減」

91年

⑫ 595-597「国会開設すでに晩《おそ》し」、⑫ 601-603「国会議院中なお上下あり」、⑫ 604-606「庶人党」、⑫ 637-639「大儲け大儲け」（漫言）

**第13巻⑬『時事新報』論説**

⑬ 12-15「貴族院に重きをなさしむるなかれ」、⑬ 66-68「勅令を煩わすなかれ」、⑬ 69-104「貧富論」、⑬ 115-117「天皇陛下の還御」、⑬ 117-119「暴行者の処刑」、⑬ 142-144「富豪の摂生法」、⑬ 186-188「子弟教育費」、⑬ 251-254「超

然主義は政府に利あらず」

92年

⑬ 329-331「新議会提出の議案につきて」、⑬ 348-350「婦人社会の近状」、⑬ 352-353「教育よりも現金の方ありがたし」（漫言）、⑬ 356-358「政海の運動なお足らざるものあり」、⑬ 367-369「停会の後を如何せん」、⑬ 412-418「一大英断を要す」、⑬ 423-426「日秘《ペルー》鉱業会社事件」、⑬ 455-457「新内閣の注意を望む」、⑬ 512-520「資本の用法」、⑬ 520-522「まず天津条約を廃すべし」、⑬ 524-527「医術の新発明」、⑬ 531-535「天津条約」、⑬ 535-537「天津条約廃せざるべからず」、⑬ 564-566「女子教育」、⑬ 575-577「教育の方針変化の結果」

93年

⑬ 579-581「政府の意見いずれにあるや」、⑬ 582-584「歳入足らざれば如何すべきや」、⑬ 584-587「工商の実業家は自ら謀るところあるべし」、⑬ 588-597「富豪の要用」、⑬ 597-599「その非を改むるに吝《やぶさ》かなるなかれ」、⑬ 600-602「北里博士の栄誉」、⑬ 602-603「お嬢さんの浮気に証文をとられた」（漫言）、⑬ 603-605「連立内閣行うべからざるか」、⑬ 605-607「地価修正と貴族院」、⑬ 625-627「軍艦製造費の否決に対する政府の覚悟は如何」、⑬ 644-646「上奏不可」、⑬ 650-676「時事新報の官民調和論」、⑬ 688-690「元老の技量は後の始末を見て知るべし」

**第14巻⑭『時事新報』論説**

⑭ 5-7「議会閉会して後の始末は如何」、⑭ 20-22「勅命を煩わし奉るべからず」、⑭ 29-31「朝鮮の政情」、⑭ 51-53「防穀事件の談判」、⑭ 54-55「防穀の談判急にすべし」、⑭ 66-68「朝鮮の近情」、⑭ 106-112「伝染病研究所の始末」、⑭ 115-118「地租論の起源」、⑭ 145-147「近来の弊事」、⑭ 179-183「銅像開被につきて」

94年

⑭ 248-250「当局者の決断如何にあり」、⑭ 250-253「開国進取の主義」、⑭ 253-255「政府の責任いよいよ大なり」、⑭ 284-287「条約改正の結果如何」、⑭ 289-322「維新以来政界の大勢」、⑭ 324-327「功臣大同の機会」、

⑭327-329「新聞記者に告ぐ」、⑭336-339「国民の体格、配偶の選択」、⑭347-349「韓人の治安妨害」、⑭357-359「一定の方針なし」、⑭361-363「新聞紙に対する政府の監督」、⑭386-388「朝鮮東学党の騒動につきて」、⑭390-392「衆議院の解散につきて」、⑭392-393「速やかに出兵すべし」、⑭397-398「支那人の大風呂敷」、⑭409-410「白どんの犬と黒どんの犬と」(漫言)、⑭410-414「朝鮮の文化事業を助長せしむべし」、⑭414-416「日本兵容易に撤去すべからず」、⑭434-436「兵力を用うるの必要」、⑭436-439「土地は併呑すべからず国事は改革すべし」、⑭441-444「世界の共有物を私《わたくし》せしむべからず」、⑭447-448「降参の旗章」(漫言)、⑭456-458「外国の勧告を拒絶して更に如何せんとするか」、⑭470-472「改革論はたして拒絶せられたり」、⑭479-481「支那・朝鮮両国に向かいて直ちに戦を開くべし」、⑭485-488「我にはさむところなし」、⑭491-492「日清の戦争は文野の戦争なり」、⑭497-498「宣戦の詔勅」、⑭507-509「改革の結果は多数の幸福なるべし」、⑭510-512「とりあえず満州の三省を略すべし」、⑭514-517「私金義捐につきて」、⑭524-527「軍費支弁につき酒税の増加」、⑭537-539「酒税増加の結果は下等人民に及ばず」、⑭545-550「日本臣民の覚悟」、⑭555-557「朝鮮の改革に因循すべからず」、⑭560-562「商売人は私情を忍ばざるべからず」、⑭562-564「半途にして講和の機会を得せしむべからず」、⑭568-570「平壌陥りたり」、⑭570-572「支那将軍の存命万歳を祈る」(漫言)、⑭572-575「支那の大なるは恐るるに足らず」、⑭577-580「税源は酒税にあり」、⑭582-584「宗教の効能」、⑭584-586「横浜の小新聞」、⑭595-597「時日の遅速を言うなかれ」、⑭597-600「井上伯の朝鮮行き」、⑭600-602「井上伯の渡韓を送る」、⑭622-624「行在所」、⑭624-626「朝鮮国の革新甚だ疑うべし」、⑭642-644「大本営と行在所」、⑭644-646「破壊は建築の手始めなり」、⑭647-649「朝鮮の改革その機会に遅るるなかれ」、⑭659-660「台湾割譲を指命するの理由」、⑭666-668「旅順の殺戮無稽の流言」、⑭675-677「わが軍隊の挙動に関する外国人の批評」

**第15巻⑮『時事新報』論説**
95年

⑮8-10「改革の勧告ははたして効を奏するや否や」、⑮11-13「朝鮮の改革に外国の意向をはばかるなかれ」、⑮18-20「朝鮮の公債はわが政府これを貸し付けすべし」、⑮23-25「容易に和すべからず」、⑮28-32「福沢先生の演説」、⑮32-35「外債の外に道あり」、⑮40-60「外戦始末論」、⑮79-81「清朝の覆滅は日本の意にあらず」、⑮83-84「責、李鴻章にあり」、⑮93-94「内戦と外戦と」、⑮94-96「義侠にあらず自利のためなり」、⑮96-97「償金は何十億にても苦しからず」（漫言）、⑮100-101「奉天霊場の安危如何」、⑮124-126「長崎造船所」、⑮143-145「発行停止」、⑮161-163「台湾の処分法」、⑮168-170「同盟国の必要」、⑮172-173「御還幸を迎え奉る」、⑮210-212「兵士の恩典」、⑮232-234「朝鮮の処分如何」、⑮234-237「軍艦製造の目的」、⑮257-258「外交費を増すべし」、⑮262-264「文部大臣の教育談」、⑮264-266「台湾永遠の方針」、⑮269-270「厳重に処分すべし」、⑮277-279「台湾の豪族」、⑮301-303「一国の自衛」、⑮304-305「事の真相を明らかにすべし」、⑮312-314「朝鮮の独立」、⑮314-315「今日に処する国民の心得」、⑮317-319「製艦費奉還」、⑮320-322「戦死者の大祭典を挙行すべし」、⑮326-327「朝鮮の近事」、⑮332-333「二十八日の京城事変」、⑮339-341「死者に厚くすべし」

96年

⑮350-352「人民の移植」、⑮354-356「台湾の騒動」、⑮356-358「教育費」、⑮362-364「人民の移住と娼婦の出稼ぎ」、⑮371-373「移民と航海」、⑮373-375「移民の保護」、⑮379-381「朝鮮政府の転覆」、⑮392-394「対朝鮮の目的」、⑮420-423「一国の隆替《りゅうたい》〔＝盛衰〕偶然にあらず」、⑮423-425「元老保存」、⑮430-432「帝室の財産」、⑮432-435「神官無用ならず」、⑮435-437「帝室所有の株券も売るべし」、⑮437-439「教育普及の実」、⑮439-441「女子教育」、⑮445-448「貴族の弊害」、⑮448-450「維新第一の勲功」、⑮472-474「まず大方針を定むべし」、⑮474-476「政令に従わざるものは退去せしむべし」、⑮476-479「台湾島民の処分甚だ容易なり」、⑮481-483「軍備拡張に官民一致」、⑮508-510「新内閣の組織」、⑮520-522「軍備は海軍を主とすべし」、⑮525-528「海軍拡張の程度と国力」、⑮537-540「大いに清酒税を増すべし」、⑮544-546「不徳と言わんよりむしろ無知なり」

97年

⑮581-584「資本主と職工」、⑮586-589「職工条例制定の必要ありや」、⑮602-612「幣制改革」、⑮613-615「軍備縮小説につきて」、⑮622-623「人心の不平」、⑮624-625「不平破裂の時機」、⑮626-628「政治上の不平を如何すべきや」、⑮630-631「クリート事件の成り行き如何」、⑮642-645「教科書の編纂検定」、⑮645-647「女子の本位如何」、⑮649-651「内務大臣の鉱毒視察」、⑮653-655「演劇改良」、⑮669-670「足尾銅山鉱毒事件の処分」、⑮673-676「民力の発達と租税の増徴」

**第16巻⑯『時事新報』論説**

⑯25-28「容易に用兵を談ずべからず」、⑯58-61「宗教は経世の要具なり」、⑯70-72「新聞紙の外交論」、⑯86-91「時事新報第五千号」、⑯121-124「職工条例は翻訳条例なるべし」、⑯124-127「翻訳条例は断じて思い止まるべし」、⑯132-134「事実を見るべし」、⑯156-157「政界の進歩」

98年

⑯202-204「大いに外資を入るるべし」、⑯211-213「新内閣の組織」、⑯216-220「支那分割後の腕前は如何」、⑯220-222「海軍拡張の外あるべからず」、⑯227-229「納税力の余裕」、⑯230-232「増税の方略」、⑯232-234「専ら酒《を》税に取るべし」、⑯242-246「海軍拡張止むべからず」、⑯248-251「日本の農業」、⑯259-262「大院君崩ず」、⑯266-268「同盟罷工に処するの道如何」、⑯276-278「儒教主義の害はその腐敗にあり」、⑯278-281「儒教復活の責は今の当局者にあり」、⑯284-286「支那人親しむべし」、⑯289-291「宗教に内外を区別すべからず」、⑯291-294「今の外交の心得は如何すべきや」、⑯299-301「空論の時にあらず」、⑯324-326「支那に対して更に要求すべきものあり」、⑯326-329「対韓の方針」、⑯329-331「対韓の方略」、⑯331-334「対清要求の理由」、⑯334-336「やむを得ざれば威力を用うべし」、⑯343-344「澎湖島の防備を厳にすべし」、⑯371-373「老壮起伏間一髪」、⑯387-390「政府党組織の好機会」、⑯403-405「ノブの控訴につきて」、⑯408-412「藩閥征伐の成り行き如何」、⑯412-415「米西戦争およびフィリッピン島の始末」、⑯428-430「内助の功を没すべからず」、

⑯436-438「経世家の事を行うべし」、⑯472-475「責任内閣の実を明らかにすべし」、⑯475-478「貴族院議員の本分」

99年

⑯493-495「差当り遊郭の始末を如何」、⑯495-497「まず表面の醜態を慎むべし」、⑯502-505「表面の体裁より始むべし」、⑯507-509「女大学の流毒」、⑯509-511「女子教育の方法」、⑯526-527「一歩を退くべし」、⑯531-534「西洋流か日本流か」、⑯534-536「庶子・私生児を厚遇すべし」、⑯540-542「幼弱者の保護に注意すべし」、⑯543-544「人の妾たるものも大いに考えざるべからず」、⑯550-552「地主の覚悟如何」、⑯555-557「農業の前途」、⑯558-560「醜行男子なお悟らざるか」

1900年

⑯569-572「爵位の利用」、⑯572-575「日本人の品行」、⑯594-596「寺と檀家との関係」、⑯598-600「地方における元老の挙動」、⑯620-622「国のために戦死者に謝す」、⑯623-624「いたずらに一兵をも損ずべからず」、⑯627-629「商売人失望すべからず」、⑯629-633「政府に責任あり」、⑯644-648「文明の政と教育の振作」、⑯653-656「親の非行その子に報う」、⑯658-660「婦人もまたその責を免れず」、⑯660-663「日本の金満家は多々ますます利すること易し」、⑯663-664「西洋富豪の事情はわが国に異なり」

1901年

⑯676-678「男女同罪」、⑯683-686「帝室の財産」

**第17巻⑰書簡集**

⑰471-480（81年）井上馨・伊藤博文あて書簡、⑰516-517（82年）岩倉具視あて書簡、⑰719-720（85年）川村純義あて書簡

**第18巻⑱書簡集**

⑱33-34（86年）福沢一太郎あて書簡、⑱269-270（89年）中上川彦次郎あて書簡、⑱626-627（94年）井上角

五郎あて書簡、⑱642-644（95年）高見亀あて書簡、⑱693（95年）林釟蔵あて書簡、⑱713（98年）井上角五郎あて書簡、⑱822-823（98年）石川幹明・北川礼弼あて書簡

**第19巻⑲雑文集**

⑲6-65（61–62年）「西航記」、⑲265-268（82年）「「局外窺見《き》」第四章原稿」、⑲525-538（75年）「国権可分の説」、⑲539-542（74年）「征台和議の演説」、⑲552（73年）「男女同数論」、⑲599-602（76年）「因果応報の妨げらるる由縁を論ず」、⑲710-712（81年）「宗教の説」、⑲717-720（94年）〔明治二十七年八月軍資醵《きょ》集相談会における演説〕

**第20巻⑳雑文集**

⑳11-15（67年）「或云《わくうん》随筆」、⑳67-77（71年）「ひびのおしえ」、⑳85-87（72年?）「日本の歴史」、⑳142-145（75年）「案外論」、⑳145-151（75年）「アジア諸国との和戦はわが栄辱に関するなきの説」、⑳152-154（75年頃）「国民兵」、⑳154-155（75–76年頃）「教育の力」、⑳156-159（76年頃）〔政府は人望を収むるの策を講ずべし〕、⑳159-161（76年）〔奥平昌邁結婚式祝文〕、⑳196-201（79年）「華族を武辺に導くの説」、⑳220-223（80年）「国会開設の儀につき建言」、⑳230-232（81年）「宗教の説」、⑳232-240（81年）「明治辛巳《しんみ》紀事」、⑳240-243（82年）「兵を用うるは強大にして速やかなるを貴ぶ」、⑳254-256（82年頃?）「乗輿《じょうよ》〔＝天皇〕に触るるの罪人」、⑳267-271（83年）「文学会員に告ぐ」、⑳335-345（88–89年）「四方《よも》の暗雲《くろくも》波間の春雨」、⑳348-364（90年）〔英文笑話の翻訳〕、⑳369-371（90年）「工学会と福沢先生」、⑳399-400（96年頃）〔時事新報社の取り締まりに関する注意〕、403-404（98–99年頃）「断片メモ」、⑳413-415（97年）「勲章などはご免」

**第21巻㉑雑文集**

㉑353-356（00年）「修身要領」

# あとがき

戦後、七〇年がたった。おびただしい人命を犠牲にして獲得された各種の理念、法、制度が、今じわじわと掘り崩されつつある。九条への攻撃は九条の歴史とともに古いが、この攻撃が「集団的自衛権」を御旗にして強まっている。またぞろ天皇（制）の政治利用が見え隠れし、しかも現在は、立憲主義そのものにまで攻撃の手が伸びている。国民の意識を排外主義へと導くナショナリズムも隠微に広がっており、かつての侵略戦争・植民地支配への痛切な反省も、無に帰しかねない状態である。

こうした事態を見るにつけ、思想史研究者は、一九四五年にいたる歴史を照射する思想を俎上にのせ、現時点でのその（再）評価を課せられていると痛感する。論ずべき対象は多いが、そのなかで特に問われるべきは、体制の側に立って体制の論理を形成・深化させ、実際に体制側の人物に有力な語彙を与えてきた福沢諭吉であろう。私は「韓国併合」百年にあたる二〇一〇年、福沢のアジア論集を編集して詳細な注と解説を書いたが（→杉田編）、対象を対外論＝アジア論だけにとどめずに、他の種類の議論、すなわち教育論・民主制論・天皇制論・経済論・女性論等々をも踏まえた、福沢の全体像を描くべきだと考えた。その脈絡で、福沢の名と結びついてよく知られた「天は人の上に人を造らず……」に関するものを始めとして、「福沢神話」とも呼ぶべき大きな誤読が一般化している事実を、問題化すべきであると考えた。そうした課題をはたしたのが、本書である。

本書には、別の意図もある。

私は思想史に関わりながら、思想史研究には学問的方法論が確立されていないのではないかと感ずることが多い。なるほどそれを確立するには独自の難しさがある。だが最低限守らなければならない方法は、確かにある。それは、思想家の片言隻語を取り出してきて全体像を作ってはならない、ということである。当たり前のようだが、これはほとんど守られてない。福沢に関してはそれこそ汗牛充棟の研究書や関連書が出されて来たというのに、安川寿之輔の研究（安川①〜⑤）などをのぞけば、この方法を守ったものはほとんどないと思われる。本書では、その代表例さえ十分に批判する紙数はないが、私は福沢の著書・論説全体を通覧したうえで、方法を誤った典型たる丸山眞男の議論を必要に応じて批判した。また近年の顕著な誤読者である宮地正人の議論も、最低限論じた。他にも堀尾輝久・山住正己らをも、わずかだが取り上げた。

二〇一四年は、自然科学研究における研究者倫理がかなり厳しく問われたが（ただしそれを生み出す研究体制・近年の教育行政等が満足に問われていないのは遺憾である）、思想史研究のそれも深刻に問われなければならない、と私は考える。福沢に関し特にそれを強調しなければならない。つまみ食いのように片言隻句をとりだしてよしとする福沢論が横行したため、ゆがんだ福沢像が作られてきた。近年では、満足な文献的な裏づけもないまま、次に記す手法を悪用して、ほとんど妄想と言わざるをえない「論拠」に基づいたありもしない福沢像が捏造され（杉田編 333ff.）、しかもそれを満足な検討もなしに一部の論者がうのみにするという、異常な事態まで起きている。福沢の筆の癖なるものを恣意的に取り出し、それに基づいて福沢論説の真筆いかんを判断するという、思想史に関わるように破綻した方法を拙劣な仕方でむし返して画期的だと自認した論者もいる（同 330ff.,380ff.）。

まともな思想史家は、賢明にもこうしたずさんな「研究」はほとんど無視してきたようだが、一部の福沢研究者や一般の論壇では、けしてそうではない。思想史家は、二〇一四年に発覚した自然科学における研究者倫理の問題を斜に眺めることなく、思想史分野でもこうした異常事態が起きているという事実を、自らの方法をもかえりみつつ、十分に考慮すべきであろう。

私は本書を記すにあたって、福沢研究にしばしば見られる轍をふまないよう注意をはらったつもりだが、思わぬ間違いがないとは言えない。読者の叱正をせつに期待する。

最後になったが、本書出版のために尽力しかつ原稿を通読して貴重な意見をくれた安川寿之輔氏と、福沢に関する議論をたたかわせてくれた雁屋哲氏（『美味しんぼ』作者）に、感謝する。また本書出版の意義を認めてくれると同時に、私の原稿が予定していた字数を大幅に超えたにもかかわらずこれを諒としてくれた、インパクト出版会の深田卓氏にも感謝する。

二〇一四年十一月　杉田　聡

杉田 聡（すぎた さとし）
1953年生まれ、現在、帯広畜産大学教員、哲学・思想史

哲学・思想史に関わる著書として
『福沢諭吉 朝鮮・中国・台湾論集――国権拡張・脱亜の果て』2010年、明石書店（編著）
『カント哲学と現代――疎外・啓蒙・正義・環境・ジェンダー』2012年、行路社
『「3・11」後の技術と人間――技術的理性への問い』2014年、世界思想社

他に、
『AV神話――アダルトビデオをまねてはいけない』2008年、大月書店
『「日本は先進国」のウソ』2008年、平凡社新書
『「買い物難民」をなくせ！――消える商店街、孤立する高齢者』2013年、中公新書ラクレ
『逃げられない性犯罪被害者――無謀な最高裁判決』2013年、青弓社　など

**天は人の下に人を造る**
**「福沢諭吉神話」を超えて**

---

2015年1月10日　第1刷発行

著　者　杉　田　　聡
発行人　深　田　　卓
装幀者　宗　利　淳　一
発　行　インパクト出版会
〒113-0033　東京都文京区本郷2-5-11　服部ビル2F
Tel 03-3818-7576　Fax 03-3818-8676
E-mail：impact@jca.apc.org
http:www.jca.apc.org/˜impact/
郵便振替　00110-9-83148

---

モリモト印刷株式会社